本书为 2023 年度集宁师范学院博士创新科研基金项目：学前教育专业学生专业认同的研究（编号 jsbsjj2334）研究成果

内蒙古自治区教育科学研究"十四五"规划课题：乌兰察布市婴幼儿托育服务需求分析及发展策略研究（课题编号：2024NGHYJ126）研究成果

学前教育专业学生的专业认同与人才培养模式构建

闫三会　著

汕頭大學出版社

图书在版编目（CIP）数据

学前教育专业学生的专业认同与人才培养模式构建 / 闫三会著． -- 汕头：汕头大学出版社，2025．1．
ISBN 978-7-5658-5517-7

Ⅰ．G612

中国国家版本馆 CIP 数据核字第 2025M2C972 号

学前教育专业学生的专业认同与人才培养模式构建
XUEQIAN JIAOYU ZHUANYE XUESHENG DE ZHUANYE RENTONG YU RENCAI PEIYANG MOSHI GOUJIAN

著　　者：	闫三会
责任编辑：	宋倩倩
责任技编：	黄东生
封面设计：	寒　露
出版发行：	汕头大学出版社
	广东省汕头市大学路 243 号汕头大学校园内　邮政编码：515063
电　　话：	0754-82904613
印　　刷：	定州启航印刷有限公司
开　　本：	710 mm×1000 mm　1/16
印　　张：	18
字　　数：	240 千字
版　　次：	2025 年 1 月第 1 版
印　　次：	2025 年 1 月第 1 次印刷
定　　价：	98.00 元

ISBN 978-7-5658-5517-7

版权所有，翻版必究

如发现印装质量问题，请与承印厂联系退换

前言

　　本书深入探讨了学前教育专业学生的专业认同及人才培养模式的构建和创新。本书共分为八个章节，其中，第一章介绍了学前教育的概念、价值、目标及基本原则等内容，全面阐述了学前教育的基础理论。第二章深入解析了专业认同的相关概念、有关研究的理论基础及影响因素，为理解学前教育专业学生的专业认同提供了有力的理论支撑。第三章探讨了学前教育专业人才培养的其他理论基础。第四章以 J 学院为例，通过实证研究展示了学前教育专业学生的专业认同，分析了影响专业认同的关键因素，并提出了相应的培养途径。第五章着重于学前教育专业人才的核心素养培养，包括知识素养、职业道德素养、心理素养及社会素养，旨在全面提升学前教育专业人才的综合能力。第六章讨论了学前教育专业人才培养的课程设置，包括课程的界定、设置、编制、设计、实施与评价，全方位构建了学前教育专业课程体系。第七章总结了国内外学前教育专业人才培养模式的经验与教训，提出了针对性的人才培养模式创新与构建策略。第八章从职前培养与职后培训两个维度出发，论述如何创新和优化学前教育专业人才的职业生涯培养体系。

　　本书基于严谨的实地调查研究，对学前教育专业学生的专业认同及人才培养模式构建进行了全面而深入的探讨，不仅提供了有针对性的理论知识，还提供了具体的实践改进策略和实施建议，适合学前教育领域的研究者、教育工作者、政策制定者以及学前教育专业的学生阅读，以期为致力于提升学前教育质量、改进教师培养模式和促进教师专业发展的专业人士提供一些参考和借鉴。

闫三会

2024 年 3 月

目录

第一章 学前教育 ... 1
- 第一节 学前教育的概念与价值 ... 1
- 第二节 学前教育的目标 ... 8
- 第三节 学前教育的基本原则 ... 13

第二章 专业认同理论 ... 18
- 第一节 专业认同的相关概念 ... 18
- 第二节 专业认同的有关研究 ... 26
- 第三节 专业认同的理论基础 ... 38
- 第四节 专业认同的影响因素 ... 46

第三章 学前教育专业人才培养的其他理论基础 ... 55
- 第一节 幼儿教师专业发展理论 ... 55
- 第二节 幼儿教师教育实践性理论 ... 71
- 第三节 幼儿教师教育一体化理论 ... 73
- 第四节 幼儿教师的实践性知识观理论 ... 78

第四章 学前教育专业学生的专业认同——以J学院为例 ... 83
- 第一节 学前教育专业学生专业认同的调查方法与设计 ... 83
- 第二节 学前教育专业学生专业认同的调查数据分析 ... 86
- 第三节 学前教育专业学生的专业认同培养途径 ... 107

第五章　学前教育专业人才的核心素养培养 ……………………136
第一节　学前教育专业人才的知识素养 ……………………………136
第二节　学前教育专业人才的职业道德素养 ………………………148
第三节　学前教育专业人才的心理素养 ……………………………152
第四节　学前教育专业人才的社会素养 ……………………………158

第六章　学前教育专业人才培养的课程设置 …………………163
第一节　学前教育专业课程界定 ……………………………………163
第二节　学前教育专业课程设置 ……………………………………173
第三节　学前教育专业课程编制 ……………………………………178
第四节　学前教育专业课程设计 ……………………………………188
第五节　学前教育专业课程的实施与评价 …………………………198

第七章　学前教育专业人才培养模式的创新与构建 …………204
第一节　国内学前教育专业人才培养模式 …………………………204
第二节　国内学前教育专业人才培养模式反思 ……………………211
第三节　国外学前教育专业人才培养模式借鉴 ……………………219
第四节　国外学前教育专业人才培养模式的启示 …………………228
第五节　学前教育专业人才培养的模式创新 ………………………236

第八章　学前教育专业人才职业生涯培养体系 ………………245
第一节　学前教育专业人才职前培养体系创新 ……………………246
第二节　学前教育专业人才职后培训体系优化 ……………………259

参考文献 ……………………………………………………………268

附录 …………………………………………………………………274
附录一：学前教育专业受访者背景资料信息调查问卷 ……………274
附录二：学前教育专业学生专业认同调查问卷 ……………………275
附录三：学前教育专业学生专业承诺调查问卷 ……………………277
附录四：学前教育专业学生主观幸福感调查问卷 …………………280

第一章　学前教育

第一节　学前教育的概念与价值

一、学前教育的概念

人的一生可以按照年龄划分为多个阶段，每个阶段都有其独特的特点、发展需求和面临的挑战，因此教育系统针对不同年龄阶段的特性制订不同的、有针对性的教育计划。学前教育是对0～6岁的儿童进行的教育。学前教育作为儿童成长道路上的第一步，起着至关重要的作用。学前教育旨在为儿童的全面发展奠定基础，包括身体、智力、情感、社交以及性格等各方面的成长，因此，学前教育不仅仅是对儿童进行基础知识的教授，它更广泛地涉及促进学龄前儿童在各个发展领域的成长。这一阶段的教育可以分为两个子阶段，即早期教育（针对0～3岁儿童）和幼儿园教育（针对3～6岁儿童）。早期教育侧重于在家庭环境中，通过家长的指导以及早教中心提供的亲子活动，支持儿童的初步发展。而幼儿园教育，则在更为正式的教育机构中进行，侧重于为儿童进入小学阶段的学习和生活做准备。从更广义的角度看，学前教育包含所有对学龄前儿童身体、认知、情感和社会行为发展有积极作用的活动。这些活动不限于在教育机构中进行的正式教育，还包括家庭中的教育实践、儿童与成人一起观看教育节目、参与家务劳动以及社会活动等。这些广义上的学前教育活动，为儿童提供了一个全面发展的平台，帮助他们在多个领域取得进步。狭义的学前教育则更加注重有组织、有计划、有系统的教育活动,包括由专业的教育工作者设计和实施的教学活动,旨在促进学前儿童各方面能力的发展。在这个阶段,教育的目标不仅仅是传授知识,更重要的是激发学前儿童的好奇心、探索欲和创造力,同时培养他们的社会交往能力和自我表达能力。2016年教育部发布的《幼儿园工作规程》将幼儿园定义为对3岁以上学龄前儿童实施保育和教育的机构,强调了幼儿园教育作为基础教育重要组成部分的地位;同时,明确了学前教育在国家教育体系中的重要性,强调了其公益性质和对未来学校教育成功的基础性作用。从以上论述可以看到,学前教育是针对0～6岁儿童发展进行的关键阶段的教育,它涉及广泛的教育活动,旨在为儿童的全面发展提供支持。无论是在家庭中的早期教育,还是在幼儿园中的系统学习,学前教育都会为儿童的成长打下坚实的基础,为他们未来的学习和生活成功奠定基石。

二、学前教育的价值

学前教育的价值如图1-1所示。

学前教育个人层面的价值　学前教育家庭层面的价值　学前教育社会层面的价值　学前教育国家层面的价值

图1-1　学前教育的价值

(一)学前教育个人层面的价值

学前教育阶段不仅是儿童生理成长的关键期,也是儿童心理和社会适应能力发展的重要时期。在这一阶段内,通过精心设计的教育活动,能够使儿童在多方面获得显著的成长和发展。

第一，学前教育可以为学前儿童的身体发展奠定良好的基础。在人的早期发展阶段，身体快速生长，生理机能发展迅速，这一时期对学前儿童未来的健康和体能有着长远的影响。学前教育通过为幼儿提供科学、均衡的饮食计划、定期的健康检查以及系统的体育锻炼和户外活动，有效地促进幼儿身体的健康发展。此外，学前教育还注重幼儿生活技能的培养，如个人卫生习惯、自我保护意识等，这些都为幼儿的独立生活能力和身体健康奠定了坚实的基础。学前教育通过丰富多样的体育活动，使幼儿的大肌肉和小肌肉得到适当的锻炼，这对提高幼儿的身体协调性、平衡感以及手眼协调能力具有重要作用。体育活动不仅能够增强幼儿的体质，还有助于培养幼儿的团队合作意识和竞争精神，这些都是幼儿在今后的学习和生活中不可或缺的品质。

第二，学前教育可以持续影响幼儿社会性品质的发展。学前教育阶段是幼儿社会性品质形成的关键时期。通过与同伴的互动、合作游戏以及团体活动，幼儿在学前教育中学会了基本的社交技能，如轮流、分享、协商以及解决冲突的能力。这些能力对幼儿形成良好的社会性行为、建立积极的人际关系具有深远的影响。学前教育还通过角色扮演、故事讲述等活动，帮助幼儿理解并表达自己的情感，培养同情心和对他人的尊重。学前教育不仅关注幼儿的个体发展，也强调社会规则和道德观念的初步建立，为幼儿今后成为对社会有责任感和有贡献的成员打下基础。

第三，学前教育对塑造幼儿个性有非常重要的作用。幼儿期是个性特质形成和发展的关键时期。学前教育通过提供支持和鼓励的环境，让幼儿在探索世界、尝试新事物的过程中建立自信心和自尊心。教育者通过观察幼儿的兴趣和倾向，个性化地支持幼儿的特殊才能和兴趣，从而促进幼儿个性的多样化发展。此外，学前教育通过故事、音乐、艺术和游戏等多种活动，激发幼儿的创造力和想象力，促进他们独立思考和问题解决能力的发展。在这一过程中，幼儿学会了如何表达自己的想法和感受，如何面对挑战和失败，这些经历对于幼儿形成积极的生活态度和坚韧的个性具有重要意义。

第四，学前教育可以加强幼儿对事物的认知，培养幼儿的求知欲。学前教育阶段是幼儿认知发展的黄金时期。在这一时期，幼儿通过观察、探索和实践，迅速积累了关于世界的基本知识。学前教育通过设计多样化的教学活动和游戏，刺激幼儿的好奇心，激发他们探索未知世界的欲望。这一阶段的教育不仅包括基础的语言、数学等认知技能的培养，还包括科学探究、艺术欣赏和情感表达等方面的学习。

通过有意义的学习经历，学前教育帮助幼儿建立起对学习的兴趣和积极的学习态度，为终身学习奠定基础。此外，教育者通过赞扬和鼓励，增强幼儿的成就感和自我效能感，使他们在面对新的挑战时更有信心。这些经验不仅促进了幼儿认知能力的发展，也为他们日后的学术成功和个人成长提供了重要的支持。

（二）学前教育家庭层面的价值

学前教育在家庭层面的意义深远且多维，直接影响着家庭的和谐、幸福感，以及家庭成员的生活质量。在现代社会中，随着家庭结构的变化和父母角色的多元化，学前教育不仅是对幼儿进行基础知识和技能培养的教育，更是支持家庭教育、促进家庭和谐发展的重要辅助力量。

第一，学前教育能够有效地补充和弥补家庭教育的不足。在现代社会，许多父母因工作繁忙，难以全面关注幼儿的成长需求，特别是在提供丰富的学习资源、开展科学的教育活动方面可能存在局限。专业的学前教育机构通过其丰富的教育资源和专业的教育活动，能够为幼儿提供全面的发展环境，帮助幼儿在认知能力、语言表达、社交技能等方面获得均衡发展。这种专业和系统的教育对于培养幼儿的好奇心、探索欲以及创新思维具有不可替代的作用。

第二，学前教育有助于促进家庭成员之间的情感交流和沟通。优质的学前教育机构通常会鼓励家长参与幼儿的学习和日常活动，通过家长会、亲子活动等形式加强家园联系。这种参与不仅增进了家长对幼儿成长的了解和关注，还为家长提供了与幼儿交流互动的机会，增强了亲子间的情感纽带。通过共同参与教育活动，家庭成员之间的理解和支持得以增强，有助于构建和谐的家庭关系。

第三，学前教育对于提高家庭生活质量具有积极影响。对于许多双职工家庭而言，高质量的学前教育服务不仅能确保幼儿在安全、健康的环境中成长，还能让父母安心工作，有助于提高家庭的经济条件和生活水平。

第四，通过与其他家庭和社区的互动，学前教育也为家庭成员提供了拓展社交圈、分享育儿经验的平台，有助于增强家庭的社会支持网络，提升家庭成员的幸福感和满足感。

第五，学前教育在培养幼儿独立性和自我管理能力方面发挥着重要作用。通过日常的学习和活动，幼儿在学前教育机构培养了基本的自理能力、规则意识和任务完成能力，这些能力的培养不仅减轻了家庭育儿的负担，也为幼儿今后的学习和生活打下了坚实的基础。

（三）学前教育社会层面的价值

学前教育在社会层面的价值和意义极为深远，它不仅对个体发展具有重要影响，而且对促进社会进步和发展起到了基础性的作用。通过为幼儿提供早期教育，学前教育在以下几方面发挥着重要作用。

第一，准备未来公民。学前教育为儿童的全面发展奠定了基础，这不仅包括认知和学习能力的培养，更重要的是社会性、道德观念和公民意识的初步形成。通过与同伴互动、参与集体活动以及角色扮演游戏等，幼儿在学前教育阶段学习如何与他人合作、遵守规则和解决冲突，这些都是作为未来社会成员所必需的基本素质。此外，学前教育通过多元文化和价值观的教育，培养幼儿的包容性和尊重多样性的态度，为构建开放、多元、和谐的社会奠定基础。

第二，促进社会公平。学前教育通过为所有学前儿童提供早期学习和发展的机会，帮助不同社会经济背景的学前儿童缩小差距。高质量的学前教育对于低收入家庭的学前儿童尤为重要，它可以为那些家庭提供学习资源和经验，帮助这些儿童克服出生环境的不利影响，提高他们的学业成就和未来的生活机会。通过实现教育机会的公平，学前教育对于打破贫困循环、促进社会流动性具有关键作用。

第三，增强社区凝聚力。学前教育机构通常作为社区中心，为家庭提供一个互相学习、交流和支持的平台。通过组织家庭参与的活动、志愿服务以及亲子课程等，学前教育加强了家庭与社区的联系，促进了社区成员之间的相互理解和支持。这种社区参与和凝聚力的增强，对于构建支持性和包容性的社区环境至关重要。

第四，推动经济发展。从经济角度来看，学前教育的投资带来的长期回报极为可观。研究表明，投资于高质量的学前教育能够提高劳动力的素质，增强未来工作人口的创新能力和竞争力，从而促进经济的持续增长和社会的全面发展。此外，学前教育还有助于减少社会福利支出，降低犯罪率，增加税收收入，这些都对社会经济的稳定和繁荣产生了积极影响。

第五，促进文化传承与创新。学前教育作为儿童接触社会文化的第一站，扮演着文化传承与创新的重要角色。通过故事讲述、节日庆祝、艺术创作和民俗体验等活动，学前教育不仅传承了丰富多彩的文化遗产，还鼓励幼儿发挥想象力和创造力，对传统文化进行再创造和创新。这种文化教育对于培养幼儿的文化自信心和创新精神，以及建设文化多样性和创新型社会具有重要的意义。

整体上来看，学前教育在社会层面的价值和意义不容忽视。它为儿童的全面发展打下了坚实基础，为社会公平和进步作出了贡献，增强了社区的凝聚力，推动了经济和文化的发展。因此，社会各界应当共同努力，支持和发展学前教育，为建设更加公平、和谐和繁荣的社会打下坚实的基础。

（四）学前教育国家层面的价值

在国家层面上，学前教育不仅是基础教育体系的起始阶段，而且是培养未来公民的重要基石。学前教育对教育事业的发展具有深远的影响，它通过为幼儿的全面发展打下坚实的基础，确保幼儿能够顺利过渡到更高级别的学习阶段，从而为国家的长远发展培养出有能力、有素质的人才。

第一，学前教育强调幼儿在认知、情感、社会性及身体各方面的均衡发展。通过系统的学前教育，幼儿能够在进入小学前掌握基本的学习和社会适应技能，如抽象思维能力、基础的读写算技能及良好的交往能力等。这样的准备不仅有助于缩小幼儿之间的发展差距，还能够显著地提高基础教育的效率，减少小学阶段的学习困难和适应问题。

第二，高质量的学前教育能够为儿童提供充分的探索和学习的机会，激发其好奇心和学习动力，为其终身学习奠定基础。在快速变化的社会和经济背景下，终身学习已成为个人适应社会发展、实现自我发展的关键。因此，通过学前教育培养的学习习惯和态度，对于个体未来的教育和职业生涯具有长远的影响。

第三，学前教育在促进社会公平和减少不平等方面发挥着关键作用。学前教育通过为学前儿童提供高质量的早期教育机会，可以有效地减小社会经济背景对儿童发展的影响，为每个儿童提供成功的起点。这对于打破贫困循环、促进社会流动性具有重要意义。

第四，随着全球化和信息化时代的到来，学前教育还面临着培养儿童适应 21 世纪所需技能的任务，包括跨文化交流能力、信息技术能力及创新和创造力等。学前教育通过提供丰富多样的学习环境和活动，帮助儿童发展这些关键技能，为他们将来在全球化时代成功奠定基础。

从上面的论述可以看到，学前教育在国家层面的价值不容忽视。它不仅直接关系到儿童的全面发展和幸福，还关系到国家的未来和社会的进步。因此，国家应当重视学前教育的质量，通过投资、政策制定和资源分配，确保每个儿童都能享有高质量的早期教育，从而实现教育公平和促进社会整体发展。

第二节 学前教育的目标

学前教育目标的设定，是在早期教育阶段中对教育理念的具体表达，反映了国家对于幼儿成长与发展的期望和要求，为全国各级各类学前教育机构提供了统一的指导原则和方向。它是在幼儿园阶段对人才培养规格和质量的明确规定，直接关系到幼儿的未来以及国家的发展大计。中国的学前教育目标是对幼儿实施体、智、德、美、劳全面发展的教育，促进其身心和谐发展[1]。其中，全面体现在对幼儿个性化成长需求的全方位关注，意味着在教育过程中不能偏废任何一个方面；而和谐则强调了不同发展领域之间的内在联系和相互作用，指导教育实践应当追求各方面能力的均衡发展，以形成和谐统一的人格。全面和谐发展的核心要求，不仅是学前教育活动的出发点，更是其最终目的所在。这意味着学前教育的实践活动，从内容到方法都应以促进幼儿全面和谐发展为目标，确保每一个幼儿都能在各个方面获得均衡的关注和支持。为了实现这一目标，学前教育需要全面实施素质教育，注重幼儿身心健康、智力发展和对幼儿道德情感和审美判断的培养，为幼儿终身学习和未来的全面发展打下坚实基础。学前教育目标的设定不仅体现了国家对新一代公民的培养要求，而且是各级幼儿园在确定教育任务、评估教育质量时的基本遵循。通过这一目标，国家对全国的幼儿园教育进行领导和调控，确保每一个幼儿都能在充满爱与关怀的环境中，享受到高质量的早期教育，从而为其今后的成长和发展打下坚实的基础。

学前教育的目标维度包括纵向结构和横向结构如图 1-2 所示。

---

[1] 夏力. 学前儿童科学教育活动指导[M]. 2版. 上海：复旦大学出版社，2010: 25.

第一章 学前教育

学前教育目标的纵向结构

学前教育目标的横向结构

图 1-2 学前教育的目标维度

一、学前教育目标的纵向结构

学前教育目标的设定和实施在学前教育领域呈现出明确的纵向分层逻辑，这种分层反映了从抽象到具体的递进关系，使得学前教育目标能够逐步细化，最终转换为针对幼儿发展的实际、可执行的指导要求。在这个过程中，学前教育目标首先以宏观的总目标形式出现，宏观总目标概述学前教育的整体指导思想和方向，这一层面的目标虽然在指导价值上具有广泛意义，但直接的可操作性较低。随后，这些宏观的总目标进一步被细化为具体的学段目标，针对不同年龄段的幼儿设定更为明确的发展预期和教育重点，增加目标的可执行性；学段目标再被拆分为单元教育目标，这一层面的目标聚焦于特定的教育领域或主题，具体指导教育内容的安排和教育方法的选择；最终，单元教育目标被具体化为教育活动目标，直接反映在每一个教育活动的设计和实施上，且具有最高的可操作性。在学前教育的目标体系中，不同层次的目标具有不同的可执行性特点。具体而言，目标的具体化程度越高，其在教育实践中的可执行性也越强。因此，将抽象的上层目标细化为具体的下层目标，是确保教育目标得以有效实施的关键步骤。这种由上至下的目标分解和具体化过程，确保了学前教育目标不是停留在理念上的宣扬，而是能够落实到教育实践的每一个环节，真正影响和促进幼儿的全面发展。通过明确的目标层级和递进关系，教育者能够更系统、更有效地规划和实施教育活动，确保幼儿在学前教育阶段获得均衡和全面的发展支持。

(一)学前教育总目标

学前教育总目标在国家层面上被定义,通过教育法规或行政文件颁布,为全国的学前教育实践提供了统一的指导方向。这个层次的目标具有较强的概括性和原则性,它反映了国家对幼儿教育价值和意义的最基本理解,即促进幼儿德、智、体、美、劳全面发展。虽然学前教育总目标在可操作性上相对较低,但它确立了学前教育的根本宗旨和长期发展方向,是所有具体教育活动和目标设定的出发点和归宿。

(二)学前教育学段目标

学前教育学段目标将学前教育总目标细化为面向不同年龄段幼儿的具体教育目标,它根据幼儿发展的连续性和阶段性特点,设定了适合各个学段的教学内容和预期成果。这一层次的目标既考虑了幼儿在不同年龄阶段的生理和心理发展规律,又关注他们知识、技能、情感和社会适应能力的逐步提升。学前教育学段目标的设定有助于教育者更有针对性地设计教学计划和活动,确保幼儿在每个发展阶段都能获得适宜的指导和支持。

(三)学前教育单元教育目标

学前教育单元教育目标进一步将学前教育学段目标分解为针对特定主题或教育领域的具体教学目标。这些目标按照科学知识体系和幼儿认知发展的逻辑顺序排列组合,形成了一系列具有内在逻辑联系的教育单元。每个学前教育单元教育目标都紧密结合幼儿的实际发展水平和需要,通过丰富多样的教育活动,促进幼儿在特定领域的知识掌握、技能提升和情感态度培养。学前教育单元教育目标的设置使得学前教育内容更加系统化、有序化,便于教育者实施更为精准、有效的教育指导。

(四)学前教育活动目标

学前教育活动目标是学前教育目标纵向结构中最具体、最直接面向教育实践的层次。它将学前教育活动目标细化为具体教育活动的预期成果，明确了通过特定活动希望幼儿达到的具体行为变化和发展成果。这一层次目标的关注点在于如何通过精心设计的教育活动，引导幼儿实现既定的学习和发展目标，体现了教育目标的可操作性和实践指向性。通过明确的学前教育活动目标，教育者能够更有效地组织和实施教育活动，确保每项活动都能对幼儿的发展产生积极的影响。

学前教育目标的纵向结构体现了从宏观到微观的递进关系，这种层次性的设置旨在确保学前教育目标既有广泛的指导价值，又能够具体到日常的教育实践，从而实现对幼儿全面发展的培养需求。这一结构化的目标设定使得学前教育能够更加有序和有效地实施，为幼儿的终身学习和未来发展打下坚实的基础。

二、学前教育目标的横向结构

学前教育目标的构建不仅在纵向上展现出层次性的递进关系，而且在横向上也呈现出多维度的结构，包括内容目标、领域目标以及发展目标三个关键维度。这种横向结构的设定，确保了学前教育目标能够全面覆盖幼儿成长的各个方面，从而促进幼儿的均衡发展。

（一）内容目标的多维结构

在内容维度上，学前教育目标围绕体育、智育、德育和美育四大领域展开。这些领域构成了学前教育内容目标的基础框架，确保了教育内容的全面性和均衡性。体育目标关注幼儿的身体健康和运动能力的发展；智育目标致力于幼儿认知能力和学习技能的提升；德育目标旨在培养幼儿的道德观念和社会责任感；美育目标侧重激发幼儿的审美感和创造力。这四个领域相辅相成，共同构成了学前教育目标的内容结构，为幼儿提供了一个全面发展的教育环境。

(二)领域目标的多样性

从活动的角度出发,学前教育目标横向上又被划分为健康、语言、社会、科学和艺术等多个领域,形成了领域目标结构。这种分类反映了学前教育活动的广泛性和多样性,每个领域的目标既有其独立性,又与其他领域的目标相互关联,共同服务于幼儿全面发展的总目标。例如,健康领域的目标不仅包括身体健康,也涵盖情感健康;语言领域的目标侧重语言理解和表达能力的培养;科学领域的目标则鼓励幼儿探索自然和社会,激发其好奇心和探究欲。

(三)发展目标的综合性

在发展维度上,学前教育目标关注幼儿情感、认知与能力等方面的成长,形成了发展目标结构。这一结构体现了学前教育对幼儿身心发展的综合关照,旨在促进幼儿情感态度的积极发展、认知能力的持续提高以及各项基本能力的全面强化。发展目标的设置,不仅关注幼儿当前的发展状况,也着眼于幼儿潜能的挖掘和未来能力的培养。

学前教育目标的横向结构的具体内容见表1-1。

表1-1 学前教育目标的横向结构的具体内容

目标维度	情感目标	认知目标	能力目标
健康目标	提高幼儿对参与体育活动的兴趣,培养积极的生活态度	获取有关健康和安全的基本知识	发展基本动作技能,培养自助技能
语言目标	激发幼儿愿意使用语言表达和交流的欲望,培养热爱阅读的兴趣	理解日常用语,掌握阅读的基础知识	提高言语交流技能,增强对语言文字的敏感性
社会目标	培养幼儿积极的社交情感和社会态度	丰富社交经验,发展社会认知能力	培养基本交际技能和良好社会行为习惯

续 表

目标维度	情感目标	认知目标	能力目标
科学目标	鼓励幼儿对科学现象进行主动探索	提高对周围环境、现象以及人与自然关系的认知	发展感官发现和解决简单问题的能力
艺术目标	启发幼儿初步对美感和艺术表现的兴趣	初步体验自然和艺术之美	以自己独特的方式参与艺术表现活动

学前教育目标的横向结构体系确保了学前教育目标的全面性和具体性，使得教育活动能够围绕幼儿的全面和谐发展展开，同时为教育实践提供了明确的指导和评估标准。这种结构不仅体现了学前教育的多维度性，也强调了教育目标的全面性。

第三节 学前教育的基本原则

一、寓教于乐：游戏主导原则

研究幼儿生理学和心理学的成果以及大量的实践经验表明，游戏是最符合幼儿身心发展特点的活动，最能够满足他们的需求，也是最有效的促进幼儿全面发展的活动，具有其他活动无法替代的教育价值。因此，在学前教育阶段要寓教于乐，坚持以游戏为主导的原则，贯彻这一原则，需要特别关注以下两点。

（一）确保游戏时间、空间、玩具材料的合理安排

幼儿园以游戏为基本活动是与现代学前教育的基本原理相契合的。对于学前儿童而言，游戏是一种学习方式，而且是一种更为重要和适合的学习方式。在游戏中，幼儿可以感知和探索周围的世界，模仿和演练社会行为规范，培养各种能力。不同类型的游戏为幼儿提供了学习的平

台，涵盖了身体、智力、道德、情感和创造性发展的方方面面，是促进幼儿成长的关键手段。但是在幼儿园，必须确保各种游戏活动有适宜的时间、空间、玩具材料和在教师的引导下正常进行。首先，时间的安排至关重要。游戏应该成为日常活动的一部分，而不仅仅是偶尔的选择。幼儿园的时间表应合理安排，以确保有足够的时间用于各种游戏活动。这包括自由游戏时间、组织游戏时间以及与其他学习活动的结合。教师需要精心计划和安排游戏时间，以满足不同年龄段和兴趣的幼儿的需求。其次，空间的布置也是关键因素。游戏区域应该设计得富有创意，满足幼儿的好奇心和探索欲望。不同类型的游戏区域，如角色扮演区、建构区、艺术区等，应该有充足的空间和适当的玩具材料。这将有助于激发幼儿的想象力和创造力，让他们能够在游戏中自由发挥。最后，教师的引导和参与至关重要。教师应该充当游戏的促进者和指导者，鼓励幼儿参与各种游戏活动，并提供适当的支持和指导。教师需要观察幼儿的兴趣和需要，为他们提供适当的挑战和启发。同时，教师也应该积极参与游戏，与幼儿建立亲密的关系，促进互动和合作。最重要的是，必须将幼儿的安全和身心健康放在首位。在游戏活动中，教师不仅应该时刻关注幼儿的安全，确保游戏区域没有潜在的危险；还应关注幼儿的情感和情绪状态，提供支持和安抚，确保幼儿在游戏中愉快地参与。

（二）注重游戏融合内容与形式

游戏首先应该设计得富有教育意义。教师可以选择各种与幼儿学习目标相关的游戏，如数学游戏、语言游戏、科学游戏等。通过这些游戏，幼儿可以在玩乐的过程中学到新知识和新技能，从而实现教育内容与游戏形式的有机结合。其次，教师可以在游戏中引入教育指导。这并不意味着游戏失去了自由和趣味性，而是教师可以在游戏过程中提供一些引导性的问题、提示或挑战，以激发幼儿的思维和解决问题的能力。这种教育指导应该是轻松和愉快的，旨在增强幼儿的学习兴趣。另外，教育内容也可以通过游戏的方式进行复习和强化。幼儿可以在游戏中应用他们在课堂上学到的新知识和新技能，巩固所学，提高记忆力和运用能力。这种内容与形式的结合有助于幼儿更好地理解和掌握所学内容。最后，教师需要不断创新和改进游戏教育的方法。他们可以寻找新的游戏形式，设计新的游戏活动，以满足幼儿的多样化需求和兴趣。这种创新可以激发幼儿的好奇心和创造力，使他们在游戏中不断成长和发展。

整体来看，游戏既是学前教育活动的内容，也是实施教育的方式。通过游戏的形式，可以巩固幼儿所学的知识和技能。游戏给予幼儿一定的自主性，可以激发他们学习的兴趣，创造愉悦的情感体验，提高教育效果。将游戏融入学前教育不仅使幼儿在快乐中学习和成长，还将教育与游戏有机融合，为幼儿提供更丰富、更有趣的学习体验，从而更好地促进他们的全面发展。这一原则是学前教育的核心，指引幼儿园教育工作的方向。

二、寓爱于育：保教结合原则

在学前教育中，有一项重要的原则被称为"保教结合"，它既是一种教育思想，也是一条教育原则。这一原则的存在是基于幼儿身心发展的整体性和学前教育的工作规律。贯彻"保教结合"的原则是我国学前教育中的具体体现，它包括关爱和教育两个方面，应当在实践中注意以下两点。

（一）保育与教育的双重任务

保育和教育是幼儿园工作的两大方面，但它们不是独立的，而是相辅相成的。保育主要关注幼儿的生存和发展，提供有利的环境和物质条件，为幼儿的身体和技能发展提供支持，确保他们身心健康地成长。与此同时，教育的重点在于培养幼儿良好的行为习惯和态度，促进幼儿认知、情感和能力的全面发展，引导幼儿学习必要的知识和技能。这两个方面构成了幼儿园教育的全部内容，它们互为基础，相辅相成。

（二）保育与教育的无缝连接

保育和教育工作之间存在着紧密的联系和渗透。这种不可分割的关系是由幼教工作的特殊性和幼儿身心发展的特点决定的。虽然保育和教育有各自的主要职能，但它们并不是孤立的。教育中融入了保育的元素，而保育也包含了教育的内容。保育和教育不是分别进行的，而是在统一的教育目标下，融合在同一个教育过程中实现的。在实践中，应该努力实现"教"中有"保"，"保"中有"教"的理念，让这两者相辅相成，有机结合，贯穿于幼儿的日常生活和教育活动之中，以实现幼儿的全面发展。

教师在贯彻这一原则时，需要充分理解幼儿身心发展的特点，不仅要全面有效地教育幼儿，还要重视对幼儿生活的关爱和保护。只有将关爱与教育统一起来，才能确保幼儿健康、全面地成长。因此，在幼儿园中要强调保育与教育的双重任务，将它们紧密结合，以实现对幼儿的关爱和教育的统一。这是学前教育的基本原则之一，也是幼儿园教育工作的核心。

三、寓育于生活：全面教育原则

全面教育原则强调了幼儿园日常生活的整体教育功能，要求将教育融入幼儿在幼儿园的日常生活。这一原则涵盖了教育者对幼儿一日生活的全面理解和关注，促使幼儿在各种活动中实现全面发展。为了贯彻这一原则，需要特别关注以下两点。

（一）教育生活化

教育生活化是指将富有教育意义的生活内容融入课程。例如，课程的安排可以依据学前教育机构生活的自然秩序，也可以按照节令、季节变化的规律组织。这种安排加强了教育与生活的联系，使幼儿能够将在不同情境中积累的经验整合到课程中，无论是日常生活中学到的还是非日常生活中应该了解和认识的内容，都应融入课程组织结构，以实现全面教育的目标。此外，教育内容的选择和实施也应注重生活化，以使幼儿更容易理解和接受。

（二）生活教育化

生活教育化是指对幼儿已经获得的生活经验适时引导，以促进其发展。在学前教育中，对成年人来说看似不重要的小昆虫、小石子、树叶等各种自然物，对幼儿来说却是宝贵的学习资源。教师可以观察幼儿的世界，将这些内容有机地组织起来，使幼儿在感知生活的过程中得到发展。因此，教育活动的设计不仅包括课堂教学活动的设计，还包括一日活动的各个环节，将教育融入一日活动，及时抓住机会进行教育。通过帮助幼儿组织已经获得的零散生活经验，将其系统化和完整化，以促进幼儿综合发展。生活全面教育原则是幼儿园教育工作的基石，为幼儿提供了更加全面、丰富和有意义的学习体验。这一原则的贯彻将有助于幼儿在日常活动中实现全面发展，有助于实现"一日生活皆教育"的理念。

第二章 专业认同理论

第一节 专业认同的相关概念

一、认同

在现代汉语中,"认同"是一个复合词,是由"认"和"同"复合而成。"认"表示"分辨,识别;表示同意;与本来无关系的人建立某种关系"等含义[①]。"同"表示"一样,没有差异;共,在一起(从事);和,共"等含义[②]。在1989年版《辞海》中,并未收录"认同"这一词条。然而,"认同"作为一个整体,由英语翻译而来之后[③],1999年版《辞海》开始采用"认同"的社会学意义来解释"认同",以其泛指个人与他人拥有共同的思想和观点[④]。这个定义强调了人们在交往过程中,通过对他人感情和经验的同化,或者自己的感情和经验对他人产生影响,从而在彼此之间形成一种内心的默契[⑤]。2009年版《辞海》对"认同"的解释在1999年版《辞海》的基础上进行了扩展,增加了两个新的含义:第一个含义是"共

---

① 新华辞书社. 新华字典[M]. 北京:商务印书馆,1957:422.
② 新华辞书社. 新华字典[M]. 北京:商务印书馆,1957:493.
③ 胡海涛. 大学生马克思主义认同及其与思政课实践教学关系研究[M]. 北京:经济日报出版社,2020:25.
④ 辞海编辑委员会. 辞海:1999年版:缩印本[M]. 上海:上海辞书出版社,2002:466.
⑤ 张雅丽. 新闲暇空间:现代城市商业会所的组织、消费与重构——以上海L会所为例[D]. 上海:上海大学,2011.

同认可，一致承认"，强调了"认同"作为一种群体间或社会范围内的共识或共同接受的观点。第二个含义是作为精神分析理论术语，即个体通过潜意识地模仿某个对象，从而获得心理上的归属感[①]。这个定义扩展了"认同"的概念，将其从纯粹的社会学范畴拓展到了心理学领域，强调了个体内在心理过程在认同形成中的作用。现在普遍的观点认为"认同"有两种含义：一是认为跟自己有共同之处而感到亲切；二是承认、认可。[②③] 而"认同"的原英文单词为"identity"或"identification"，这一词汇源自拉丁文词根"idem"，该词根的含义为"同样的，同一的"，包括客观存在的相似性和相同性，被翻译为"身份""认同"，也有研究将"identity"理解为"同一性"。其实，"身份""认同""同一性"这三种翻译在本质上具有相通性，因为"identity"这个单词实际上包含了两重深层含义，即识别和归类。第一，它涉及"本体""本身"，这是对"我是谁"这一问题的自我认知，是对与自己有相同性、一致性的事物的认知，对自我身份的一种认知。[④] 第二，它还意味着对于群体的"相同性"或"一致性"的认知，既包含了对"我们群体"（in-group）一致性的认知，也必然伴随着对"他群"（out-group）差异性的认知。这种认知不仅关乎个体对自身特征的理解，也涉及个体如何认知自己的身份和区分自己与他人或他群的关系和特征。因此，"identity"这一概念的理解是双重维度的，既涵盖了个体认知，也包含个体在内部和外部关系中的自我定位和归属感，因此，"身份""同一性""认同"这三种译法本质上是具有相通性的，只是中文译法的不同，对应在英语中是同一单词，同一含义。

---

① 辞海编辑委员会.辞海：2009 年版：缩印本 [M].上海：上海辞书出版社，2009: 471.
② 黄惠.认同与融合：一项基于"飞地移民社区"的文化研究 [M].南京：东南大学出版社，2018: 34.
③ 温晓毅.大学生习近平新时代中国特色社会主义思想政治认同的培育路径研究 [D].大连：大连理工大学，2023.
④ 唐智霞.论跨文化交际中的文化身份认同 [J].郑州航空工业管理学院学报（社会科学版），2014, 33 (1): 160-163.

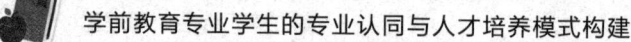

关于"认同"的研究起源，从学科角度来讲，学界普遍认为心理学是首个涉及这一主题的学科，并且最初由奥地利精神分析学家西格蒙德·弗洛伊德（Sigmund Freud）在1915年发表的《哀伤与抑郁》（"Mourning and Melancholia"）一文中首次提出①。在这篇论文中，弗洛伊德第一次使用了identitfication这个词汇②，并且将"认同"视为自我努力"吞噬"客体的一个初级阶段，它代表了个体将"力比多"（性欲能量）投注于某个对象的替代过程③。后来，弗洛伊德在其1921年的作品《群体心理学和自我分析》④中扩展了对"认同"的探讨，并将其应用于心理治疗领域⑤。弗洛伊德认为，"认同本身是个体的心理过程，当一个人试图模仿另一个人或团体的价值、行为规范，并将这种价值或行为规范内化于个体自身，这样一个过程便是'认同'的生发过程，换言之，'认同'是个体与他人建立情感联系的原初形式"⑥⑦。可以看到，由于初期弗洛伊德的"认同"观念主要是在精神分析与治疗的背景下提出的，"认同"这个概念主要指心理上的一致性及由此产生的社会联系，与我们今天理解的"认同"概念有着明显的差异。这种差异的例证还有美国学者曼纽尔·卡斯特（Manuel Castells）的观点，他认为"认同"是人们理解意义和经验的根源。他引用卡尔·霍恩的话说："如果没有名字、语言和文化，我们就无法认知人类的存在。自我与他人、我们与他们的差异，正是在名

---

① 孙频捷. 市民化还是属地化：失地农民身份认同的建构[M]. 上海：上海社会科学院出版社, 2013: 5.

② 埃里克·H. 埃里克森. 同一性：青少年认同机制[M]. 2版. 孙名之, 译. 北京：中央编译出版社, 2018: 1-3.

③ 黄惠. 认同与融合 —一项基于"飞地移民社区"的文化研究[M]. 南京：东南大学出版社, 2018: 34.

④ FREUD. Group psychology and the analysis of the ego [M]. JAMES S, translation London: The International Psycho-Analytical Press, 1922: 134.

⑤ 弗洛伊德. 自我与本我[M]. 徐胤, 译. 天津：天津人民出版社, 2019: 100.

⑥ 弗洛伊德. 自我与本我[M]. 周珺, 译. 天津：百花文艺出版社, 2019: 104.

⑦ 同③。

字、语言和文化中形成的。①"卡斯特在深入研究"认同"时，还明确区分了"认同"与"角色"的不同，他认为，"角色"，如工人、母亲、邻居、社会主义战士、工会成员等，是由社会制度和组织定义的规则所界定的，个人如何受到这些角色的影响，取决于他们与这些制度和组织的互动及安排。而"认同"则是个体自身意义的来源，是通过个体化过程自我构建的，尽管"认同"可能源于主导的制度，但只有当社会行动者将其内化，并在此内化过程中构建其意义时，它才真正成为"认同"②。与"角色"相比，"认同"是一个更稳定的意义来源，因为它涉及自我构建和个体化的过程。"认同"构建的是意义，而"角色"构建的则是功能，并且卡斯特将"意义"定义为社会行动者对其行为目的的象征性认知③。分析曼纽尔·卡斯特的观点，可以看到，他将"认同"视为自我意义构建过程的一部分，并将其基于一种文化属性或一系列相关文化属性来理解，认为这些文化特质在意义的其他来源中占有更重要的位置，高于其他相对于意义的来源④。英国学者戴维·莫利（David Morley）和凯文·罗宾斯（Kevin Robins）在他们的著作《认同的空间》⑤中深入分析了"认同"的概念。他们认为，"认同"是通过差异来构成的。在这个视角下，"认同"涉及排斥和包含的动态，强调了社会边界在界定种族集团时的重要性。他们指出，这些边界更多地体现在相对于其他集团的社会界限上，而非边界内的文化实际。因此，差异不仅创造了认同的社会边界，而且定义了"认同"内部的"同一性"和边界之外的"差异"⑥。接着，本尼迪

---

① 卡斯特.认同的力量 [M].夏铸九,黄丽玲,等译.北京:社会科学文献出版社,2003: 6.
② 邓惟佳.能动的"迷":媒介使用中的身份认同建构——以"伊甸园美剧论坛"为例的中国美剧网上迷群研究 [D].上海:复旦大学,2011.
③ 卡斯特.认同的力量 [M].2版.曹荣湘,译.北京:社会科学文献出版社,2006: 5.
④ 弗里德曼.文化认同与全球性过程 [M].北京:商务印书馆,2003: 119.
⑤ 莫利,罗宾斯.认同的空间——全球媒介、电子世界景观与文化边界 [M].司艳,译.南京:南京大学出版社,2001: 60.
⑥ 傅才武,余冬林.国家文化与国民文化的构造及其转换 [M].武汉:武汉大学出版社,2021: 140.

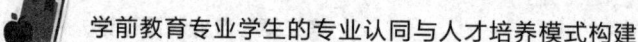

克特·安德森（Benedict Anderson）在他的著作《想象的共同体——民族主义的起源与散布》中[①]，也对"认同"进行了探讨。安德森认为，"认同"不是一个单一的概念，而是可以以多种形式共存的概念，它是指在特定的社会环境中，个体会在共同的规则和指导下形成彼此间的认同感，这个过程需要不同行动者之间的持续互动，是一个动态的互动过程[②]。随后，"认同"这一概念在心理学上的专业性在美国心理学家埃里克·H.埃里克森（Erik H.Erikson）的研究中得到了进一步的发展和扩展。埃里克森创立了"自我认同"这一术语[③]，并将其广泛应用于人格心理学、社会心理学和教育心理学等领域，从而真正让"认同"（identity）在社会科学和公共话语中广泛传播。与弗洛伊德的初步定义相比，埃里克森的"认同"概念更加强调"认同自我"（"自我内部机制的认同"），而非"认同他者"。此外，艾里克森在弗洛伊德关于认同概念的基础上，发展了自己的对于"同一性"的认知。他通过广泛地搜集文献资料和实证依据，深入地探讨了同一性的概念，并于1958年系统地提出了他的同一性发展理论[④]。在艾里克森的同一性发展理论中，自我认同感的建立和维持被视为自我的基本功能。"自我认同感"被定义为一个复杂的内部状态，包含了个体感、唯一感、完整感以及过去与未来的连续性。这些要素共同构成了个体对自身的认知和理解，是自我认同感的关键组成部分。另外，艾里克森强调，由于现代社会的复杂性和多样性，个体在形成和维持自我认同的过程中会面临各种挑战。这个过程不仅涉及个人内心的自我探索和自我确认，也包括与社会环境的互动和适应。因此，同一性的发展是

[①] 安德森.想象的共同体——民族主义的起源与散布[M].吴叡人，译.上海：上海人民出版社，2005：导读17-导论6.

[②] 陈雅莉.国家认同和传播的关系研究：以隋唐时代的"中国"认同建构为例[M].武汉：华中科技大学出版社，2020：9.

[③] 孙频捷.市民化还是属地化：失地农民身份认同的建构[M].上海：上海社会科学院出版社，2013：5.

[④] 伯格.人格心理学[M].6版.陈会昌，等译.北京：中国轻工业出版社，2000：5.

一个动态的、持续的过程，需要个体在不同生活阶段不断调整和重塑自我认同感[1]。在埃里克森之后，意大利心理学家菲尼（J.S. Phinney）和美国社会学家塔尔科特·帕森斯（Talcott Parsons）等学者也在此基础上对"自我认同"理论进行了深入研究与拓展[2]。渐渐地，埃里克森的"自我认同"理论扩展超出了心理学这一领域，逐渐成为其他人文社会学科研究的重点，如"文化认同""身份认同""政治认同""民族认同""国家认同""专业认同"等。在"认同"概念的多样化和演变过程中，"认同"理论的应用范围也逐渐扩大，心理学领域的"认同"主要与"自我"关联，侧重于个体层面，其基本含义是指一个人对另一个人的认可和接纳，这正是"身份"的意义所在。当"认同"的概念被应用到社会学和人类学领域时，它更多地被用来解释个体与群体之间，以及不同群体之间的归属感、依赖性和联系[3]。另外，心理学重点研究"认同"的心理方面，而社会学则关注地位、利益、归属感等社会现象的共性，并强调这些共性对社会关系的影响[4]，使得"认同"理论的意义和适用性得到了进一步的扩展，这些相关研究不仅丰富了"认同"的理论框架，也为理解个体在不同文化和社会环境中如何形成和维持其认同提供了深层次的见解。

"认同"的构建不是一个单一层面的过程，而是多层次、多维度的。根据英国心理学家贝特·汉莱密（Beit Hallahmi）的理论，认同可以被细分为三个主要层次：群体认同、社会认同以及自我认同[5]。这一分层从群体层面向下延伸至个人，揭示了认同如何在不同社会和心理层面上形

---

[1] 辛玉.心理咨询师基础知识培训教程[M].北京：中国纺织出版社，2022：278.
[2] 郑敬斌.新时代中国特色社会主义文化认同研究[M].济南：山东大学出版社，2021：6.
[3] 张雅丽.新闲暇空间：现代城市商业会所的组织、消费与重构——以上海L会所为例[D].上海：上海大学，2011.
[4] 王歆.认同理论的起源、发展与评述[J].新疆社科论坛，2009（2）：78-83.
[5] DAVID L S. International eneyclopedia of the social sciences [M]. New York: Crowell Collier and Macmillan Inc, 1988: 250.

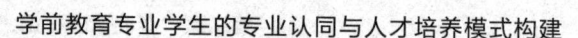

成①。社会学家汉斯·摩尔（Hans Mol）进一步深化了这一理念，将认同划分为个人层次和社会层次②。在个人层次上，"认同"被视为个体在复杂多变的环境中寻找的一种稳定定位，使个人能够积极地应对外界环境。在社会层次上，"认同"被理解为一种综合体，包括基本且普遍接受的信仰、典范和价值观，它们共同抵御外部对环境和成员的威胁，并维持组织的连续性。此外，社会层次的认同也涉及个人与群体归属关系的心理确认，它为个体提供了归属感和稳定的个性核心。

二、专业认同

专业这一概念起源于拉丁语，其在《现代汉语词典（第7版）》中被定义为产业部门中根据产品生产的不同过程而分成的各业务部门。而在《教育大辞典》中"专业"指的是高等教育中按不同学科领域划分的各类专业，这些专业通过一系列的培养目标、教学设计以及专业名称来区分。专业认同，可被视为学习者对其所学专业的认知、态度和行为的总和，是指学习者逐渐形成对所学专业的接受与情感认可，并愿意以积极的态度和主动的行为去学习与探究，愿意为进一步探索和学习投入大量精力。这是一种从认识、了解至情感、态度的移入过程③。专业认同在个人职业发展和学术成长中扮演着至关重要的角色。它不仅是个体对自己专业领域的认可和接受，更是一个深入参与和投身专业学习的过程。专业认同在个人发展和职业选择中也扮演着至关重要的角色，尤其是在学前教育专业领域。专业认同不仅关系到个人对其专业领域的理解和接受程度，还影响着个人的职业生涯规划、工作表现以及对相关行业的贡献。

---

① 梁丽萍.中国人的宗教心理：宗教认同的理论分析与实证研究[M].北京：社会科学文献出版社，2004: 98.
② 吉登斯.现代性与自我认同：现代晚期的自我与社会[M].赵旭东，方文，译.北京：生活·读书·新知三联书店，1998: 39.
③ 秦攀博.大学生专业认同的特点及其相关研究[D].重庆：西南大学，2009.

第一，专业认同是个体在专业选择和发展过程中的一个关键心理过程。它涉及个人对其所学专业价值的认知、情感的投入以及行为的承诺。特别是在学前教育专业，这种认同感对于未来的教师来说至关重要。学前教育是塑造儿童早期发展的关键阶段，因此，对于这一领域的专业教师而言，强烈的专业认同可以带来更高的工作满意度和更强的责任感。

第二，专业认同对于学前教育工作者的职业定位和自我实现具有重要的意义。学前教育工作者的专业认同感不仅关乎个人职业生涯的成功，也直接影响到他们的教学质量和学生的学习成果。教师如果对自己的专业有深刻的理解和高度的认同，更有可能在教学过程中投入更多的热情和创造力，展现出优秀的专业精神和高度的工作投入，从而促进儿童的全面发展。

第三，专业认同关系到个体如何在社会中定位自己的角色和地位。在学前教育领域，这意味着教师不仅是知识的传授者，也是儿童价值观念和社会行为规范的塑造者。教师的专业认同感越强，其在教育过程中所扮演的角色就越能体现出专业素养和社会责任感。

第四，专业认同有助于提升学前教育工作者对职业挑战的应对能力。学前教育是一个充满挑战的领域，面对各种教育场景和不同背景的儿童，教师需要具备灵活的应对策略和创新的教学方法。强烈的专业认同感可以激发教师面对这些挑战时的积极态度和解决问题的能力。

第五，专业认同是教师持续专业发展的动力。学前教育领域不断发展变化，要求教师持续学习新的教育理念和教学方法。对专业充满认同感的教师更有可能投身于终身学习，不断提升自己的专业技能，以适应教育领域的发展需求。

第六，专业认同还有助于形成专业共同体，这对于个体职业成长和专业网络的建立至关重要。在一个共享相同兴趣和目标的群体中，个体更容易获得支持、资源和激励。可以看到，专业认同对于学前教育工作者而言是一个多维度、深层次的概念。专业认同不仅关系到教师的个人成长和职业满意度，也影响着教师对儿童早期发展的贡献。因此，培养和加强学前教育工作者的专业认同感是提高教育质量、促进教师专业发展的关键。通过培养和维持对专业的认同感，个体不仅能够在专业领域内实现自我实现，也能为社会作出更大的贡献。

对于学前教育专业的学生来说，专业认同的内涵包含以下几个方面：第一，学习者对学前教育专业的认知和了解。这包括学习者对专业知识、教育理念、培养模式以及未来就业方向的认识和理解。对这些方面的深入认识是形成专业认同的基础。第二，学习者在学前教育专业中产生的情感和态度。这包括学习者对所学专业的积极的学习态度、学习动机以及对专业的喜爱和满足感。这些情感和态度能够促使学生更加投入专业学习中。第三，学习者对学前教育专业学习的投入度。这反映了学生愿意花费多少时间和精力去深入研究和学习专业知识。高度的投入通常与强烈的专业认同感相关联。

第二节　专业认同的有关研究

在国际研究领域，专门针对专业认同的研究并不多见，这类研究通常被纳入对职业认同更广泛的研究之中。而国内针对"专业认同"这一领域的研究尚处于起步阶段，资料量相对较少，虽然据数据库检索，2006—2017年该领域的研究数量呈现缓慢增长的趋势，但其中"大学生专业认同"的研究数量是相对最少的。整体来看，当前的研究主要将专业认同分为职业认同和学科认同两大类。前者涉及特定职业群体（如教师、医生）的认同研究，后者则聚焦于学科领域内的专业认同（如大学生、研究生）。根据现有的文献资料，中国的研究者对不同专业（如文科、理科、工科）以及不同学历水平（专科、本科、研究生）的学生的专业认同情况给予了关注。这些研究分析了专业认同在个体背景变量（如性别、年级、专业类型等）上的差异性，以及它与其他心理变量（如生活满意度、主观幸福感、学习动机等)之间的关系。这些研究为理解专业认同的多样性和复杂性提供了宝贵的视角。

一、专业认同的内涵和调查维度的有关研究

关于学前教育专业学生专业认同基本理论的相关研究主要从以下两个方面进行概述：学前教育专业认同的概念以及学前教育专业学生专业认同的结构和调查。本部分将罗列和介绍一些研究学者的专业认同的有关研究。梁万生将专业认同理解为一种内在的心理机制，即个体对学前教育专业的合理认知、正确态度和积极的情感等构成[①]。耿萌萌认为，专业认同是个体在结合自身学习经验的基础上，形成对自身专业产生的包括合理认知、积极情感态度和行为在内的心理机制的总和[②]。将其细化，主要包括学生对专业本身的理解程度，对身体和心灵所获得的满足和愉悦感的体现，进一步形成学生积极的行为动机，并产生行为效果的过程。专业认同，既是个体当前的心理状态，也是动态发展和变化的过程。刘萍将学前教育专业学生专业认同定义为在大学期间，学生能够在学习过程中从行为上完成对幼儿教师角色的同化过程，这个过程包括学生要掌握幼儿教师应该具备的专业知识、专业能力以及升华职业意志、职业情感、自我形象等情感态度，在此基础上从心理上认可并接受自己的专业，从而将这种职业价值感内化于心[③]。张静将专业认同定义为学生通过对所学专业进行学习，产生对专业的积极向上的情感，对于自己的专业学习愿意付出积极的努力，并具备掌握扎实基础知识的能力[④]。王艳芳基于王顶明关于专业认同

[①] 梁万生.学前教育专业男性本科生专业认同研究[D].金华：浙江师范大学，2013.
[②] 耿萌萌.中职院校学前教育专业学生专业认同研究——以江西省 DZ 学校为例[D].南昌：江西农业大学，2016.
[③] 刘萍.学前教育专业学生职业认同研究——以 C 学院为样本[D].长沙：湖南师范大学，2017.
[④] 张静.跨学科教育学硕士研究生专业认同研究——以 J 大学为例[D].南昌：江西师范大学，2017.

的理解，认为专业认同是学生与专业相联系的客体之间的互动，如课程、教师、教学和实践等，从而进一步了解本专业的相关情况，由此增加对本专业的喜爱和认可，对自己专业的学习与发展作出积极的回应[①]。不少研究者根据自己的研究需求，在研究学前教育专业学生专业认同时，从不同的维度对其进行划分。张晓娜在她的研究中从三个维度分析了学前教育专业认同，分别为专业认知、专业情感和专业行为[②]。史丽君从四个维度对学前教育专业学生专业认同进行分析，分别为职业价值观、职业效能、职业意志、职业期望[③]。林媛将学前教育专业学生专业认同分为四个维度：专业认知、专业情感、专业意志、专业行为[④]。龙宇将学前教育专业学生专业认同分为三个维度：专业认知、专业情感和专业付出[⑤]。赵旭将学前教育专业学生专业认同划分为四个维度，分别为专业认知、专业情感、专业行为、专业能力[⑥]。寇悦将学前教育专业学生专业认同划分为专业认识、专业态度和情感以及专业行为四个维度[⑦]。此外，还有其他学者和研究者的观点，这里不再一一列举和陈述，见表2-1。通过梳理和分析学前教育专业学生专业认同的概念界定以及学前教育专业学生专业认同的维度划分两方面的相关文献，研究者对于学前教育专业学生专业认同的理论研究越来越深入，结合自己的研究实际对学前教育专业学生专业认同提出不同的

---

① 王艳芳.学前教育硕士研究生专业认同研究[D].洛阳：洛阳师范学院，2018.
② 张晓娜.高师院校学前教育专业学生专业认同研究——社会学视角[D].南宁：广西师范学院，2016.
③ 史丽君.高校学前教育专业男生的幼儿教师职业认同研究——以黑龙江省为例[D].哈尔滨：哈尔滨师范大学，2016.
④ 林媛.重庆市高职学前教育专业学生专业认同感的现状研究[D].重庆：重庆师范大学，2016.
⑤ 龙宇.高师院校学前教育学生专业认同的研究[D].黄石：湖北师范大学，2016.
⑥ 赵旭.学前教育本科生专业认同的调查研究——以河南省××市区为例[D].新乡：河南师范大学，2018.
⑦ 寇悦.高职院校学前教育专业学生专业认同感的现状研究[D].保定：河北大学，2018.

理解，也为本研究提供了理论参考。

表2-1　国内专业认同的研究维度分类

维度	代表学者	具体维度
三种维度	王顶明、刘勇存等[①]	认知、情感、持续
	胡涤非、陈海勇、孙亚莉等[②]	认知性要素、倾注性要素、评价性要素
	彭艳红[③]	专业身份认同、专业培养认同、专业发展认同
	董及美[④]	专业认知、专业情感、专业行为
四种维度	王刚、刘先强[⑤]	专业期望、专业意志、专业效能、专业价值
	秦攀博[⑥]	认知性、情感性、行为性、适切性
	王国明、王冉[⑦]	专业认知、专业情感、专业学习、专业自我效能感
	滕曼曼[⑧]	专业投入、专业情感、专业评价、专业前景

---

① 王顶明,刘永存.硕士研究生专业认同调查[J].中国高教研究,2007(8):18-22.

② 胡涤非,陈海勇,孙亚莉.硕士研究生专业认同研究——基于暨南大学的调查[J]学位与研究生教育,2012(4):53-57.

③ 彭艳红.高师小学教育本科专业学生专业认同的研究[D].重庆:西南大学,2009.

④ 董及美,刘文娟,周晨,等.中职生歧视知觉与学习倦怠：专业认同和心理资本的中介作用[J].中国特殊教育,2020(4):76-80.

⑤ 王钢,刘先强.学前专业大学生专业认同的测量、特点及其教改启示[J].四川文理学院学报,2014,24(5):88-91.

⑥ 秦攀博.大学生专业认同的特点及其相关研究[D].重庆:西南大学,2009.

⑦ 王国明,王冉.学前教育专业男生专业认同研究[J].贵州师范大学学报(社会科学版),2021(2):58-66.

⑧ 滕曼曼.跨学科硕士研究生专业认同研究——以南京四所高校为例[D].南京:南京师范大学,2014.

续表

维度	代表学者	具体维度
五种维度	许世梅[1]	专业评价、专业情感、学习动机、成就动机、自我评价
	朱书强、刘明祥[2]	专业认知、专业情感、专业适切、专业行为和专业意愿
	李浩君、张聪俐、甘建国[3]	专业认知、专业情感、专业行为、专业适切、职业意愿
	李海波、黄蕾[4]	专业意识、专业教学、专业价值、专业环境、专业偏见
	齐丙春[5]	投入度、喜好度、美誉度、匹配度、认知度
	杨晶[6]	自身认同、职业价值观、师范生身份认同、教师职业认同、师范院校认同
	易松国[7]	认知、情感、理念价值、行为和选择

---

[1] 许世梅. 硕士研究生专业认同和学习效能感的关系研究[J]. 重庆交通大学学报(社会科学版), 2012, 12(5): 106-109.

[2] 朱书强, 刘明祥. 普通高校教育技术学专业学生专业认同状况的实证研究——以M大学教育技术学专业学生为例[J]. 现代远距离教育, 2018(2): 35-44.

[3] 李浩君, 张聪俐, 甘建国. 高校职教师资班学生专业认同状况调查研究——以518名本硕学生为样本[J]. 职业技术教育, 2021, 42(9): 60-66.

[4] 李海波, 黄蕾. 物业管理专业本科生专业认同及对择业行为影响的实证分析[J]. 长沙大学学报, 2014, 28(5): 115-119.

[5] 齐丙春. 我国西部地区高校学生专业认同度的实证研究[D]. 重庆:重庆大学, 2011.

[6] 杨晶. 高师学生教师专业认同状况调查与分析——以白城师范学院为[J]. 职业技术教育, 2008.29(8): 47-49.

[7] 易松国. 社会工作认同:一个专业教育需要正视的问题[J]. 学海, 2019(1): 116-123.

续 表

维度	代表学者	具体维度
六种维度	周颖[1]	专业认知、专业情感、专业付出、专业支持、专业师资、专业就业
	周三[2]	专业认同、专业情感、专业投入、专业承诺、人际支持、专业胜任
七种维度	易凌云[3]	对专业的认知、对专业的情感、对专业身份的认同、对专业培养的认同、对专业发展的认同、专业学习行为、未来的择业取向
	白凯、倪如臣、白丹[4]；白海莹、张辉[5]	专业教学、专业前景、专业意识、职业发展、专业投机、社会偏见、专业归属

二、专业认同的现状的有关研究

通过对相关参考文献的梳理与分析发现，以往对学前教育专业学生专业认同的研究，主要集中在职专生、本科生以及研究生某单一层次的学生群体上。

（一）学前教育职专生专业认同现状研究

耿萌萌运用问卷调查法、个案研究法和统计分析法，对江西省某中等职业学校一、二年级的学生进行了调查，调查结果显示，该学校学前教育专业学生专业认同的水平为中等偏低，且在人口学变量下，中职学

---

[1] 周颖. 鞍山市学前教育专业学生的专业认同现状的调查研究 [D]. 鞍山：鞍山师范学院，2018.

[2] 周三. 教育学硕士研究生专业认同研究 [D]. 苏州：苏州大学，2012.

[3] 易凌云. 我国学前教育专业学生专业认同状况的调查研究 [J]. 湖南师范大学教育科学学报，2017, 16(6): 116-123.

[4] 白凯，倪如臣，白丹. 旅游管理专业的学科认同：量表开发与维度测量 [J]. 旅游学刊，2012, 27(5): 41-48.

[5] 白海莹，张辉. 旅游管理类专业在校本科生专业认同的前因及结果变量研究——以中山大学旅游学院为例 [J]. 旅游论坛，2022, 15(3): 99-112.

生的专业认同在年级之间、是否担任班干部、学业成绩水平之间都具有显著性差异[①]。同时，在此基础上，分析影响中等职业学校学前教育专业学生专业认同的因素，主要包括：选择中职学前教育专业的原因、学前教育专业的总体情况满意度、学校和班级的学习氛围、专业的就业情况以及重要他人的影响。

林媛运用问卷调查法和访谈法对重庆市300多名高职生进行调查发现，重庆市高职学前教育专业学生专业认同的整体水平处于中等偏上。[②]同时，在人口学变量上存在显著差异，即公办高等职业学校学前教育专业学生的专业认同高于民办学校学前教育专业学生；女生的专业认同高于男生；二年级学生的专业认同高于新生和三年级的学生；专业认同度高的都是一些学习成绩比较好的学生；自主选择学前教育专业学生比其他志愿调剂或专业选择学生的认同感更高。

程湘月采用问卷调查法对不同地区的三所中等职业学校的学前教育专业学生进行了调查，从专业能力、基本能力、方法能力和关键能力四个维度对学前教育专业学生专业认同进行分析，发现以下问题：基本能力维度方面表现较好，但致力于幼儿教师工作发展的学生意愿更低且沟通协调能力欠缺；关键能力维度表现优异，反思发展能力相对较弱；专业能力维度整体表现良好，但双语教学能力和钢琴演奏能力一般；方法能力维度整体表现不强，需要提高课件的制作和使用技巧[③]。

寇悦通过问卷调查法和访谈法相结合的方式对河北省沧州市B职业学院大一到大三年级的中职学生进行调查，结果表明B中等职业学院的学前教育专业学生专业认同的水平处于中高水平，但学生自身、学校和

---

① 耿萌萌.中职院校学前教育专业学生专业认同研究——以江西省DZ学校为例[D].南昌：江西农业大学,2016.

② 林媛.重庆市高职学前教育专业学生专业认同感的现状研究[D].重庆：重庆师范大学,2016.

③ 程湘月.中职学校学前教育专业学生职业能力现状、问题及对策研究[D].天津职业技术师范大学,2018.

社会中的一些因素仍然是影响学生专业认同的关键①。

戴柔柔使用问卷法调查对广东省某民办高职院校的学前教育专业的学生进行调查,结果表明,学生的专业认同总体处于中等水平,学生关于"我想学"和"想我学"的不同观点在填报志愿时存在显著差异,学生对待专业学习的情感状态和求知热情截然不同②。

(二)学前教育本科生、硕士研究生专业认同现状研究

梁万生采用问卷调查法和访谈法对学前教育本科学生进行问卷调查,以期发现学前教育专业本科男生的专业认同特点和存在的问题。结果表明,学前教育专业本科男生的专业认同总体水平不高,且在第一志愿报考数量性别、学生性别比例、年级性别以及志愿选择方面的差异性都非常显著③。

张晓娜从独特视角——社会学视角,对所调查学生的专业认同现状进行分析,并得出学前教育专业学生专业认同呈一般水平,对专业有着积极的情感,但对专业的认识和理解有偏差,专业行为对专业认识和专业情感的支持力度不够的结论④。另外,学生家庭、学校以及专业分层、专业社会地位等都从不同角度影响着学生对专业的认同态度。

王艳芳采用问卷调查法和访谈法对学前教育硕士研究生专业认同现状和影响因素进行分析,得出相关结论,即学前教育硕士研究生专业认同整体上处于较高水平⑤。在专业认同三个维度中,认同度最高的是专业行为,专业认知和专业情感次之。此外,调查发现,不同性别、年级、

---

① 寇悦.高职院校学前教育专业学生专业认同感的现状研究[D].保定:河北大学,2018.

② 戴柔柔.民办高职院校学前教育学生专业认同的调查研究[J].文化创新比较研究,2018, 2 (4): 157-158.

③ 梁万生.学前教育专业男性本科生专业认同研究[D].金华:浙江师范大学,2013.

④ 张晓娜.高师院校学前教育专业学生专业认同研究——社会学视角[D].南宁:广西师范学院,2016.

⑤ 王艳芳.学前教育硕士研究生专业认同研究[D].洛阳:洛阳师范学院,2018.

是否跨专业、综合成绩、生源地、志愿选择等因素对学前教育硕士研究生的专业认同并没有产生显著的差异影响，但是其专业认同在院校、专业类型上存在显著性差异。王艳芳针对影响学生专业认同的因素，提出了针对性的解决策略。

综上所述，以往关于学前教育专业学生的专业认同的研究成果较为丰富，但绝大多数研究者都集中于对学前教育某个单一层次学生群体进行单独研究，将不同年级、不同层次学校的学生一起研究则较少。

三、专业认同的影响因素的有关研究

孔慧、吴敏榕等对影响大学生专业认同的影响因素进行深入的分析发现，影响因素不是单一的，而是多元的。主要影响因素有对本专业的了解程度、就业前景、社会支持、是否调剂生、生源地等[①]。马洁对全日制教育硕士的研究显示，社会评价、学校政策、就业状况会对学生专业认同造成影响[②]。黄美初、胡小爱的研究表明，性别、年级、专业性质、专业选择主体的不同都会对成教学生的专业认同水平造成影响[③]。方琦在其硕士论文中将影响社会工作专业学生专业认同的影响因素分为两大类，即主体因素和客体因素。主体因素包括日常表现、价值认同、专业学习、兴趣认同。客体因素包括薪资待遇、职业发展等[④]。益菲的研究结果表明，专业学习中个人成长水平、专业领域内他人的专业素养、个人特质与专业匹配程度、对专业的探索程度、实践获得的胜任力与价值感是

---

① 孔慧，吴敏榕，韦燕云. 高校大学生专业认同现状及影响因素调查研究 [J]. 教育与职业，2010(29): 171-173.

② 马洁. 全日制教育硕士专业认同研究——以首都师范大学为例 [J]. 贵州师范学院学报，2011, 27 (9): 69-73.

③ 黄美初，胡小爱. 成教学生专业认同的主要特征、影响因素和调适策略 [J]. 中国成人教育，2013(12): 103-107.

④ 方琦. 社会工作专业学生专业认同影响因素及前瞻思考——基于M校的调查研究 [D]. 合肥：安徽大学，2014.

影响心理学硕士研究生专业认同水平的共同因素[1]。杨朝对教育学本科专业学生的专业认同进行研究，认为影响专业认同的因素可以分为三大类，分别为学生主体、学校环境和社会层面。在学生主体中，学生的性格特质、专业期待、学习动机会对专业认同造成影响；在学校环境中，师资力量、教学、学习气氛、师生关系会对专业认同造成影响；在社会环境中，职业声望、就业率、薪酬、自我价值实现会对专业认同造成影响[2]。周扣娟以S大学全日制教育硕士与教育学硕士为对象，对其专业认同和影响因素进行调查。研究结果表明，教育硕士的个体差异和所学专业的客观环境等因素对全日制教育硕士的专业认同有显著影响[3]。

通过分析上述文献可知，近年来我国学者认为影响学生专业认同的相关因素集中在两个方面，即内部因素和外部因素。内部因素包括被调查者的性别、专业的志愿选择、专业认知情感态度等。外部因素包括所学专业的社会支持度、学校环境、培养模式、教育教学、就业前景等。

四、提高专业认同的策略的有关研究

张志乔[4]提出通过加强对专业宣传力度，增加学生对所学专业认知，提升专业教学水平，改进教学方法，以提高高职学生专业认同。鲍秋旭[5]针对提升教育学专业本科生的专业认同提出了以下对策：学生应自主选择专业；学校应开展专业思想教育，教师应培养学生专业情感；院系

---

[1] 益菲. 心理学硕士研究生高专业认同水平的影响因素研究[D]. 石家庄：河北师范大学, 2015.

[2] 杨朝. 教育学本科专业学生专业认同研究——以云南省两所高校为例[D]. 昆明：云南师范大学, 2015.

[3] 周扣娟. 全日制教育硕士与教育学硕士专业认同及影响因素研究——以S大学为例[D]. 上海：上海师范大学, 2017.

[4] 张志乔. 高职学生专业认同度与就业满意度关系探讨[J]. 中国高教研究, 2012(6): 98-101.

[5] 鲍秋旭. 教育学专业本科生专业认同问题与对策研究[D]. 武汉：华中科技大学, 2014.

应提升专业的建设，等等。黄玲云[①]建议充分发挥研究生的自主能力，提升教育质量，完善研究生教育的相关政策与制度，通过多途径提升兰州大学专业型硕士专业认同。李桂萍[②③]从效能预期视角与结果预期视角两个方面探讨了增强男性免费幼儿师范生专业认同感的提升策略。笔者认为学生要采取挖掘自身优势，强化课程挑战性，建立长效激励机制，发挥榜样正能量等具体措施。陈竹[④]认为，提高学生的专业认同要从学生自身与高校两个方面共同努力。学生应该合理地规划学习生活，积极调整心态，增加专业学习兴趣等；高校应从专业需求的角度出发，科学选择课程内容，改善师生关系，为学生提供就业帮助，等等。

从目前提升专业认同的策略来看，大部分学者认为应主要从影响专业认同的内部因素和外部因素两个方面提高学生的专业认同度，如增强学生专业选择自主权，提升教育教学质量，制订合理的培养方案，增强见习、实习、就业等方面的指导，等等。

五、专业认同相关性的有关研究

学者们除了对专业认同本身的结构、影响因素进行深入分析和探讨，还把注意力集中在研究专业认同与其他因素的相关性研究，了解专业认同与其他因素之间的关系，以便从不同视角提升学生专业学习的主动性和积极性。张志乔[⑤]分析专业认同与就业满意度之间的关系。研究结果表

[①] 黄玲云. 兰州大学全日制专业学位硕士生专业认同的研究 [D]. 兰州：兰州大学，2013.

[②] 李桂萍. 免费男幼师生专业认同感提升策略研究——基于自我效能感视域 [J]. 江苏幼儿教育, 2014 (2): 10-12.

[③] 李桂萍. 男性幼儿免费师范生职业动机调查分析及对策研究——以江苏徐州幼专为例 [J]. 陕西学前师范学院学报, 2014, 30 (1): 14-17.

[④] 陈竹. 对外汉语教学硕士研究生专业认同研究 [D]. 上海：华东师范大学, 2015.

[⑤] 张志乔. 高职学生专业认同度与就业满意度关系探讨 [J]. 中国高教研究, 2012(6): 98-101.

明,高职学生专业认同与就业满意度正相关。黄美初、胡小爱等[1][2]在研究中发现,大学生专业认同中的情感态度因子直接影响学生的学习行为,同时,专业情感态度因子与评价因子又相互影响。刘晓丽[3]在研究中提到,大学生专业认同与专业承诺呈现显著的正相关,专业认同与学习倦怠呈现显著负相关。

笔者对专业认同的相关文献进行系统分析后发现,我国学者对专业认同的研究更多地关注大学生、硕士研究生等这样的大群体,专门针对学前教育专业大学生的专业认同的研究并不多。研究设计中,往往采用问卷调查法、文献法和访谈法相结合的形式,但缺乏信度和效度较高的调查问卷或相关的较权威的量表。笔者在整理文献过程中还发现,定性研究比较少,大多数定性研究是用于探寻专业认同的内部影响因素,并且是对定量研究的一种补充。不过,当下的研究趋势强调定量研究要与定性研究相结合。从专业认同影响因素和对策的研究中也发现,对于提高专业认同的对策主要从个体、高校、社会三个维度进行探讨。总之,通过对上述文献的研究和分析,学者们的研究成果为本研究提供了较高的参考价值和丰富的理论依据。不过,本研究在前人已有研究成果的基础进行大胆创新和探索,进一步思考影响学前教育专业大学生的专业认同的影响因素,进而为提高学前教育专业学生的专业认同进行积极探索。

近年来,关于学科专业认同的研究已成为近年来硕士研究生学位论

---

[1] 黄美初,胡小爱. 成教学生专业认同的主要特征、影响因素和调适策略 [J]. 中国成人教育, 2013(12): 103-107.
[2] 许兴苗,胡小爱,王建明. 专业认同及情境变量对大学生学习行为影响的实证分析 [J]. 教育发展研究, 2013, 33 (9): 74-80.
[3] 刘晓丽. 大学生专业认同、专业承诺与学习倦怠的关系——以学前教育专业为例 [D]. 济南:山东师范大学, 2014.

文的热门选题，如上海师范大学黄涛[①]的《上海地区硕士研究生专业认同问卷的编制及相关研究》、华东师范大学柳叶[②]的《教育经济与管理硕士研究生的专业认同研究》、苏州大学周三[③]的《教育学硕士研究生专业认同研究》和周靖一[④]《高等院校硕士研究生专业认同研究》等。这些论文主要通过问卷调查法来收集数据，并通过描述性统计分析得出结论。综合以上可以看到，关于学科专业认同的这些研究在数量和质量上都取得了重要进展，对于专业认同概念的定义，多数学者已经基本达成共识。研究者普遍认为，专业认同是学习者对所学专业的接受与认可的过程，这包括愿意以积极的态度和主动的行为去学习和探索该专业。这种认同体现在学习者根据自己的兴趣、爱好和特长，从众多专业中选择某一专业作为与自己身份相符的专业，甚至希望成为该专业领域的杰出人物。专业认同还包括对自己成为某一专业群体成员身份的明确认识，以及对所学专业和所属学科群体的态度、情感和相应的行为表现。另外，这些论文的定量研究数据和结论为本研究提供了有价值的启发和反思。通过这些研究可以更深入地理解专业认同的复杂性和重要性，特别是在学前教育等专业领域。

第三节 专业认同的理论基础

专业认同的理论基础包括以下六种理论，如图 2-1 所示。

---

① 黄涛.上海地区硕士研究生专业认同问卷的编制及相关研究[D].上海：上海师范大学，2008.
② 柳叶.教育经济与管理硕士研究生的专业认同研究[D].上海：华东师范大学，2011.
③ 周三.教育学硕士研究生专业认同研究[D].苏州：苏州大学，2012.
④ 周靖一.高等院校硕士研究生专业认同研究[D].苏州：苏州大学，2012.

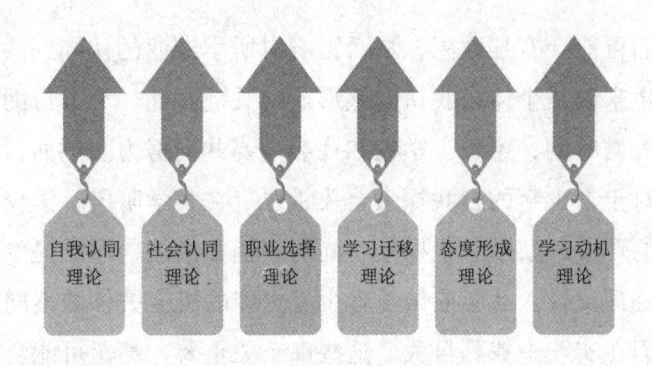

图 2-1 专业认同的理论基础

一、自我认同理论

1950年,埃里克·埃里克松在其著作《童年与社会》中首次提出了"自我同一性"的概念[①],开创了自我认同理论的研究。埃里克松的理论主张,人的一生可以划分为八个阶段[②],每个阶段都有其特定的人格发展任务和相应的心理社会危机。埃里克松认为,个体在每个阶段都会遇到特定的挑战和冲突,通过解决这些冲突,个体可以逐步增强对环境的适应能力,形成健全的人格。特别是在青少年期,个体面临的主要冲突是"自我同一性"与"角色混乱"。这一时期,青少年会接触到各种不同的人生观和价值观,必须在这些多元选择中找到适合自己的定位。如果无法有效解决这一冲突,个体可能无法对自我形成清晰的认识,从而陷入散漫和混乱的状态。埃里克松称这一时期为"心理社会暂缓期",即青少年可以在社会角色和责任的压力较小的环境中探索自我。大学也是"自我同一性"的形成关键阶段,尤其是对于所学专业的认同和感知。这一时期的学生通过专业学习和实践活动,开始探索和确定自己未来的职业方向。如果在这一过程中,学生发现所学专业与自己的兴趣和期望

---

① 埃里克松.童年与社会[M].罗一静,徐炜铬,钱积权,译.上海:学林出版社,1992:7.
② 桑切克.教育心理学[M].2版.周冠英,王学成,译.北京:世界图书出版公司北京公司,2007:73.

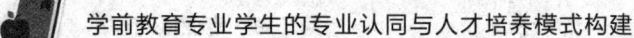

不符，他们可能会有挫败感，从而影响对所学专业的认同感。因此，此阶段对学生来说是个体自我认同感形成的关键时期。为了帮助学生成功渡过这个关键时期，家长、学校和社会需要共同努力。例如，家长的支持和理解对于青少年的自我探索至关重要。在大学阶段，学校应提供一个支持性的环境，鼓励学生探索不同的兴趣和潜能，同时提供必要的职业指导和心理支持。社会应给予青少年更多的机会去体验不同的职业角色，让他们在实践中找到自我。这些都至关重要，甚至可能会决定学生的人生走向。当前社会数字化和全球化的影响也不容忽视。网络社交媒体和全球化带来的文化多元性，为大学生提供了更广阔的视野和更多样的自我探索机会。这些因素不仅影响大学生形成自我认同的环境，也为他们提供了新的挑战和机遇。因此，现代社会中的"自我同一性"形成，还需要考虑到这些新兴因素的影响。埃里克松的"自我同一性"理论不仅为大学生专业认同的心理发展提供了重要视角，也为教育工作者、家长和政策制定者提供了指导大学生健康成长的重要理论基础。只有综合考虑个体、家庭、学校和社会等多方面因素，熟知、熟用自我认同理论，才可以更有效地支持青少年在探索和建立"自我同一性"、专业认同感的过程中取得成功。

二、社会认同理论

社会认同理论，最初由亨利·塔吉费尔（Henri Tajfel）提出，该理论关注的是个体如何在社会群体中找到自身的定位与认同[①]。这一理论指出，当个体认识到自己属于某个特定的社会群体时，群体的情感和价值观将对其产生影响。塔吉费尔的研究表明，个体一旦将自己视为群体的一部分，就会倾向于对内群体成员持有偏好态度，而对外群体成员持有

[①] TAJFEL H E.Differentiation between social groups: Studies in the social psychology intergroup relations[J].American Journal of Sociology, 1978, 86(5): 1193-1195.

偏见，这种倾向导致了对内群体的积极评价和对外群体的贬低[①]。在专业认同的研究中，学校体系中的学科归属类别常被视为一种社会群体。学生或教师对自己所属的学科群体产生归属感和认同感。从这个视角出发，专业认同可以被视为社会认同的一个重要分支。学校中的不同专业群体拥有独特的文化、价值观和行为规范，这些特性在成员中形成共同的认同感。此外，社会认同理论还强调群体身份等级的影响。个体往往会寻求加入社会地位更高或被视为更有价值的群体，以增强自身的社会认同感和满足感[②]。在专业认同的情境中，这可能体现为学生或教师渴望加入更有声望或更符合其职业期望的专业领域。专业认同不仅关乎个体对其专业领域的认知和情感，而且涉及如何在该领域内实现自我价值和获得社会地位。此外，专业认同的形成过程受到个体、群体及社会多层次因素的影响，包括教育背景、职业经历、同行评价和社会文化环境等[③]。例如，教育系统内部的专业认同可能与学术成就、教学质量和研究方向等因素紧密相关。在当代社会，专业认同的形成和发展还受到全球化和技术变革的影响。数字化时代的到来，给教育体系和专业界限带来了巨大变化，这些变化反过来又影响着个体对专业的认同感和归属感。因此，理解和促进专业认同的发展需要综合考虑多个层面的因素，包括个体心理、群体动力学和社会文化背景。

三、职业选择理论

职业选择理论，最初由弗兰克·帕森斯（Frank Parsons）在《职业选择》一书中提出，职业选择理论也被称为"人职匹配理论"。这一理论

[①] 张莹瑞, 佐斌. 社会认同理论及其发展 [J]. 心理科学进展, 2006(3): 475-480.

[②] TAJFEL H, TURER J C.The social identity theory of intergroup behavior[J]. Psychology of Intergroup Relations, 1986, 13(3): 7-24.

[③] ASHFORTH B E, MAEL F A. Social Identity Theory and the Organization[J]. The Academy of Management Review, 1989, 14(1): 20-39

强调个体在选择职业时应考虑职业需求与未来规划,并结合自身的兴趣、能力和其他相关因素,以寻找最适合自己的职业路径。帕森斯提出的职业选择"三步范式"方法包括:第一步,个体需要对自己的个性特征、兴趣爱好、能力倾向等有一个清晰的认识。第二步,掌握相关职业信息,包括工作要求、所需学历和技能等。第三步,进行人职匹配,即在个人特征和职业要求相符合的基础上作出职业选择。在学前教育背景下,这一理论可以用来探讨学生如何根据自身特质选择专业。学前教育专业学生在选择专业时,需要考虑个人兴趣、能力以及未来就业市场的需求。他们的专业认同感和就业意向可以作为职业选择理论研究的一个重要方面。专业认同感是指学生对其所学专业的归属感和满足感,而就业意向则涉及学生对未来职业生涯的期望和规划。专业认同感与就业意向之间存在密切的关联。当学生对其所学专业有较高的认同感时,他们更可能对未来的职业生涯有明确的规划和积极的态度。相反,如果学生对所学专业认同感较低,他们可能在职业规划方面感到迷茫,对未来就业抱有消极态度。因此,学前教育专业的学校和教育者在指导学生选择专业时,不仅要考虑学生的个人特质和职业市场的需求,还要重视培养学生对所选专业的认同感。这可以通过增强职业指导、提供实践机会和促进学生对未来就业市场的了解来实现。同时,家长和社会也应提供支持和资源,帮助学生在专业选择和职业规划上作出更明智的决定。可以看到,职业选择理论不仅提供了一个框架来理解个体如何作出职业选择,还强调了专业认同感和就业意向在职业发展中的重要性。对于学前教育专业学生来说,这一理论的应用有助于他们更好地了解自己,作出符合个人特质和市场需求的专业选择,从而为其未来的职业生涯打下坚实的基础。

四、学习迁移理论

学习迁移理论,起源于19世纪末期,是教育心理学中探讨知识、技能和态度在不同学习情境中应用的重要理论。这一理论经过20世纪的深入发展和完善，已广泛应用于各种学科和专业领域[①]。学习迁移涉及的是学习者如何将在一个环境中获得的能力迁移到另一个环境中，以提高学习的效率和有效性。学习迁移可以分为正迁移和负迁移两种。正迁移发生在先前的学习对新学习任务有积极帮助的情况下，而负迁移则是指先前的学习对新学习任务造成阻碍。学习迁移的范围从具体技能的迁移到概念理解的迁移，从简单的记忆迁移到复杂的问题解决技能迁移都包含其中。认知结构迁移理论是学习迁移理论中的一个重要分支，它认为有意义的学习是建立在原有学习基础上的，新的知识结构不是孤立的，而是在原有知识结构的基础上通过同化和发展形成。这一理论强调认知结构的稳定性和可利用性，认为不同学习之间存在着联系。将学习迁移理论与专业认同的概念结合起来，可以看到它们之间的紧密联系。专业认同指的是个体对其所学专业的认知、情感和行为的综合态度，它包括对专业知识的接受、对专业价值的认同以及将所学专业知识应用于实践的意愿和能力。在专业认同的形成过程中，学习迁移起着关键作用。当学习者能够将所学的专业知识和技能有效地迁移到实际工作或生活环境中时，他们对专业的认同感将得到加强。这不仅包括知识的迁移，也包括专业态度和技能的迁移。例如，学前教育专业的学生不仅需要学习儿童发展的理论知识，还需要将这些知识转化为实际的教学技能和积极的专业态度。此外，学习迁移还与专业认同的持续发展密切相关。学习迁移并不限于学校教育阶段，还包括进入职业领域后的终身学习。专业认同的形成和发展是一个持续的过程，需要不断地将新知识和技能融入个体的专业实践。成功的学习迁移还能增强个体在特定专业领域的自我效能感，这种感觉对于形成稳固的专业认同至关重要。可以看到，学习迁移理论为理解和促进专业认同提供了重要的理论基础。这一理论不仅有助于教育工作者在实际教学中应用理论知识，还有助于学习者在职业生涯

[①] 刘启珍，彭恋婷. 学与教的心理学：原理与应用 [M]. 武汉：华中科技大学出版社，2021: 121.

中实现个人价值和职业目标。通过认识到在不同情境间迁移和应用所学知识和技能的重要性，可以更有效地促进专业认同的发展，尤其是在教育等实践密集型领域中。

五、态度形成理论

态度形成理论是社会心理学中探讨个体如何形成对特定对象或情境的心理倾向的一个关键理论。在众多关于态度的理论中，美国著名社会心理学家J.L.弗里德曼（J.L.Freedman）的阐述尤为被大众接受。根据弗里德曼观点，态度是个体在特定环境中对某种事物持有的一种心理倾向，这种倾向主要包括三个要素：认知、情感和行为。其中，认知指个体对特定事实或情境的了解和认识，是态度形成的基础。情感则是指个体在认知的基础上所形成的对某一事物的情感倾向或价值判断。行为是指个体在认知和情感的基础上可能表现出的外在行为。H.C.凯尔曼的态度形成三阶段理论进一步深化了对态度形成的理解。他认为，态度形成的三个阶段为服从、同化、内化。个体的态度形成首先是通过在特定环境的压力下或自愿基础上产生的服从行为。然后，在这种环境的持续影响下，个体开始在内心接受并认可这些行为或观念。最后，在积极的情感引导下，这些观念和行为逐渐内化，形成个体的价值体系，并最终转化为一种认同态度。将态度形成理论应用于学前教育专业认同领域，可以发现这一理论为理解专业认同的产生和发展提供了重要的理论基础。专业认同作为一种特定的态度形成，涉及学前教育专业学生对其专业的认知、情感和行为倾向的形成过程。在学前教育专业中，学生对专业的认知可能开始于对儿童发展、教育理论等基础知识的了解。这种认知为他们形成对于专业的情感倾向和价值判断打下基础。随着学习的深入，他们可能对学前教育产生积极的情感认同，如对孩子们的成长感到满足，对教育工作的重要性产生认可。这种情感认同促使他们在实习或实际教学中展现出积极的行为表现，如投入更多的精力到教学活动中，主动寻求专业发展的机会。进一步地,学前教育专业学生的专业认同还受到多种因素的影响,如教育环境、师资力量、同伴关系、个人经历等。这些因素在不同阶段对学生的专业认同产生影响,促使他们在认知、情感和行为上形成稳定的专业认同态度。态度形成理论对于理解学前教育专业学生如何形成专业认同具有重要意义。它不仅帮助我们理解学生如何通过对专业知识的认知、对专业价值的情感认同以及在专业实践中的行为表现来形成专业认同,还揭示了这一过程可能受到的各种外部和内部因素的影响。通过深入理解这些过程和影响因素,教育工作者可以更有效地设计教育课程和活动,以促进学前教育专业学生的专业认同发展。

六、学习动机理论

学习动机理论是心理学和教育学中探讨个体进行学习活动的内在驱动力的重要理论。这一理论认为,学习动机是促使学习者为达成某个目标而进行学习活动的内在动力。这种动力不仅影响学习者的学习效果和学习目标,还影响其学习态度。在学习过程中,学习和动机相互作用、相互影响,形成了一个复杂的互动系统。学习动机理论背景广泛,涉及多种心理学理论。其中,马斯洛需求层次理论和成就动机理论是理解学习动机理论的重要基础。马斯洛需求层次理论将人类需求划分为两大类:缺失需求和生长需求。他认为,人们必须首先满足基本的生理和安全需求,然后才能追求更高层次的需求,如归属、尊重和自我实现。成就动机理论将学习动机分为认知内驱力、自我提高内驱力以及附属内驱力。认知内驱力源于个体的自我实现需要,这种动机通常更持久、更稳定。而自我提高内驱力和附属内驱力则是由外部因素(如地位、赞扬等因素)驱动的。当这些外部因素得到满足后,动机可能会降低。在学前教育专业中,学习动机理论对于理解专业认同的形成具有重要意义。学前教育专业的学生可能由于不同的原因选择该专业,这些不同的动机会影响他们在专业认同形成过程中的表现。例如,如果学生选择教育专业是出于对儿童发展和教育的热爱（认知内驱力），他们可能会更持久地对专业保持兴趣和热情。相反，如果选择教育专业仅仅是为了获得社会地位或他人的认可（附属内驱力），那么一旦这些外部需求得到满足，他们的学习动力可能会降低。此外，学习环境和社会环境对学生的学习动机也有重要影响。如果学习环境不能满足学生实现自我价值的需求或者社会环境不支持他们的专业选择，学生的学习动力可能不足，导致他们学习倦怠和专业认同水平下降。因此，为了提高学前教育专业学生的学习动力和专业认同，教育机构和社会应该提供一个支持性的学习环境和社会环境，满足学生的内在需求和外部需求。在学前教育专业的教学实践中，教师和教育工作者应关注学生的学习动机，并通过合适的教育策略和环境设计激发学生的内在动机，帮助他们形成对专业的持久兴趣和认同。例如，通过实际教学实践、与儿童互动的机会以及专业发展的路径，教育工作者可以帮助学生实现自我价值，从而增强学生对专业的认同感。通过这样的方式，学习动机理论不仅有助于解释学前教育专业学生专业认同的形成过程，还能为提高教育质量和学生满意度提供理论支持。

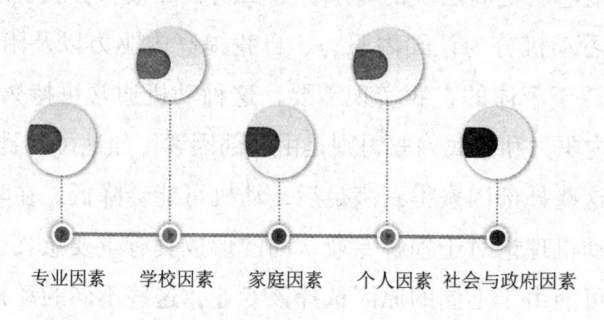

第四节 专业认同的影响因素

专业认同的影响因素有以下五个方面，如图 2-2 所示。

图 2-2 专业认同的影响因素

（专业因素　学校因素　家庭因素　个人因素　社会与政府因素）

一、专业因素

专业自身的一些属性会影响学生专业认同的培养与构建，如专业发展方向、就业前景、就业后的工资待遇、专业的社会地位等，这些因素与学生的职业选择、学习动力和长期职业规划紧密相关，对学生专业认同的影响尤为显著，直接关系到学生对其所学专业的价值评估和未来职业生涯的预期。

第一，专业发展方向是学生专业认同的重要基础。学生对专业发展方向的认识和理解将直接影响他们能否看到学习该专业的长远意义和可能的职业路径。如果学生认为学前教育专业提供了广阔的发展空间，能够满足他们对个人成长和职业发展的需求，他们对该专业的认同感就会增强；相反，如果学生认为学前教育专业发展方向有限，就可能会减少他们对专业的投入和认同。

第二，就业前景是学生专业认同的关键因素之一。在当前的就业市场中，学前教育专业的毕业生通常面临较好的就业前景，这对于增强学生的专业认同感非常重要。当学生认为从该专业毕业后能够较容易找到满意的工作，他们的学习动力和对专业的认同感就会提升。然而，如果就业市场饱和或就业条件不理想，学生可能会对选择该专业产生怀疑，降低专业认同感。

第三，专业就业后的工资待遇也直接影响学生对职业未来的预期。在很多情况下，学前教育专业的工资待遇并不高且工作相对来说比较烦琐，这可能会影响学生对该专业的认同和热情。高水平的工资待遇能够提升职业的吸引力，增强学生的职业满意度和专业认同感。反之，如果学生认为从事学前教育工作的经济回报不足以满足他们的生活需求或职业期望，他们可能会对该专业选择产生遗憾，降低专业认同感。

第四，专业的社会地位。专业的社会地位是影响学生专业认同的一个关键因素，直接影响学生选择专业的动机。社会地位高的专业往往被认为是成功和实现社会上升的途径，吸引大量学生报考。例如，医学、法律等专业因其社会地位高而备受追捧。相反，那些社会地位相对较低的专业可能会遭遇学生招募的挑战，即便这些专业同样重要且对社会有着不可替代的贡献。专业的社会地位还会影响学生对所学知识和技能的价值评估。学生倾向于认为，社会地位高的专业能够提供更多的就业机会、更高的收入和更大的社会影响力。这种认知增强了学生的学习动力和专业投入，提高了他们的自我效能感，即相信自己能够通过努力达到职业成功。专业的社会地位也会影响学生对未来职业生涯的期望和满意度。学生更倾向于选择那些能够为他们带来社会认可、尊重和经济回报的专业。当学生认为他们所选择的专业享有的社会地位高时，他们对未来的职业生涯更加乐观，职业满意度和承诺也相应提高。以学前教育专业为例，这一专业在很多国家和地区的社会地位可能并不是很高，可能处于中等地位，这直接影响了学生对该专业的认同感。尽管学前教育对儿童发展至关重要，但由于社会地位不高、薪酬待遇不高，学前教育者往往不被视为一个理想的职业选择。这种现象导致学生可能会对选择学前教育专业感到不确定或不满意，从而影响他们的学习动力和未来职业发展的积极性。

二、学校因素

学校层面对学生专业认同的影响因素包含多个方面，对于学前教育专业学生而言，这些因素尤为关键，因为它们共同塑造学生对专业的看法、态度及对未来职业生涯的预期。

（一）实习教育

实习教育在学生专业认同形成中占据首位，尤其对学前教育专业学生而言，实习不仅是理论与实践的桥梁，更是职业身份形成的关键阶段。高质量的实习教育能够提供丰富的职业体验，让学生在真实的工作环境中应用所学知识，理解职业角色，体验学前教师职业的日常，从而深化对专业的理解和认同。优秀的实习安排应包括多样化的实习场所选择、充分的实习时间、有效的指导教师配备以及实习过程中的反思机会，这些因素共同作用，帮助学生建立起强烈的职业认同感。

（二）师资素养

师资素养，包括教师的知识水平、教学能力以及对学生的关心程度，对学生专业认同同样具有深远影响。高素质的教师不仅能够传授专业知识，还能通过其专业行为模范、教学风格和与学生的互动，影响学生对专业的看法和感受。教师的关怀和支持能够增强学生的归属感，提升学生的学习动力，从而促进学生专业认同的形成。教师应及时关注学生的学习进度和心理状态，提供必要的指导和支持，特别是在学生遇到学习困难或职业方向选择困难时，教师的引导和鼓励尤为重要。

（三）课程设置

课程设置是学校教育的核心，直接影响学生对专业知识的掌握和专业技能的培养。针对学前教育专业，课程设计应兼顾理论与实践，覆盖教育学、心理学、儿童发展、教学方法等领域，同时融入创新教学和现代教育技术。课程内容应体现时代性、前瞻性和实用性等特点，以激发学生的学习兴趣，增强学生对专业的认同感。此外，通过开设专题讲座、工作坊等形式，引入行业最新动态和研究成果，也有助于学生建立现代教育观念，强化专业认同。

（四）学习软硬件环境

学习软硬件环境，包括教学设施、学习资源和技术支持等，为学生的专业学习提供必要的物质基础和技术保障。现代化的教学楼、实验室、图书馆以及信息技术设施等，不仅能够提高学习效率，还能够增强学生对学校和专业的认同感。特别是对于学前教育专业，实践教学设施（如模拟幼儿园、观察室等）对于学生理解儿童发展、掌握教学技能至关重要。良好的软硬件环境能够促进学生专业技能的提高,增强学生对专业的满意度和认同感。

(五)校园专业文化环境

校园专业文化环境是指校园内关于特定专业的文化氛围和价值观,包括专业精神、学术氛围、学生组织活动等。对于学前教育专业学生而言,一个积极的校园专业文化环境能够增强他们对专业的归属感和荣誉感。学校通过组织专业相关的讲座、研讨会、社会实践活动等,可以促进学生之间的交流和合作,增强学生对专业的热情和投入。此外,校园内展示教育行业成就、教师和学生成功案例等,也能激励学生积极向上,增强对学前教育专业的认同感。

这些学校层面的因素综合作用于学生,影响其专业认同的形成和发展。对于学前教育专业学生而言,通过精心设计的实习教育、高素质的教师团队、合理的课程设置、优良的学习环境以及丰富的专业文化,可以有效促进其专业认同的建立,为其未来的职业生涯打下坚实的基础。

三、家庭因素

家庭因素对学前教育专业学生的专业认同产生深远影响,尤其是家长的教育理念、对专业的认识与支持等。

第一,家长教育理念的影响。家长的教育理念是家庭教育氛围的重要组成部分,直接影响学生的价值观形成和职业观念。当家长重视教育、认可学前教育的重要性时,这种积极的态度会传递给学生,增强学生选择学前教育专业的自信心和认同感。相反,如果家长持有传统观念,认为学前教育专业地位低、收入不高,这种负面认识可能会削弱学生对专业的认同感,甚至影响到他们的学习动力和职业规划。

第二,家长对专业的认识与支持。家长对学前教育专业的认识程度和给予的支持是影响学生专业认同的关键因素。家长对专业有充分认识,并提供相应的支持和鼓励,可以帮助学生更好地理解所学专业的价值,增强从事学前教育工作的自豪感和使命感。例如，家长通过参与学校活动、与教师交流等方式了解学前教育的专业知识和实践要求，再将这些信息和认识传递给学生，有助于学生建立正确的职业观念。

第三，家庭教育环境。家庭教育环境包括物质环境和精神环境两个方面，两者都对学生的专业认同产生影响。一个温馨、和谐、支持的家庭环境能够激励学生积极向上，促进其专业技能和综合素质的提升。家长通过提供必要的学习资源，创造有利于学习的家庭氛围，以及通过日常交流中对学前教育专业的积极评价，都能够增强学生对专业的认同感。

第四，家庭社会经济状态。家庭的社会经济状态也会间接影响学生的专业认同。经济条件较好的家庭能够为学生提供更多的教育资源（如专业书籍、学习工具），更多的专业培训机会、实习机会等，这些资源能够帮助学生更深入地了解学前教育专业，增强专业技能和知识，增强学生对专业的理解和认同。相反，经济条件较差的家庭可能难以负担这些额外的教育支出，从而限制了学生的学习机会和专业成长，可能导致学生对自己的专业认同感较低。同时，家庭经济条件也可能影响家长对不同职业的看法和期望，进而影响到学生的职业选择和专业认同。另外，经济条件好的家庭成员可能更注重个人兴趣和职业发展潜力，鼓励学生选择他们真正热爱的专业。而经济条件较差的家庭可能更倾向于选择那些看起来能够快速就业或获得稳定收入的专业，教育被视为改善经济状况和社会地位的途径，这样的家庭不一定考虑孩子的个人兴趣和长期职业发展，这可能会降低学生对学前教育专业的认同感。因此，家庭经济条件不仅影响学生的教育机会，还会影响学生对教育的期望值和最终的职业选择。

总结来看，家庭因素在学前教育专业学生的专业认同形成过程中起到了不可忽视的作用。家长的教育理念、家长对专业的认识与支持，以及家庭的教育环境和社会经济状态，都直接或间接地影响着学生对其所学专业的看法和态度。因此，为了促进学前教育专业学生的健康成长和职业发展，需要家庭创造一个积极、支持的环境，帮助学生建立起强烈的专业认同感。

四、个人因素

学生个人层面对于专业认同的影响因素是多方面的，涉及自我身份认知、对职业的认知、学习态度和学习能力、身体因素、专业信念和情感因素以及自我调节能力等方面。这些因素相互作用，共同影响和塑造学生对其专业的认同感。

第一，自我身份认知。自我身份认知是个体对自己是谁、想成为什么样的人的认知和理解。在学前教育专业学生的专业认同过程中，自我身份认知起着核心作用。如果学生能够将自己看作未来的教育工作者，认为自己具备成为一名优秀幼儿教师的潜质和价值，这种正面的自我认知会增强他们对学前教育专业的认同感。反之，如果学生对自己的能力和角色定位感到困惑或不确定，可能会降低对所学专业的认同感。因此，帮助学生建立积极的自我身份认知，是增强其专业认同的关键。

第二，对职业的认知。对职业的认知包括对职业的知识了解、对职业的社会地位的认知以及对职业未来发展的看法。学前教育专业学生对教师职业的认识程度和认知深度直接影响他们对专业的认同感。深入了解学前教育领域的知识、对教师职业具有深刻的理解和尊重，以及对职业发展有积极预期的学生，更可能产生强烈的专业认同。教育机构和教师通过提供全面、深入的职业教育和实践机会，能够有效提升学生对职业的认知，从而增强其专业认同。

第三，学习态度和学习能力。学习态度和学习能力对专业认同也有重要影响。积极的学习态度、强烈的求知欲以及持续的学习动力可以促进学生对专业知识的深入掌握，提高其专业技能，这些都有助于增强专业认同感。相反，消极的学习态度和较低的学习能力可能会导致学生在学习过程中遇到困难，降低对专业的兴趣和认同。因此，鼓励学生保持积极的学习态度，同时通过教学策略和辅导提高学生的学习能力，对增强学生的专业认同至关重要。

第四，身体因素。身体因素，尤其是健康状况，也会影响学前教育专业学生的专业认同。良好的身体健康不仅能够支持学生积极参与学习和实践活动，还能增强他们的自信心和对未来职业生涯的期待。反之，身体健康问题可能会限制学生的学习和参与，从而影响到学生对专业的认同感。因此，保持身体健康，对于维持和增强专业认同感是非常重要的。

第五，专业信念和情感因素。专业信念和情感因素是构成专业认同的重要部分。对学前教育专业的热爱、对教师职业的尊重和热情以及对教育工作的积极情感态度，都能够显著增强学生的专业认同感。当学生相信他们所从事的专业能够带来积极的社会影响，并对此感到自豪和满足时，他们的专业认同感会更强。培养和维持这种积极的专业信念和情感态度，对于提高专业认同至关重要。

第六，自我调节能力。自我调节能力包括目标设定、时间管理、情绪调控等方面的能力。自我调节能力对学生的专业认同也有显著影响。具备强大的自我调节能力的学生能够更有效地管理学习过程，应对学习中的挑战，保持对学习和专业的积极态度。自我调节能力不仅有助于学生在学术上取得成功，而且通过增强学习的自我效能感和成就感，还进一步增强学生的专业认同。因此，提高自我调节能力是增强学前教育专业学生专业认同的一个重要途径。这些个人层面的因素共同作用于学生的专业认同过程，通过相互作用和影响，决定了学生对其专业的认同程度。理解和支持学生在这些方面的发展，对于促进其专业成长和职业发展具有重要的意义。

五、社会与政府因素

社会舆论对学生的专业认同具有深远的影响。以学前教育为例，社会普遍存在着一种观念,即认为这一职业更适合女性而不适合男性,这种性别化的社会舆论会对学生的专业选择和专业认同产生了隐形的但力量巨大的影响,这种社会舆论塑造了人们对于学前教育职业的性别预期,对男性学生产生了特别的压力。男性学生可能会感受到来自家庭、朋友乃至社会的质疑和反对,这种心理压力可能会导致他们对选择学前教育专业的认同感降低,甚至放弃自己的职业兴趣和梦想。此外,性别化的舆论还可能限制男性教师在职业发展上的机会,如被认为不适合从事某些与儿童亲密接触的教育活动,这进一步影响了男性学生和在职男性教师对该专业的认同和热情。对女性学生而言,虽然社会舆论似乎为她们选择学前教育专业提供了支持,但这种基于性别的支持实际上也可能带来限制,因为它可能使女性学生感觉她们的选择是被动的、受限的,而不是基于对教育的热爱和个人职业规划的主动选择。此外,社会舆论有时也可能低估学前教育专业的价值和复杂性,将其视为一项"自然"适合女性的工作,而忽视了这一职业的专业性和挑战性,这种低估也可能削弱学生的专业认同感。

　　政府的宣传和扶持力度不足也是影响学生专业认同的一个重要因素。在学前教育专业的背景下,如果社会对于该专业的了解不足、认可度低,学生可能会感觉到从事该专业缺乏价值感和荣誉感,从而影响他们对专业的认同。政府通过加大宣传力度,提高社会对学前教育重要性的认识,以及通过政策和资金的扶持,增强学前教育机构的发展能力和教师的专业成长,可以有效提升学前教育专业学生对自己所学专业的自信和认同。

第三章 学前教育专业人才培养的其他理论基础

任何有效的人才培养模式和途径都是基于特定理论的，这些理论指导着培养模式的设计和途径的实施。因此，在考虑学前教育专业人才培养之前，必须首先关注其理论基础。对于学前教育专业而言，人才培养应当围绕学前教育教师的成长规律、学生的学习规律以及幼儿教师职业的特殊需求来进行。

为了构建一个有效的人才培养模式，除了专业认同理论，本章将讨论四种与之密切相关的理论。首先是幼儿教师专业发展理论，这一理论关注教师从事教育工作的整个职业生涯，包括他们的成长、发展和专业化过程。其次是幼儿教师教育实践性理论，强调教师教育应与实际教学实践密切结合。再次是幼儿教师教育一体化理论，提倡理论学习与实践经验的有机融合。最后是幼儿教师的实践性知识观理论，这一观点认为教师的专业知识不仅来源于理论学习，更来源于教学实践中的积累和应用。

第一节 幼儿教师专业发展理论

幼儿教师在幼儿保育与教育活动中扮演着至关重要的角色，他们既是这些活动的主要组织者和执行者，也是保证教育质量的关键因素。因此，提高幼儿教育质量的前提是提升幼儿教师的专业素质。目前，全球范围内都已将提升幼儿教师素质作为幼儿教育事业发展的重点任务之一。从职业发展的角度来看,幼儿教师素质的高低很大程度上取决于其专业化水平。专业化水平是衡量教师素质的一个重要指标。幼儿教师的专业化发展已经成为国内外教育界的共识,并被视为全球范围内教育工作者共同追求的目标。随之而来,幼儿教师专业发展理论也成为教育学界的一个热门研究话题。在这样的背景下,培养学前教育专业人才的主要目的是为培育合格、专业化的幼儿教师打下坚实的基础。这意味着在培养过程中必须遵循幼儿教师专业发展理论的指导。幼儿教师专业发展理论有以下三个方面,如图3-1所示。

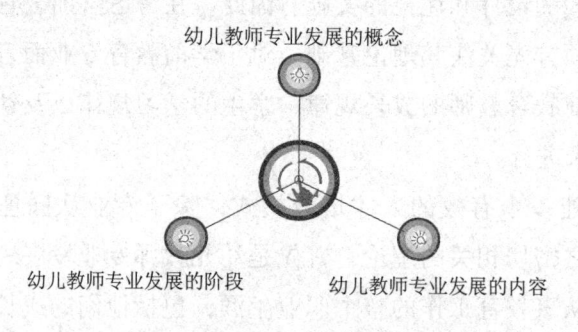

图3-1 幼儿教师专业发展理论的构成

一、幼儿教师专业发展的概念

幼儿教师专业发展是一个复杂且多维的概念,它不仅涵盖了幼儿教师个人专业素质的提升,也包括了他们在职业生涯中的逐步成长和演变。这个概念从整体上讲,是指幼儿教师专业发展的整个历程,即从职业生涯的起始到逐渐达到专业成熟。具体而言,它包括了专业素质的逐步提升到专业生涯的发展的各个阶段的内涵。

第一,从专业素质的角度来看,幼儿教师专业发展意味着教师在专业知识、技能、信念、动机、态度、情感、期望以及专业发展意识等方面的不断提高。这个过程不仅包含了幼儿教师对教育理论的深入理解和对教学技能的掌握，还涵盖了幼儿教师对教育的价值观和教育目标的认识。例如，幼儿教师可能开始时仅专注于教学技能的提升，但随着经验的积累，他们可能会更深入地思考教育的意义、如何更好地促进幼儿的全面发展等更深层次的问题。

第二，从专业生涯的角度看，幼儿教师专业发展是指教师从职前教育阶段经过新手期，逐步成长为熟练型和专家型教师的过程。这一过程涉及教师角色的认同、教育方法的探索和完善以及与幼儿、家长和同行之间关系的建立和调整。随着经验的增加，幼儿教师更能熟练地处理教育中的各种挑战，更有效地促进幼儿的学习和发展。在幼儿教师专业发展的过程中，不断的自我反思和评估是至关重要的，因此幼儿教师需要定期回顾自己的教学实践，思考如何改进和创新。这可能涉及对教学方法、课程内容、互动方式等方面的调整，以更好地适应幼儿的学习需求和发展阶段。进一步来说，幼儿教师专业发展还需要外部的支持和资源，包括定期的专业培训、教育研讨会、同行交流以及学习最新的教育研究和资料。通过这些外部资源，幼儿教师可以不断更新自己的教育知识库，获取新的教育理念和方法，从而更有效地促进自己的专业成长。值得注意的是，幼儿教师专业发展不仅是幼儿教师个人专业成长的过程，也是他们通过自我完善来更好地促进幼儿成长的过程。幼儿教师专业发展直接影响到幼儿教师的教学效果和幼儿的学习体验。因此，教师的专业成长也是提升整体教育质量的关键。可以看到，幼儿教师专业发展是一个持续的、多方面的过程和概念，它不仅要求幼儿教师在职业生涯中不断学习和成长，也需要教育系统和社会提供必要的支持和资源。通过这种全面的发展，幼儿教师能够更好地满足幼儿的教育需求，为幼儿提供一个充满爱、创新和发展的学习环境。

二、幼儿教师专业发展的内容

幼儿教师专业发展的内容包括以下五个方面，如图3-2所示。

身心发展系统　　能力系统
教育观念系统　　品格系统　　知识系统

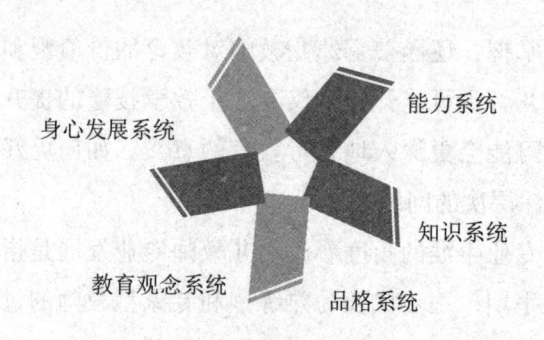

图3-2　幼儿教师专业发展的内容

（一）身心发展系统

幼儿教师的工作不仅仅是传授知识，更重要的是育人，这一过程既是复杂的脑力劳动，也伴随着一定的体力消耗。因此，幼儿教师需要具备足够的精力、健全的人格和良好的心态，以便更好地从事这项重要的职业活动。幼儿教师的身心健康状态直接影响到他们教学的效果和质量。一名身体健康的幼儿教师能够更好地应对教学中的各种挑战，如长时间的站立、与幼儿的互动等。同时，良好的身体健康也有助于维持教师的教学热情和创造力。在心理层面，幼儿教师的心理健康同样重要。一名积极乐观、心理健康的幼儿教师能更有效地管理课堂，与幼儿建立良好的互动关系，并创造一个积极、充满活力的学习环境。此外，心理健康的幼儿教师能够更有效地应对工作压力，保证教学质量和个人的职业满意度。因此，在幼儿教师专业发展的过程中，重视幼儿教师的身心健康显得尤为重要。这不仅是为了保障幼儿教师个人的福祉，更是为了提高教育的整体质量。教育机构和政府部门应为教师提供必要的支持，如定期的健康检查、心理咨询服务、职业发展培训等，以确保教师在从事教育工作的同时，能够保持良好的身心状态。此外，通过提供健康的工作环境、合理的工作负荷和充足的休息时间，也有助于维护教师的身心健康。幼儿教师专业发展不应仅仅局限于提升教学技能或更新教育知识，更应包括对幼儿教师身心健康的关注。这种全面的关注和支持不仅能提高幼儿教师的工作效率和教学质量，还能激发幼儿教师的教育热情，使他们能够在职业生涯中持续成长。最终，这种专业发展的方式将有助于培养出更加专业、健康、快乐的幼儿教师，他们将能更好地满足幼儿教育的需求，为幼儿的成长和发展打下坚实的基础。

（二）教育观念系统

教育观念系统作为教师专业发展的核心内容之一，具有至关重要的作用。教师的教育观念系统直接决定了其教学行为和方法，进而深刻影响教育的效果和质量。一名教师的观念体系不仅包括其对教育的基本看法，还涵盖了其对学生、学习过程以及教育目标的认识。这些观念构成了教师行为的思想基础，是推动教师专业成长的内在动力。教师的教育观念不是固定不变的，它随着教育环境的变化、个人经验的积累以及持续学习而不断发展和深化。在幼儿教师专业发展的过程中，更新和优化其教育观念是一项基本任务。这不仅包括对新的教育理论的学习和理解，也包括对已有教育实践的反思和评价。通过这样的过程，幼儿教师能够不断完善自己的教育观念，更好地适应教育的发展和学生的需求。与落后的教育观念相比，先进的教育观念能够更有效地促进学生的全面发展。先进的教育观念强调学生中心、个性化教学、终身学习等理念，这些理念能够激发学生的学习兴趣，培养其创新能力和批判性思维。因此，培养和形成先进的教育观念，对于幼儿教师来说，不仅是提升自身教学水平的需要，也是适应现代教育发展趋势的必然要求。在幼儿教师专业发展的实践中，更新观念系统需要幼儿教师积极参与到各种形式的学习和研讨中，如参加教育培训、阅读专业书籍、参与教育研究等。通过参与这些活动，幼儿教师能够接触到新的教育理论和实践，从而拓宽视野、更新观念。同时，幼儿教师还需要在日常的教学实践过程中不断尝试和反思，通过实践经验的积累来丰富和深化自己的教育观念。整体来看，观念系统在幼儿教师专业发展中扮演着核心角色。教师的观念更新不仅是个人成长的需要，也是适应教育发展潮流、提高教育质量的关键。因此，重视和加强对幼儿教师观念系统的培养和发展，是幼儿教师专业发展的重要途径。

（三）品格系统

品格系统作为幼儿教师专业发展的一个核心组成部分，对幼儿教师的教育影响和幼儿的成长起着至关重要的作用。品格系统主要包括教师的品德和性格两个方面，每个方面都对教师的职业生涯和学生的发展产生深远影响。

教师的品德不仅关乎个人的职业道德，更是学生学习和模仿的重要对象。作为学生的"重要他人"，教师的言行直接影响着学生的价值观形成和人格发展。优秀的品德不仅体现在教师的日常行为中，更通过教育实践传递给学生，成为他们成长路上的重要指引。因此，培养和保持高尚的品德是幼儿教师专业发展的基本要求。

性格对于幼儿教师而言同样重要。不同的职业对从业者的性格有着不同的要求，幼儿教师的性格不仅影响着自己对职业的适应性，还会影响教育质量和效果。例如，耐心、热情、开朗等性格特质对于幼儿教师来说尤为重要，这些性格特质能够帮助幼儿教师更好地与幼儿沟通和互动，创造积极的学习环境。因此，培养和维护与幼儿教育相匹配的性格，是幼儿教师专业发展的一个重要方面。在幼儿教师专业发展的过程中，品格系统的培养和发展需要通过持续的自我反思和实践来实现。这包括对自身行为的不断审视，对职业道德的深入理解，以及在日常教学中不断实践和提升。同时，幼儿教师还可以通过参与培训、研讨和同行交流等活动，不断丰富自己的职业素养，提升自己的人格魅力。

（四）知识系统

知识系统作为幼儿教师专业发展的基石，承载着教师专业能力的核心要素。教师的知识体系不仅包括其学科专业知识，还包括其教育教学知识、通识文化知识以及个人实践性知识的综合运用能力。知识系统的健全和完善是确保教师在教育领域中保持相对权威性的关键。对于幼儿教师而言，掌握扎实的学科专业知识是基本要求。这不仅意味着对所教学科的深入理解，还包括对相关学科新知识、新理论的不断学习和更新。学科专业知识的深厚基础使幼儿教师能够在教学过程中灵活运用知识，有效地引导幼儿探索和学习。除了学科专业知识，教育教学知识同样重要。教育教学知识包括教学方法论、学习心理学、课程设计原则等。掌握教育教学知识能帮助幼儿教师理解幼儿的学习特点，设计适宜的教学活动，有效地促进幼儿的学习和发展。幼儿教师的教育教学知识不仅体现在理论掌握上，更重要的是要能够在实际教学中应用和实践。通识文化知识也是幼儿教师知识体系中不可或缺的一部分。这涉及教师对社会、文化、科技等领域的广泛认识和理解。具备丰富的通识文化知识能够使幼儿教师应在教学过程中跨越学科界限，将知识融入更广阔的知识背景中，激发幼儿的好奇心和探索欲。个人的实践性知识也是教师知识系统的重要组成部分。这指的是教师在实际教学和生活经验中积累的知识。实践性知识更侧重于个人经验的应用，它帮助教师在面对不同教学情境时作出恰当的判断和应对。这种知识的积累和运用能够让教师更加灵活和高效地开展教育工作。知识系统是幼儿教师专业发展的基础和关键。幼儿教师需要不断地在这些方面进行学习和提升，以保持和提高自身的专业能力。这不仅对幼儿教师自身的职业生涯发展至关重要，也对幼儿的教育和成长产生深远的影响。因此，幼儿教师的知识系统建设应该被视为持续的、终身的职业发展过程。

（五）能力系统

能力系统作为幼儿教师专业发展的重要内容之一，涉及教育教学能力和教科研能力的多个方面。这些能力不仅是幼儿教师顺利从事教育活动的基本条件，更是提升教学质量和促进幼儿全面发展的关键。在教育教学能力方面，幼儿教师需要具备出色的语言表达能力，这既是与幼儿有效沟通的前提，也是清晰传达教学内容的基础。教学组织能力则要求幼儿教师能够合理地规划课堂活动，有效地利用各种教学资源。此外，教育教学能力是幼儿教师专业技能的体现，它不仅要求幼儿教师深入了解学科内容，还要求幼儿教师能够将这些知识转化为适合幼儿理解和吸收的形式。课程开发能力的培养使得幼儿教师能够根据幼儿的发展阶段和兴趣设计具有吸引力的课程，而班级管理能力则关乎如何在班级中创造一个积极、和谐的学习环境，促进幼儿之间的良好互动。教科研能力同样是幼儿教师专业发展的重要组成部分。这一能力包括教育教学改革创新能力，使幼儿教师能够根据教育实践的变化和挑战来调整和创新教学方法。教育教学反思能力使幼儿教师能够在教学实践后进行自我评估和反思，从而不断优化教学策略。此外，教育教学行动研究能力使教师能够在实际教学过程中进行研究，以提升教学效果和质量。这些能力的培养和发展不是孤立的过程，而是需要在实际教学实践中不断学习、实验和完善。通过不断地提升这些能力，幼儿教师能够更好地适应教育的变化，有效地促进幼儿的学习和发展。因此，能力系统的建设对于幼儿教师而言，是一个持续的、终身的专业发展过程，它直接关系到幼儿教师职业生涯的成功与否，以及对幼儿成长的影响。

三、幼儿教师专业发展的阶段

幼儿教师从职前教育阶段到成为专业的专家型教师，是一个连续的成长和发展过程，这一过程涵盖了多个不同的发展阶段。在这些阶段中，幼儿教师面临着各种各样的挑战和问题。随着这些问题被逐一解决，幼儿教师的专业能力逐渐提升。在国内外的相关研究中，幼儿教师专业发展的阶段往往是从一般教师的角度出发进行阐述的，这也导致了多种不同的教师专业发展阶段理论的出现。在这些理论中，教师的职业生涯被视为一个动态且多阶段的过程，其中每个阶段都有其独有的特征和挑战。

（一）傅乐教师发展阶段焦点论

1969年，美国学者傅乐（Fuller）开发了一份名为《教师关注问卷》

第三章　学前教育专业人才培养的其他理论基础

的调查工具，用以探讨教师在其职业生涯中所关注的事物如何变化。这项研究标志着教师发展理论研究的开端，并使得教师发展成为一个新兴的研究领域，吸引了全球教育界的广泛关注。在傅乐关于幼儿教师专业发展的阶段观点中，教师的职业成长被划分为三个阶段：关注生存、关注情境和关注学生[1]。这三个阶段反映了教师从职前教育到成为专家型教师的逐步发展过程。

第一，在关注生存阶段，教师处于职业生涯的起始阶段，通常是实习教师。这一阶段教师主要关注的是适应新环境的生存问题，如班级的经营管理、教学内容的掌握，以及获得上级、同事和学生的认可和接纳。此时，教师常感到焦虑和紧张，面临着巨大的压力。他们最关心的问题包括学生是否喜欢自己、同事和领导对自己的看法等。

第二，进入关注情境阶段，教师开始转移关注点，虽然仍然关心生存阶段的问题，但更多地开始关注与教学相关的需求和挑战。在这个阶段，教师更加关心教学的能力和技巧，如何有效利用所掌握的知识和技能来应对教学情境的挑战，如班级规模、时间管理和教学材料的准备等。教师的关注点主要在于提升自己的教学表现，而不是学生的学习。

第三，在关注学生阶段，教师的关注重心转移到学生身上。尽管许多教师在实习阶段就已经显示出对学生学习、品德和情感需求的关注，但通常只有在适应了教学角色和压力之后，教师才能真正地关心并满足学生的需求。这一阶段的教师会更加关注学生的个体差异，努力实现因材施教，真正关心学生的学习和全面发展。

这三个阶段的划分揭示了教师从初入职场的适应性关注，逐渐转向对教学技能的精进，最终聚焦于学生个体发展的职业成长路径。这种理论框架为理解幼儿教师的专业发展提供了重要视角。

---

[1] FULLER F F.Concerns of Teachers: A Developmental Conceptualization[J]. American Educational Researeh Journal: 1969(2): 207-226.

(二) 卡茨教师发展时期论

美国学者卡茨（Katz）在其关于教师发展的研究中，基于与学前教师合作的经验，运用访谈法和问卷调查法，专门针对学前教师的培训需求和专业发展目标提出了教师发展的四个阶段理论[①]。这一理论不仅深刻地反映了学前教师从职业生涯开始到成熟期间的发展路径，而且对中小学教师的培训需求和专业成长也具有重要的参考价值。教师发展的第一个阶段是存活期，通常持续 1～2 年。这一阶段，教师需要面对理想与现实之间的差距，即如何在陌生的工作环境中生存下来。新教师在这一时期经常感到不安和焦虑，他们在教学中需要各种技术上的协助，以帮助他们适应新的职业角色。第二个阶段是巩固期，一般持续到教师职业生涯的第三年。在这个阶段，教师已经获得了处理教学时间和管理课堂的基本技能，开始巩固所掌握的教学经验。他们更加关注个别学生的需求，并思考如何更有效地帮助学生学习。尽管如此，教师在这一时期仍然需要来自专家、同事和学校领导的建议和帮助。第三个阶段是更新期，持续到第四年的年底。在这个阶段，教师开始对重复性和机械性的教学工作感到厌倦，积极寻找新的教学方法和技巧。为了应对这一挑战，教师被鼓励参加研究会议、加入教师专业组织和参与各种进修活动，以交流并学习新的经验、技巧和方法。第四个阶段是成熟期，从第五年开始，持续到以后的年份。在这个阶段，教师已经完全适应了教师角色，能够深入地探讨教育问题。他们适合进行各种促进教师发展的活动，包括参加研究会、加入教师团体、进修学位以及收集和阅读各种学前教育的相关资料。卡茨的教师发展时期，尽管为区分教师发展阶段提供了有价值的见解，但也存在一定的局限性。例如，卡茨以及和他同一时期的其他教师发展理论家，并没有对成熟阶段的教师进一步的细分，也未能充分

---

① KATZ L G. Developmental Stages of Preschool Teachers[J]. The Elementary School Joural, 1972, 7(1): 50-54.

关注资深成熟教师继续成长和变化的可能性。这一点在后续的教师发展研究中得到了更多的关注和深入探讨。

(三) 伯顿教师发展阶段论

美国学者伯顿（Burden）在其关于教师发展的研究中，从实际的教育实践出发，通过与小学教师的深入访谈和数据分析，提出了教师职业生涯的三个发展阶段[①]。这一理论详细描绘了教师从职业生涯的初期到成熟期的发展轨迹，反映了教师在不同阶段所面临的挑战和需求。第一个阶段为求生存阶段，教师处于职业生涯的初始阶段。这一时期，教师通常刚刚进入新的工作环境，缺乏实际的教学经验。他们的主要关注点包括班级管理、学科教学和改进教学技巧等。此时，教师努力掌握教学内容，制订课程和单元计划，并有效地组织教学材料，以提升教学效果。同时，教师也开始学习如何更好地了解和与学生相处。第二个阶段是调整阶段，这是教师职业发展的一个关键时期，教师开始从基础教学技能的掌握，转向对学生个体差异和需求的深入理解。在这个阶段，教师的知识和经验开始逐渐丰富，教师对教育环境和教学活动有了更深入的理解。教师开始关注学生的复杂性，并寻求新的教学技巧和解决问题的方法来满足学生的多样化需求。第三个阶段是成熟阶段，这是教师职业生涯的高级阶段。在这一时期，教师对教学活动和教育环境有了充分的了解。他们不仅能够掌握并尝试新的教学方法，而且能够更加关注学生，并有效地满足学生的学习需求。此外，教师在这一阶段也开始形成自己的专业见解，并能够应对多种新情况。伯顿教师发展阶段理论对教师职业生涯的不同阶段作出了清晰的划分和描述，为理解教师在不同阶段所面临的挑战和需求提供了重要的理论基础。该理论对于指导教师在其职业生涯中的不断成长和发展具有实际意义。

[①] BURDEN P R.Teachers' Perceptions of the Characteristics and Influences on Their Personal and Professional Development[D].Columbus: The Ohio State University, 1979.

(四) 费斯勒教师生涯循环论

美国学者费斯勒（Fessler R.）在其教师生涯循环论中，提出了一种将教师发展放置于其现实世界背景下的观点，强调了教师作为个体在不同情境中的发展动态性，将教师生涯视为各种影响因素交互作用、此消彼长的循环过程。费斯勒将教师生涯分为八个阶段[1]，一是职前教育阶段。这一阶段，教师主要在大学或师范学院接受师资培养，不仅限于理论学习，还包括对实际教学环境的适应和准备。同时，这一阶段还涉及在职教师为新角色或新工作参加的再培训，为其后续的教学生涯奠定基础。二是入职阶段。该阶段见证了新任教师努力融入教学环境，并寻求学生、同事和监督人员的认可。在处理日常教学问题和事务时，新教师致力于建立自信和获得肯定。三是能力建立阶段。在这一阶段，教师致力于增强与教育相关的知识和提高教学技巧。例如，教师学习新的信息、教学方法和策略，以丰富其教学内容和提高教学效果。四是热心和成长阶段。这是教师专业发展的活跃期，在这一阶段教师积极追求专业成长，发挥对教育的热情，不断探索创新的教学方法。五是生涯挫折阶段。该阶段教师可能面临教学上的挑战和工作满意度的下降，导致教师对自己的职业选择产生疑虑。六是稳定和停滞阶段。这通常是教师职业生涯的一个相对平稳期，在这一阶段，教师可能倾向于维持现状，不再积极追求专业上的卓越。七是职业生涯低落阶段。该阶段教师可能表现出不同的情绪反应。有些教师可能满足于自己的职业生涯并愉快退休，有些教师可能因为不得不离开所热爱的工作而感到遗憾或不满。八是职业生涯退出阶段。这是教师生涯的终结期，有些教师可能选择短期工作或安享退休生活。费斯勒的教师生涯循环论强调教师发展的动态性，将教师视为在多种影响因素中不断发展变化的个体。这一理论为理解教师在其职

---

[1] FESSLER R.A Model for Teacher Professional Growth and Development[M]//Burke P J Heideman R G, Career-Long Teacher Education, Springfield: Thomas CC, 1985.

业生涯中经历的不同阶段提供了全面的视角，体现了教师生涯的多样性和复杂性。

（五）伯林纳教师教学专长论

美国学者伯林纳（D. C. Berliner）在其教师教学专长论中，依据教师专业知识与技能的差异，将教师从新手型教师到专家型教师的发展过程划分为五个阶段，深入探讨了教师在其职业生涯中如何逐步发展和提升教学技能。第一个阶段是新手型阶段。这是教师职业生涯的起始阶段，在这一阶段教师主要学习教学所需的基础知识和技能。新手型教师需要掌握具体的教学概念，并学习如何在具体的教学情境下应对各种挑战。第二个阶段是进步的新手阶段。在这一阶段。教师开始将自己的实践经验与所学知识相结合，识别不同情境中的相似性。教师不断增加情境知识，开始更好地理解和应对教学中的各种情况。第三个阶段胜任型阶段。这一阶段教师能够根据个人想法自由处理事件，依据自己的计划作出反应。教师具有较高的自主性和灵活性，能够根据教学情境制定并实施有效的教学策略。第四个阶段是能手型阶段，这一阶段的教师具有深刻的教学自觉和领会能力。他们能够从丰富的经验中识别情境的相似性，理解不同事件之间的相互联系，并能够灵活地应对各种教学挑战。第五个阶段是专家型阶段。这一阶段的教师对教学情境有深刻的理解，并能以非分析性、非随意性的方式作出合理的反应。他们的教学行为表现得自然、流畅和灵活，能够高效地应对各种复杂的教学任务。伯林纳的教师教学专长论为理解教师在其职业生涯中的成长和发展提供了深刻的洞见，揭示了教师从基础知识和技能的掌握到深入理解和灵活应用的发展过程。这一理论对于指导教师的专业发展和提升教学效果具有重要的指导意义。

（六）司德菲教师生涯发展模式

司德菲（Steffy）在其教师生涯发展模式中，依据人文心理学派的自我实现理论，提出教师职业生涯的人文发展模式，详细地划分了教师从职业生涯起始到结束的五个阶段[1],展现了教师在不同阶段的特征和挑战。第一个阶段是预备阶段。这一阶段的教师通常充满理想主义、活力和创意,对新观念持开放态度,表现出积极进取和努力向上的特质。教师在这一阶段主要关注建立教学基础和适应教育环境。第二个阶段是专家阶段。这一阶段的教师能够有效地进行班级经营和时间管理,对学生持有高度期望,并在工作中激发自我潜能,实现个人目标。这一阶段的教师通常在教学和班级管理方面具有较高的专业水平[2]。第三个阶段是退缩阶段,包含三个子阶段,即初期退缩阶段、持续退缩阶段和深度退缩阶段。其中,初期退缩阶段的教师表现平平,不太参与教学改革,使用的教材内容多年不变,通常表现得沉默寡言、消极,但在得到适时的支持和鼓励时可能恢复到专家生涯阶段,持续退缩阶段的教师可能感到倦怠,经常批评学校和教育系统,抗拒变革;深度退缩阶段的教师在教学上表现出无力感,甚至对学生产生负面影响,同时不承认自身缺点,并具有防御心理。第四个阶段是更新阶段。这一阶段的教师表现出与预备生涯阶段类似的活力和积极性,但他们更加专注于专业成长和吸收新的教学知识,致力于自我更新和提升。第五个阶段是退出阶段。这一阶段的教师开始离开教育岗位。有些教师选择安度晚年,有些教师则可能追求职业生涯的第二春。

司德菲的教师生涯发展模型展示了教师在其职业生涯中可能经历的不同阶段和特征,为理解教师职业发展的复杂性和多样性提供了深刻的洞见。

(七)休伯曼教师职业生命周期论

休伯曼(Huberman)在其教师职业生命周期论中,对教师的职业生涯过程进行了细致的归纳,将其分为五个阶段,从初入职场到职业生涯的终结。

---

[1] STEFFY.Teacher Career Development Pattern[J]. Teacher Development, 1990(3): 29.
[2] 黄莺,贾雪涛.双师型教师的专业发展研究[M].北京:中国书籍出版社,2020: 49.

第一个阶段是入职期,即"求生和发现期"[①]。这是教师职业生涯的起始阶段,新教师在这一时期表现出对教师职业的积极热情和对新工作的不适应。他们急切地希望获得教学的必要知识和技能,以便更好地适应教学环境并提升自己的教学水平。

第二个阶段是稳定期,教师在这一时期开始适应工作,并能较为自如地驾驭课堂教学。他们开始形成自己的教学风格,对工作感到更加轻松和自信,并设定了提升教学技能的新目标。

第三个阶段是实验和歧变期,这是教师职业生涯中的转变阶段。一方面,随着知识和经验的增长,教师开始对教学和学校工作进行创新和改革,关注学校发展,并对组织和管理中的不足提出批评和建议。另一方面,教学工作的单调重复可能导致职业倦怠,使教师开始对自己的教师生涯产生疑问,并重新评估自己的职业选择。

第四个阶段是平静和保守期,这是教师职业生涯的后期阶段,教师此时已具有丰富的教育经验和技巧。然而,他们可能失去了专业发展的热情和动力,工作表现趋于保守[②]。

第五个阶段是退出教职期,标志着教师职业生涯的逐步终结。在这一阶段,教师可能开始考虑退休或寻求职业生涯的其他方向。休伯曼的教师职业生命周期论为理解教师在职业生涯中的发展和转变提供了深刻的洞见,揭示了教师在不同阶段所面临的挑战和变化,对于指导教师职业发展具有重要的理论价值。

各学者关于教师发展阶段的论述汇总对比见表 3-1。

表3-1 各学者关于教师发展阶段的论述汇总对比

学者	阶段划分		
傅乐	关注生存阶段	关注情境阶段	关注学生阶段

[①] 孔春梅,杜建. 国外职业生涯发展理论综述[J]. 内蒙古财经学院学报,2011(3):5-9.
[②] 郭平,熊艳. 教师专业发展概论[M]. 成都:西南交通大学出版社,2017:39.

续　表

学者	阶段划分			
卡茨	存活期	巩固期	更新期	成熟期
伯顿	求生存阶段	调整阶段	成熟阶段	
费斯勒	职前教育阶段	入职阶段	能力建立阶段	热心和成长阶段
	生涯挫折阶段	稳定和停滞阶段	职业生涯低落阶段	职业生涯退出阶段
伯林纳	新手型阶段	进步的新手阶段	胜任型阶段	能手型阶段	专家型阶段
司德菲	预备阶段	专家阶段	退缩阶段	更新阶段	退出阶段
休伯曼	入职期（求生和发现期）	稳定期	实验和歧变期	平静和保守期	退出教职期

对比这些不同研究取向下的教师发展阶段理论时，可以发现它们虽然基于不同的视角和理论对教师发展阶段进行了划分，但在某些核心观点上展现出了共性，主要体现为以下几点。第一，这些理论将教师的职前培养、入职教育以及职后培训紧密联系起来，认为教师发展是一个一体化的、持续的专业发展过程。第二，这些理论普遍认为教师专业发展是一个终身的过程，强调了教师职业生涯的持久性和长期性。第三，这些理论认为教师的专业发展具有阶段性，每个阶段的教师都具有不同的特征或特性。这种阶段性体现了教师从新手型教师逐步成长为胜任型教师、能手型教师乃至专家型教师的发展过程。第四，教师专业发展的动力被认为来源于环境压力下产生的需求，这些压力促使教师不断寻求进步和改善。各个理论还特别关注教师在不同发展阶段的特征，以便更好地理解和支持教师的成长。第五，这些理论普遍认为教师教育应为教师专业发展提供支持，并应根据教师在职业发展不同阶段面临的问题和需求来实施相应的教育和培训。显然，这些共同点不仅适用于一般教师，也同样适合幼儿教师。这些观点构成了幼儿教师专业发展阶段理论的一

部分，为指导幼儿教师的教育和职业发展提供了基本的理论框架。

第二节 幼儿教师教育实践性理论

幼儿教师职业具有高度的实践性，要求教师不仅要掌握幼儿保育和教育的理论知识，更要具备强大的实践能力。因此，在培养学前教育本科专业人才，即培养准学前教育师资或职前幼儿教师的过程中，强调实践能力的培养显得尤为重要。在这方面，有三大教育实践性理论对于学前教育专业人才的培养至关重要，即教育与生产劳动相结合理论、教育情境建构主义学习理论和教育实践性教学理论。教育与生产劳动相结合理论强调将教育与实际劳动相结合，让幼儿教师在实际的工作环境中学习和实践，从而更好地理解幼儿教育的实际需求和挑战。教育情境构建主义学习理论则侧重在教学过程中创造具有意义的学习情境，使准幼儿教师能够在真实或模拟的教育环境中进行有效学习。教育实践性教学理论关注将理论与实践相结合的教学方法，促进准幼儿教师在实践中发展其教育技能和专业知识。这些理论的综合运用，对于提升准学前教育师资的实践能力和教育质量具有重要的指导意义，能够有效地帮助他们为未来在幼儿教育领域的职业生涯做好准备。

一、教育与生产劳动相结合理论

教育与生产劳动相结合理论，作为马克思主义教育基本思想的一个重要组成部分，一直是我国教育方针的核心内容。从人的全面发展和全面教育的角度出发，教育与生产劳动相结合具有三重重要意义：一是作为改造现代社会的有力手段之一；二是作为提高社会生产力的一种重要方法；三是作为培养全面发展的人的唯一方法。随着时代的发展，教育与生产劳动相结合的理论已经被"教育要注重理论联系实践"的观点所替代，但这两者的核心思想是一致的，都强调在人才培养过程中既要重视理论学习，又要重视实践锻炼，从而全面提升人才的知识素质和能力素质。对于学前教育专业来说，这一理念尤为重要。在重视学生理论知识积累的同时，必须注重未来幼儿教师的职业能力训练。教育与生产劳动相结合的实践意味着将高等师范院校的理论教学与幼儿教育一线的实践体验结合起来，尤其是在幼儿园等实际工作环境中的实践经历，这对于全面提升学前教育专业学生的职业素质至关重要。只有通过这样的结合，才能更有效地培养出具有高水平教育能力和实践技能的幼儿教师。

二、教育情境建构主义学习理论

教育情境建构主义学习理论，兴起于20世纪80年代末期，是一种基于人脑机制构建的学习理念。该理论认为学习不是教师简单地将知识传递给学生，而是学生通过自身的努力建构知识的过程。在这个过程中，学生不是被动地接受知识，而是主动地建构知识，这种建构是学生基于自己的经验背景，通过对外部信息的主动选择、加工和处理而完成的。根据这一理论，教师在教育过程中不能简单地对学生实施知识的填灌，而应成为学生建构知识的引导者或合作者。学生是知识的主动建构者，而教师的任务是支持和促进学生的这一过程。随着对教育情境建构主义学习理论研究的深入，20世纪90年代后，教育情境建构主义学习理论逐渐形成。该理论强调，学习活动应尽可能在真实的职业环境中进行，以便学生在真实环境中的体验能够促进他们更好地建构知识。如果学生的学习环境与未来的工作环境是割裂的，学生将难以形成在真实职业情境中建构知识的能力。教育情境建构主义学习理论主张以实践为先导，以任务为本位，激发学生的学习动机。在高等师范院校的学前教育师资职前培养中，尽管课堂教学所占比重依然较大，但这种模式难以使学生真正掌握专业理论，且易造成理论与实践的割裂。因此，对于学前教育专业人才的培养来说，通过建构有利于学生学习的情境，激发学生的学习主动性和积极性，是提升学前教育专业人才培养质量的关键。

三、教育实践性教学理论

教育实践性教学理论着眼于当代教育的发展趋势，强调了学校学习与未来工作之间的紧密联系。这一理论认为，过去那种将学生在校学习与其未来工作环境割裂开来的观念已不再适应当代教育的需求。现代教育应当把学生在学校的学习和未来的工作紧密结合起来，使教育更加贴近实际、更具实践意义。在这种理论框架下，相对于传统教学模式的课堂学习，实践性学习被赋予了更高的价值。它强调学生通过实践活动，如实习和见习，来获得真实的工作体验，这种体验有助于他们更好地理解和掌握课堂上所学的理论知识，并将这些知识应用于实际工作中。对于学前教育专业人才的培养来说，这一理论的应用尤为重要。考虑到幼儿教师职业具有的显著实践性，在学前教育专业人才培养过程中应重视将学校的理论课程学习与幼儿园的见习及实习紧密结合。通过这种方式，学前教育专业学生不仅能够获得必要的理论知识，而且能够在实际的教育环境中应用这些知识，从而更有效地提高其职业能力。可以看到，教育实践性教学理论为学前教育专业人才提供了一个全面、实践导向的学习平台，使他们能够在实际工作环境中更好地成长和发展，为未来的职业生涯做好准备。

第三节　幼儿教师教育一体化理论

随着社会对学前教育重要性的日益熟知，幼儿教师的职业地位显著提升，相应地，幼儿教师素质的培养也成为学界关注的热点问题。在探讨提升幼儿教师素质的教育途径时，众多学者提出了采用幼儿教师教育一体化理论点，即强调幼儿教师教育的整体性和连贯性。该理论认为，幼儿教师的培养应当覆盖从理论学习到实践经验的全过程，确保理论知识和实践技能的有机结合。该理论强调，学前教育专业人才培养的主要目标是为学前教育师资或职前幼儿教师的职业生涯做好准备。为此，教育实践活动应当以幼儿教师教育一体化理论为指导，确保学生能够在理论学习和实践中均获得全面发展。在该理论下，教育课程设计需要涵盖广泛的知识领域，不仅包含儿童发展理论、教育心理学、课程设计、教学方法等，还应包含丰富的实践环节，如实习、见习和模拟教学等。这样的课程设置可以帮助学生将理论知识应用于实际教学中，从而培养出能够适应现代学前教育需求的高素质幼儿教师。此外，该理论还强调教师教育过程中的持续性和动态性，即教师的学习和发展应当是一个持续的过程，从学前教育专业学习开始，一直延伸到职业生涯中的各个阶段。通过这种方式，可以确保幼儿教师在职业生涯的各个阶段都能够获得必要的支持和发展，从而更好地适应教育领域的不断变化和发展。

幼儿教师教育一体化理论起源于20世纪70年代英国发表的《詹姆斯报告》[1]，该报告中第一次提出了"培养、任用、培训"三个连续的教师培训阶段，即著名的"三阶段培训理论"[2]。该理论随后得到了联合国教科文组织的认可和推广。1975年，联合国教科文组织在其第35届国际教育会议上通过了《关于教师作用的变化及其对教学专业的职前教育、在职教育的影响的建议》[3]，进一步强调了教师培养与进修相统一的必要性。到了1996年，随着终身教育思想的普及，联合国教科文组织在《教育——财富蕴藏其中》[4]报告中提出了将终身教育放在社会中心位置的建

---

[1] 教育部师范教育司.教师专业化的理论与实践[M].2版.北京：人民教育出版社，2003：171.

[2] 教育部师范教育司写.教师专业化的理论与实践[M].2版.北京：人民教育出版社，2003：171.

[3] 伊继东，刘六生，赵枝林.教师教育改革与发展研究[M].昆明：云南人民出版社，2007：37.

[4] 联合国教科文组织.教育——财富蕴藏其中[M].2版.联合国教科文组织总部中文科，译.北京：教育科学出版社，2014：12.

第三章 学前教育专业人才培养的其他理论基础

议,进一步推动了教师教育一体化的发展。教师教育一体化理论可以从两个层面理解:演绎概念和归纳概念。演绎概念认为教师教育一体化是指在终身教育思想的指导下,依据教师专业发展理论,对教师职前培养、入职和在职教育进行全程的规划设计,建立起相互衔接且具有内在联系的教师教育体系。归纳概念则包含五个方面的内容:纵向意义上的一体化、横向意义上的一体化、发展意义上的一体化、研究意义上的一体化和师资配置意义上的一体化。纵向意义上的一体化指的是打破传统教师教育中职前培养、入职辅导和职后培训各个阶段的隔离状态,建立起一个内部各阶段相互衔接和相互补充的连续体系。这样的体系有助于确保教师在其职业生涯的每个阶段都能获得必要的支持和发展。横向意义上的一体化是指充分利用各种教育资源,将学历教育和非学历教育、正规学习和自我导向学习、互助性学习等不同形式的学习方式结合起来,形成一个多元化的教师教育体系。发展意义上的一体化强调将教师的智力因素(如知识、技术、能力等)与非智力因素(如态度、情感、意志等)的发展有机结合起来,以促进教师的全面成长。研究意义上的一体化意味着应该将教育理论研究与实践研究结合,从而使教师教育既有坚实的理论基础,又能紧密贴合实际教学的需求。整体意义上的一体化指的是将教师教育与学校发展紧密结合起来,确保教师教育的内容和方法能够支持学校的整体发展目标,同时能促进教师个人职业生涯的成长。通过这五个方面的内容,教师教育一体化建立了一个全方位、多层次、连续的教师发展体系,不仅关注教师知识和技能的提升,还包括对教师情感、态度和价值观的培育,从而为社会培养出高素质、专业化的教师。可见,教师教育一体化是一个综合性的概念,旨在回应学习化社会的需求并以终身教育的理念为基础,对教师的职前培训、入职教育以及在职培训进行全面规划和设计。这种教师教育一体化的发展体系强调教师职业生涯各个阶段之间的相互衔接和内在联系,每个阶段虽然有其特定的侧重点,但都紧密相连,共同构成一个连贯的整体。

学前教育专业学生的专业认同与人才培养模式构建

　　实施教师教育一体化策略旨在满足学习化社会和教师职业化持续进步的要求。它通过终身教育的理念，实现对教师从职前培训到职业生涯各阶段的全面规划和设计，确保每个阶段都有其独立的重点，同时保持各阶段之间的紧密联系和内在一致性。这种策略不仅要求明确规定每个教育阶段的目标和任务，还要求科学地设计出与之相配套的培养模式、课程结构和评价方式①。在教师教育一体化的发展体系下，首要任务是确立一个清晰、连贯的培养目标体系。这意味着从职前培养、入职教育到职后培训的整个教育过程，旨在逐步实现教师的专业化成长。这三个阶段虽各有其特定的侧重点，但都旨在共同支持教师向专业化方向发展。职前教育注重于基础知识和技能的掌握，以培养教师的基本素养；入职教育着重于工作环境的适应和实践经验的积累，强调将理论知识应用于实际教学；职后培训则侧重于更新知识、深化教学研究和提升专业能力，鼓励教师不断自我完善，向专家型教师迈进。课程结构的一体化要求教师教育的课程内容在不同阶段之间保持连贯性和融通性。课程内容不应简单重复，而是应呈现出一个由浅入深、逐步提升的过程，其中后续阶段的内容不仅是前期内容的深化和提升，而且应体现教师职业发展的阶段性特征和整体性要求。教师成长的过程是连续且动态的，教师需要经历从师范类专业大学生到新手型教师、胜任型教师、能手型教师乃至专家型教师等多个发展阶段。教师教育一体化在培养过程的规划上，要求从终身教育的视角出发，全面审视和规划教师的培养过程。这包括研究教师从一个阶段到另一个阶段的过渡、影响因素、内在规律和动力机制，以及各阶段教师专业发展的特殊需求，从而设计出能够有效支持教师成长的教育内容和方法。最后，师资配置的一体化是建立一个协同合作、能力互补的高水平教师队伍。这要求将适合的教师安排在最适合的位置，以便为教师的专业化发展提供有力的指导和支持。通过这样的师资配置，

---

① 张琳.简论建立一体化的教师教育体系[J].中国成人教育，2006(9): 94-95.

教师教育一体化策略旨在为社会培养出具备高水平专业技能、深厚理论知识和丰富实践经验的教师，以满足学习化社会和不断进步的教育需求。

可见，教师教育一体化是从传统的"师范教育"转向现代"教师教育"的重要转变，标志着教师教育系统的深度重构；同时，教师教育一体化是推动教师教育不断发展的关键组织机制和主要实施路径。这一转变紧密跟随着教师专业化发展的时代需求，旨在构建一个全面、连续、协调的教师培养体系，以应对学习化社会的挑战。教师教育一体化，即一体化的教师教育模式，涉及多层面的整合[①]。首先，它包括职前培养、入职教育和职后提升的整合，旨在构建一个从教师职业生涯起始到终点的连贯教育路径。其次，涉及中小学和幼儿教师教育的整合，强调不同教育阶段之间的无缝对接。最后，它强调教学研究与教学实践的整合，即通过建立师范大学与中小学、幼儿园之间的伙伴关系，促进理论与实践的紧密结合。

实现教师教育一体化的路径包含几个关键策略[②]。首先，需要建立教育理论与实践之间的桥梁，确保理论学习与实际教学的有效结合。其次，需要打破现有的师范教育管理体系中的条块分割，通过建立统一、协调的领导体制，形成一个综合的教师教育网络。再次，需突破传统上职前培养、入职教育和职后培训之间的隔阂，建立一个流动性高、互通有无的教师培养与培训系统。教师教育一体化要求从系统工程的视角出发，对教师教育的目标、课程结构、教育内容进行统一的规划和设计，确保各阶段之间的教育活动既独立又相互支持。同时，应重新调整和优化教师教育师资队伍的配置，建设能够覆盖职前、职中和职后教育的多功能、合作型师资团队。最后，重构教师教育机构与中小学、幼儿园之间的关系，建立一个旨在促进教育理论与实践对话的平台，这不仅有助于理论

---

① 伍力，郑开玲. 关于教师教育一体化建设的若干思考[J]. 教学与管理，2006(33)：32-33.

② 张爱珠. 一体化应成为教师成人教育的理念和实践[J]. 成人教育，2006(8)：45-47.

知识的实践应用，而且为实践中遇到的问题提供理论上的解决方案，从而实现教师教育一体化的最终目标——培养能够适应新世纪教育需求的高素质教师。

第四节 幼儿教师的实践性知识观理论

一、实践性知识观的内涵

实践性知识观深入探讨了知识的本质及其获取方式，强调除了通过传统的理论学习外，知识的获取还包括通过直接参与实践活动获得深刻理解。实践性知识强调了学习的亲身体验和参与的重要性，它根据个体的实践经历而有所不同，具有明显的个体性、经验性、情境性、难以言传性和非结构性。第一，实践性知识的个体性指出，每个人通过参与实践活动获得的知识是独特的。这种知识的形成受到个体经历、感知和理解能力的影响，因此每个人的实践性知识都具有个性化特征。有教育家指出，个人的经验和记忆构成了知识的基础，但这些经验和记忆必须被个体自己整合到自己的知识体系中，这一过程不能被他人替代。第二，实践性知识的经验性强调了个体在实践活动中的直接体验和体悟是知识形成的关键。这种知识不是从书本上或通过他人的解释获得的，而是通过个体直接参与和体验实践活动而形成的。第三，实践性知识的情境性体现在个体的实践活动总是发生在特定的情境中。这种知识与特定情境中的问题解决密切相关，强调了知识与其应用背景之间的联系。情境性知识的形成依赖于相应情境条件的提供，而缺乏特定情境的支持，相应的实践活动和知识形成将会受到限制。第四，实践性知识的难以言传性指的是这类知识中的许多体验和理解难以通过言语表达。这种知识往往通过实践中的"意会"而非简单的"言传"来传递，显示了实践性知识与理论性知识之间的根本区别。第五,实践性知识的非结构性体现了这类知识的灵活性和适应性。作为一种实践智慧,对于实践性知识在不同的实践活动中需要灵活运用,以适应不同的问题和挑战。可以看到,实践性知识观提供了对知识获取和应用的深刻理解,强调了直接经验、个体差异、情境依赖和知识的非言语性质在学习过程中的重要性。这种观点对于教育实践、职业培训以及个人发展都有重要的启示,鼓励我们重视并积极参与实践活动,以促进深刻而有意义的学习。

二、幼儿教师的实践性知识观理论的内涵与特征

(一)幼儿教师的实践性知识观理论的内涵

教师的实践性知识观涉及对教师在其工作中形成的特有知识类型的理解。埃尔巴兹是最初探讨教师拥有"实践性知识"的学者之一,他认为教师通过实际的教学活动及对这些活动的深思熟虑获得了一种难以通过常规编码方式表达的知识[1]。这种知识深植于教师对其教学实践的深刻洞察之中,是经验丰富且含蓄的,源于教师对教学情境的直观理解与感悟。教师实践性知识的概念被不同学者以多种术语描述,包括教师实践知识、教师隐性知识、教师实践智慧、教师个体知识等。这些术语虽有细微差别,但本质上都指向教师在教学过程中积累的、难以完全言传的专业知识和智慧。这类知识不单纯依赖于理论学习,而是建立在教师对自身经验的反思和对教学实践的深入理解之上,强调了教师实践知识的个体性和经验依赖性。实践性知识观重视教师作为专业人士的主动性和创造性,强调教师在教学实践中不断地通过体验、反思和洞察,形成对教学的独到见解和有效策略。这种知识的形成过程突出了教师对教学实践深层次的个人理解和内在化的思考,使教师能够在面对复杂多变的教

---

[1] 林一钢.中国大陆学生教师实习期间教师知识发展的个案研究[M].上海:学林出版社,2009:55.

学情境时，灵活运用其实践智慧进行有效教学。因此，教师的实践性知识观不仅是一种对教师专业知识本质的理解，也是对教师专业成长路径的指导。它鼓励教师通过实践、反思和个性化的知识构建，持续发展其教学能力，以更好地适应教育实践的需求和挑战，最终提升教育质量。

（二）幼儿教师的实践性知识的特征

教师实践性知识的概念深受克兰迪宁的理论影响，他将其定义为源自经验并在教师的个人实践中显现的，无论是有意识还是无意识的信念体系。幼儿教师的实践性知识观理论的特征如图3-4所示。

图3-4 幼儿教师的实践性知识观理论的特征

1. 实践性

教师实践性知识紧密关联于教师的日常"三教"活动，即教书、育人和进行教育研究，它既是在实践活动中形成的，也是关于实践活动的，并最终服务于实践活动的优化和提升。换言之，教师实践性知识的生成、表达和应用都依托于教师日常的教育实践，这些实践活动构成了教师展现和发展其实践性知识的根本场景。在这一平台之外，教师的实践性知识不仅难以形成，也难以发挥其应有的作用。

2. 个性化

教师实践性知识的个体性强调其来源于每位教师独特的教育经历，包含了丰富的个人主观经验、激情、情感、信仰和价值观。这种知识因教师的不同背景而异，如教龄、生活经历、专业经验、个人才能、思维模式和行为习惯等因素都会影响教师对实践性知识的理解和表达。每位教师都以其独特的方式体验和反映实践性知识，呈现出明显的个性化特征。同时，教师在"三教"实践中获得的深刻见解和体悟以及这种知识类型主要是内隐的，植根于个人的经验和直觉之中，不容易通过语言或书写的形式传递给他人，往往难以准确表述，仅能通过实践中的示范或者身体力行来间接传授，使得这些知识具有默会性质。因此，幼儿教师的实践性知识的个性化中包含着隐私化和默会化。

3.情境性

教师实践性知识的形成与特定教育背景的紧密联系。教师的实践性知识不是在抽象空间中孤立发展的，而是在具体的教学环境中形成，这些环境包括学校、教室、使用的教材、教学对象等。每一种特定的教育环境都会为教师实践性知识的形成提供独特的背景和条件。由于教育环境的多样性和复杂性，教师的实践性知识也因此具有丰富的情境性特征，这使得教师能够在不同的教学情境中灵活应用其知识和技能，以达到最佳的教学效果。

4.整体性

教师在从事教学、育人和研究活动时，必须将各种知识、能力和价值观整合在一起，以应对教育实践中的复杂性和不确定性。教师面临的教育场景充满了生动、多变的元素，如学生的多样性和教学情境的复杂性等。在这样的环境中，教师必须运用其全面的实践性知识，实现对教育活动的全面把握和有效管理。这种整体性参与不仅促进了教师实践性知识的形成，也强化了教师作为专业人士的综合素养。

5.创造性

每位教师的实践性知识都是独特的，因此，即便在相似的教育情境中，不同教师也可能采取不同的教学策略。教师无法简单复制过去的成功经验，因为教育对象——学生和教育环境都在不断变化。这要求教师在"三教"实践中持续创新，根据新的教育需求和挑战，创造性地调整和优化教学方法。因此，教师的实践性知识具备创新的潜力，能够引导教师探索未知、解决问题，进而促进教育实践的发展和提升。

6. 发展性

发展性体现为教师实践性知识的一个持续进化的过程，这种知识不仅在每一次的"三教"实践中得到应用和检验，还在不断的实践反思中得到深化和扩展。发展性特性强调教师实践性知识的非静态性，指出它并非一成不变，而是随着教师经验的积累、理解的深入以及教学情境的变化而持续发展和更新。与理论知识的验证过程相比，教师实践性知识的发展过程更加注重在实际教学活动中的应用效果，以及这些应用如何促进教师对教学策略的调整和优化。进一步而言，教师实践性知识的发展性体现在其对新教育挑战的适应能力上。面对教学过程中出现的新问题和挑战，教师依赖于他们的实践性知识——一种灵活、适应性强的知识形态——来做出迅速反应和调整。这种知识的应用不遵循纯粹思辨的逻辑，而是基于行动的逻辑，考虑到实施步骤、程序和紧迫性，从而在动态变化的教育环境中保持教师行为的及时性和有效性。教师实践性知识的发展性意味着教师在职业生涯中不断学习和成长的过程中，其实践性知识也在不断扩充和丰富。这种知识的发展既依托于教师对已有经验的深入反思，也依赖于新情境下的探索和实验。因此，教师实践性知识的发展性促使教师持续地追求教学方法的创新和完善，以更好地满足学生的学习需求和应对教育实践中的不断变化。它要求教师保持开放的心态，积极地参与实践、反思和学习，以确保其教学策略和方法能够不断适应教育实践的发展需求，从而实现专业成长和教学质量的持续提升。

第四章 学前教育专业学生的专业认同
——以 J 学院为例

第一节 学前教育专业学生专业认同的调查方法与设计

一、研究设计及方法

在对 J 学院学前教育专业学生的专业认同进行调查研究时，主要采用了文献法和问卷调查法。文献法已在第一章第二节进行介绍，本章主要介绍问卷调查法的设计和实施。问卷调查的研究过程选取了三个研究变量，分别是学前教育专业大学生的专业认同、专业承诺和主观幸福感。首先，运用文献法对这三个研究变量的相关文献进行梳理，简单理顺了专业认同、专业承诺和主观幸福感的概况和前人研究理论基础，确定关于我国学前教育专业大学生这三个变量的现状，构建了本研究的理论模型。其次，采用问卷调查法，有针对性、选择性地对 J 学院学前教育专业大三、大四学生发放问卷 500 份，发出后一段时间进行回收，并对回收的数据进行定量，采用定量分析的方法确定三个研究变量之间的关系。最后，运用相关的理论对研究的结果进行深入的探讨。

二、研究对象及过程

（一）选取和确定调查问卷

本研究利用微信平台"问卷之星"，通过互联网针对 J 学院学前教育专业大三、大四学生发放电子问卷。电子问卷共 3 份，分别是大学生专业认同问卷、大学生专业承诺问卷、学生主观幸福感问卷。为了确保问卷的信度和效度，大学生专业认同问卷采用秦攀博硕士论文中所编制的大学生专业认同问卷，该问卷由 23 个问题组成[①]，将大学生的专业认同分为认知性、情感性、行为性和适宜性四个心理维度。其中，认知性认同共 5 道题，反映了学前教育专业学生对专业基本情况的了解程度；情感性认同共 8 道题，反映了学前教育专业学生对专业情感的喜好程度；行为性专业认同共 6 道题，反映了学前教育专业学生对专业行为的表现；适切性专业认同共 4 道题，反映了学前教育专业学生的专业与自身的匹配程度。然后回收问卷，共回收有效问卷 484 份，有效回收率为 96.8%，对三份问卷分别采用李克特量表法[②]Likert 4-subscale 进行评估，以 4 点计分，1～4 点分别表示"非常同意""同意""不同意""非常不同意"，分数越高代表专业认同感越高。量表经检验，具有良好的信效度。

大学生专业承诺问卷采用连榕、杨丽娴和吴兰花[③]所编制的大学生专业承诺问卷。此问卷 27 道题，包括情感承诺、理想承诺、规范承诺和继续承诺四个方面。情感承诺共 9 道题，反映了学前教育专业学生对所学专业的积极情感和愿望；理想承诺共 7 道题，反映了学前教育专业学生认为所学专业能否发挥自己的专业知识，实现自己的理想抱负；规

---

① 秦攀博. 大学生专业认同的特点及其相关研究 [D]. 重庆：西南大学，2009.
② 李克特量表法（Likert Scale）是一种常用于调查研究的量表，由心理学家雷恩李克特（Rensis Likert）于 1932 年提出。这种量表法主要用于衡量人们对特定话题或陈述的态度、意见或感受的程度。李克特量表通常包括一系列陈述或问题，每个陈述或问题后面都跟有一个评分系统，被调查者可以根据自己的态度或感受选择相应的分数。这个评分系统通常是 4 点、5 点或 7 点的，每个点对应不同程度的同意或不同意。例如，一个 5 点李克特量表可能包括非常不同意、不同意、中立、同意、非常同意 5 个等级。李克特量表法的主要优点在于方法简单、直观且易于实施，被广泛用于市场调查、社会学研究、心理学研究等多个领域。通过对多个陈述或问题的回答进行量化，研究者可以有效地收集和分析有关人们态度和意见的数据。
③ 连榕，杨丽娴，吴兰花. 大学生的专业承诺、学习倦怠的关系与量表编制 [J]. 心理学报，2005(5): 632-636.

范承诺共 5 道题，反映了学前教育专业学生是否出于义务和责任会学习本专业，并认同本专业的规范和要求；继续承诺共 6 道题，反映了学前教育专业学生是否出于自己的能力、就业机会和该专业相应的工资、福利和其他经济因素而愿意继续学习并从事该专业。回收问卷同样采用 Likert 4 点计分，1～4 分别表示"非常同意""同意""不同意""非常不同意"，得分越高表明专业承诺水平越高。该量表经检验，具有良好的信效度。

大学生主观幸福感问卷（SSWQ）是一个 16 项自我报告、循证的评定量表，用于评估学前教育专业学生在学校的主观幸福感。该问卷由 4 个分量表组成，分别是学习兴趣、学校联系、教育目的、学业效能，见表 4-1。主观幸福感问卷旨在用于分析学校心理健康研究和实践及多种评估目的、筛查、结果测量和进展监测。

表4-1 大学生主观幸福感问卷构成

分量表类别	项目
学习兴趣分量表	项目 1+5+9+13
学校联系分量表	项目 2+6+10+14
教育目的分量表	项目 3+7+11+15
学业效能分量表	项目 4+8+12+16

（二）问卷发放和调查实施

第一，利用互联网技术，利用"问卷星"编制在线问卷，检查在线问卷的内容是否完整、准确。

第二，电话联系 J 学院调查目标班级的班主任，说明问卷调查的目的，希望班主任可以协助发放问卷给其班级的学生。

第三，将在线问卷发放给班主任，班主任发给本班学生，并提醒学生认真填写问卷。

学前教育专业学生的专业认同与人才培养模式构建

第四,通过"问卷星"的结果导出功能将所收集到的数据全部导出。导出数据后,对数据进行整理和核查,确保数据的真实性和准确性。

第五,要对无效问卷进行初步的处理。

第六,进行数据分析,问卷回收后,问卷的答案将被编码为 excel 格式,然后发送到研究中心,由统计人员使用 SPSS[①]17 软件进行解码。

第二节 学前教育专业学生专业认同的调查数据分析

一、受访者背景资料信息数据分析

本次受访者(调查对象)选取 J 学院学前教育专业的大学生。表 4-2 主要是针对受访者的基本信息进行的调查和汇总。484 名受访者均是 J 学院学前教育专业的大学生。据统计,484 名受访者中,男生 20 名,占总人数的 4.1%;女生 464 名,占总人数的 95.9%。被调查者在性别方面女生占多数。此外,数据显示,学前教育专业学生的人数在年级之间的分布并不均匀,相比大一学生 204 人,大二学生 128 人,大三和大四的学生人数较少,分别占总人数的 15.9% 和 15.5%。受访者的学历包括专科和本科。其中,31.2% 的受访者学历为专科,68.8% 的受访者学历为本科。从问卷调查结果来看,本科生居多。

[①] SPSS(Statistical Package for the Social Sciences,社会科学统计软件包)是一款广泛使用的统计分析软件,最初由斯坦福大学的一个团队开发,主要用于数据管理和统计分析。该软件提供了一系列的统计分析功能,包括描述性统计、相关性测试、回归分析、方差分析、聚类分析等。SPSS 软件还支持复杂的数据分析和数据挖掘技术。

第四章　学前教育专业学生的专业认同——以 J 学院为例

表4-2　受访者背景资料信息统计

基本信息		人数（人）	百分比（%）
性别	男	20	4.1
	女	464	95.9
年级	大一	204	42.1
	大二	128	26.4
	大三	77	15.9
	大四	75	15.5
学历	专科	151	31.2
	本科	333	68.8

根据教育部 2017 年教育统计数据[1][2]，我国幼儿园有教职工共 419.3 万人，专任教师约 243.2 万人。在传统观念中，幼儿教师是女性的工作，因此在我国的幼儿教师资源配置体系中，男女教师的比例严重失衡[3]。

幼儿教师的女性化带来了一系列的结构性后果，女性幼儿教师处于一个非常尴尬的位置。一方面，人们认为，女性因为其温柔、细心、耐心等"女性气质"成为幼儿教师的"最佳人选"；另一方面，女性恰恰因为这些"女性气质"被指责成为当今男孩女性化的"罪魁祸首"。幼儿教师的女性化在某种程度上降低了女性在所谓的女性职业上的价值[4]。男性从事幼儿教师职业总是会被"歧视和嘲笑"，承受着巨大的心理压

---

[1] 中华人民共和国教育部官网.2017 年全国教育事业发展统计公报.[EB/OL].http://www.moe.gov.cn/jyb-sjzl/sjzl_fztigb/201807/t20180719-343508.html.

[2] 佚名.2017 年全国教育事业发展统计公报（节选）[J]. 教育科学论坛，2018(Z2): 6-9.

[3] 李璇. 学前教育专科生性别角色类型与职业认同的现状研究 [D]. 上海：华东师范大学，2013.

[4] 王娜. 幼儿园教师性别结构失衡的社会学研究——以福州市为例 [D]. 福州：福建师范大学，2013.

力，这是因为人们的固有认知观念是照顾小孩子总归是女性的职责和任务，男性理应从事能够体现男性自身优势的职业，如说军人、工程师、警察等职业[①]。尽管很多国家出台各种方案用以缓解学前教育师资的性别结构失衡问题，但是一直争议不断。可以预期，数量上的性别失衡短期内仍难以有大的变化，期待政策上的改变，可以带来实质性的问题解决。

二、专业认同的认知数据分析

表 4-3 为 J 学院学前教育专业学生专业认同的认知数据统计。这部分包括 5 个项目，"我了解我所学专业的要求""我了解我所学专业的就业状况""我了解我所学专业在本校的定位""我了解外界对于我所学专业的观点和看法""整体上来说，我了解我的专业"。这 5 个项目的综合平均值为 3.22，表示受访者对上述指标的认同。这也说明学前教育大学生在认知方面认同所学专业，对自己所学的专业有一定的了解。大学生主动学习是建立在对所学专业有明确认知的基础上。他们认为所学专业与自我是统一的。这样能够培养学生对专业的热爱，使学生增强专业学习的热情，将更多的时间投入专业学习之中，结合自身兴趣、爱好与特长主动培养专业角色所需的素质和技能，能够取得优异的专业成绩。

表4-3　J学院学前教育专业学生专业认同的认知数据统计

项目	加权平均值	文字描述等级	等级
1. 我了解我所学专业的要求	3.27	同意	1
2. 我了解我所学专业的就业情况	3.22	同意	3
3. 我了解我所学专业在本校的定位	3.23	同意	2
4. 我了解外界对于我所学专业的观点和看法	3.16	同意	5

---

① 余霞. 学前教育专业学生性别比例失衡问题的实证分析——基于 A 大学的调查 [J]. 湖北成人教育学院学报, 2020, 26 (2): 32-36, 62.

第四章 学前教育专业学生的专业认同——以 J 学院为例

续 表

项目	加权平均值	文字描述等级	等级
5. 整体上来说，我了解我的专业	3.21	同意	4
综合平均值	3.22	同意	

注：范围 3.50～4.00＝非常同意；2.50～3.49＝同意；1.50～2.49＝不同意；1.00～1.49＝非常不同意。

"1. 我了解我所学专业的要求"，该项目的加权平均值为 3.27，排名第一。该项目主要考查学生是否了解所学专业对学习者素质的要求。数据显示，学生对自己所学专业的要求有一定了解和认知。学前教育专业培养的对象，将是幼儿园里承担教学和科研工作的一线教师。幼儿教师是教育活动的组织者，其专业素质影响着幼儿教育的质量。具有合理知识结构和良好能力素质的幼儿教师是保证学前教育质量的前提[①]。在学前教育专业的大学生入学前，J 学院根据社会对学前教育人才需求的变化制定学前教育专业人才培养方案，在培养方案中明确人才培养的目标，对学生在专业知识、能力和素质方面提出要求。学前教育专业学生不仅应该具备的专业素质为良好的职业道德、热爱教育事业、爱护和尊重幼儿、扎实的专业理论知识、能够解决教育工作中出现的问题，掌握从事学前教育专业所必需的专业技能，如钢琴、美术、声乐、舞蹈、语言等，还应具备教育与组织能力、观察能力、沟通能力、合作能力和创新能力等。入学后，从大一开始，各任课教师依据培养方案的要求，利用多种方法、多种教学模式对学生进行专业化的教育，使学生明确了解幼儿教师应该具备的职业素质，了解学前教育职业的意义及特点，掌握学前教育学、幼儿心理学、幼儿园课程的设计与实施、幼儿教育研究方法等学科的基本理论和基本知识；同时学习各项技能，提高自身综合素质。通过系统的专业知识的学习，学生对学前教育专业的专业知识、能力和自身应具备的素质有了较全面的认识和了解。所以这个项目的得分最高也是基于此。在专业认同研究中发现，大

---

① 陈司元. 学前数学教育的生态化教学特点研究 [J]. 课程教育研究，2016(38)：4-5.

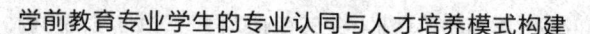

一学生刚刚接触专业课的学习,对幼师的职业特点暂时没有形成比较成熟的概念,大二学生已经有了一年的基础知识的学习,对保教知识和职业特点有了大致的了解。大三学生的课业负担较重,对保育知识有了较为深入的体会,又准备进入实习阶段,因此身体和心理都较为疲惫。所以本科阶段大二学生专业认同最高,其次是大一、大三学生,最后是大四学生[①]。

"3.我了解我所学专业在本校的定位"的加权平均值为3.23,排名第二,说明学生了解学前教育专业在J学院中的定位。本项目旨在检验学生对J学院的专业设置和学前教育专业的重要性的了解程度。

"2.我了解我所学专业的就业情况"的加权平均值为3.22,排名第三。这一结果表明,学生对学前教育专业的就业前景有一定的了解,也说明大部分学生在选择学前教育专业时,能够考虑到未来就业前景,大部分学生对学前教育行业的发展前景及就业前景持乐观态度。近年来,我国人口老龄化越来越严重,为了进一步优化生育政策,开始实施1对夫妻可以生育3个子女的政策。受国家政策、教师及周围亲友的积极影响,学生愿意进入学前教育行业内工作,幼儿园就是学前教育专业学生就业的首选。通过文献检索,对近4年学前教育专业毕业生就业质量的研究结果进行梳理和总结发现,学前教育专业毕业生就业率不断攀升,且2017年、2018年均超过90%,可以说学前教育专业有着较高的就业率[②]。

"5.整体上来说,我了解我的专业"的加权平均值为3.21,排名第四,数据显示学生对所学专业有所了解。本项目呈现的结果在很大程度上受到受访者分布的影响。受访者多数是来自大一和大二的学生,他们在问卷填写过程中更愿意协助。但是由于他们刚进入大学不久或者专业

---

① 聂永贺.学前教育专业学生教师职业认同及影响因素研究[D].沈阳:沈阳师范大学,2019.

② 王冰.高等教育普及化阶段学前教育专业高职生就业率提升路径研究[J].教师,2023(16):120-122.

知识的学习还不深入，如学前教育五大领域的活动设计、学前教育研究方法、幼儿园教育评价等课程还没有开始学习，幼儿园见习、实习活动学生还没有参与，所以对本专业的了解还不够深入。各校近年来硬件条件已有所改善，能够基本满足学生的基本需求，但需要注重专业的熏陶与宣传，尤其是对刚接触学前教育专业的学生。

"4.我了解外界对于我所学专业的观点和看法"的加权平均值为3.16，排名第五，表示学生基本了解外界对本专业的看法。在校大学生更多关注专业理论知识的学习和技能的提高，较少和学校以外的社会环境和幼儿家长有互动，所以学生并不能深入了解外界对学前教育专业的看法。事实上，社会不断进步，人们对学前教育越来越关注，各种新兴的育儿理念也层出不穷。国家相继出台一系列的政策和法规保障学前教育事业的健康有序发展。家长对学前教育的重视程度越来越高，绝大部分家长能够采用正确的方法引导学前儿童的成长，配合教师做到家园共育。但还有一部分家长不懂得学前儿童早期教育的方法，并且这些家长大多数集中在农村或者是学历较低的家庭中，这为我们的农村学前教育事业敲响了警钟。农村教育和城市教育的差距亟待缩小[①]。社会群体对学前教育专业的评价作为影响学生专业认同感的宏观因素，对学生专业学习与专业发展的作用不容忽视。根据事物内外因辩证关系的原理分析，要提高学生的专业认同感不仅需要个人的主观努力，还需要注重外部因素如社会群体，对学前教育专业的评价对学生专业认同感有潜移默化的影响[②]。

三、大学生专业认同在情感方面的数据分析

表 4-4 为 J 学院学前教育专业学生专业认同在情感方面的数据统计。

---

① 刘郁文. 家长对学前教育认识的调查研究 [J]. 文学教育 (中), 2011(12): 139-140.
② 林媛. 重庆市高职学前教育专业学生专业认同感的现状研究 [D]. 重庆：重庆师范大学, 2016.

本部分共有 8 个项目，分别为"我对与我的专业相关的工作感兴趣""我已经接受了我的专业""我没有考虑过更换我的专业""我对我的专业有正面的评价""我对我的专业的未来充满信心""我对我的专业产生了积极的情感""我对学校基础上的专业的总体情况感到满意""总体来说，我喜欢我的专业"。这 8 个项目的综合平均值为 3.04，受访者对上述指标表示"同意"。这也说明学前教育专业大学生在情感方面认同所学专业。

表4-4　J学院学前教育专业学生专业认同在情感方面的数据统计

项目	加权平均值	文字描述等级	等级
1. 我对与我的专业相关的工作感兴趣	3.02	同意	5
2. 我已经接受了我的专业	3.07	同意	3
3. 我没有考虑过更换我的专业	2.88	同意	8
4. 我对我的专业有正面的评价	3.16	同意	1
5. 我对我的专业的未来充满信心	3.10	同意	2
6. 我对我的专业产生了积极的情感	3.02	同意	6
7. 我对学校基础上的专业的总体情况感到满意	3.01	同意	7
8. 总体来说，我喜欢我的专业	3.04	同意	4
综合平均值	3.04	同意	

注：范围3.50～4.00＝非常同意；2.50～3.49＝同意；1.50～2.49＝不同意；1.00～1.49＝非常不同意。

得分最高的是"4. 我对我的专业有正面的评价"，加权平均值为 3.16，表示"同意"。从调查结果来看，学生对学前教育专业有比较积极、正面的评价。学前教育专业学生是未来幼儿教师的主力军。他们对学前教育的积极评价能够激发其学习的热情，让他们更有动力将大部分的精力投入专业知识的学习中。积极正面的评价，不仅会影响到学生的学习效果，从长远来看，也会关系到他们未来的职业生涯的选择和发展，更关系到我国教育事业的发展。国家科教兴国战略的实施，确立了教育的优先发展地位。作为基础教育的基础——学前教育，也引起了国家和政府的高度重视，幼儿教师的社会地位因此获得了很大的提升，幼儿教师这一职业也逐渐被社会所认可，社会大众对幼儿教师这一职业的看法由"高级保姆"转变为"幼儿教育专业人士"。当前，幼儿教师这一职业传递给学前教育专业学生积极的职业感受，对他们的职业认同产生着积极正向的影响[1]。

排名第二的是"5.我对我的专业的未来充满信心"，加权平均值为3.10，这也说明学生对学前教育专业未来的发展前景有信心。从学生自己对学前教育专业的发展期待来看，学生对幼儿教师的发展前景做出了预测：18.1%的学生认为幼儿教师未来的发展机会比较少，发展前景不好，36.8%的学生认为幼儿教师发展前景一般，45.1%的学生认为幼儿教师的发展前景较好[2]。学生基本认同学前教育专业的发展前景，却对幼儿教师这一职业的工资待遇和社会地位并不完全满意，这在一定程度上动摇了学生加入幼教队伍的决心。虽然国家出台政策规范学前教育的发展，但是市场上的各类幼教机构办学资质相差很大，整体的办学理念和水平并不高，这些势必会影响学生对未来就业的期望。

从调查结果来看，学生从内心接受了学前教育专业，也喜欢和认可本专业，对学前教育专业有积极的情感。加权平均值别为3.07、3.04、3.02。这一项指标体现了学生专业学习的意愿与主观能动性。积极的学习态度和学习意愿是学生专业学习的现有状态，在一定程度上对学生的学业成绩、专业自信有很大裨益。"7.我对学校基础上的专业的总体情况

---

[1] 刘萍.学前教育专业学生职业认同研究——以C学院为样本[D].长沙：湖南师范大学，2017.
[2] 易凌云.我国学前教育专业学生专业认同状况的调查研究[J].湖南师范大学教育科学学报，2017,16(6):116-123.

感到满意"表明学生对 J 学院学前教育专业总体评价满意,加权平均值为 3.01。但是相比专业情感的其他方面得分并不高。学生对本校本专业的评价会受到学校环境诸多因素的影响。例如,学校的办学理念、教师的专业水平、学前教育专业的课程设置、学校相关的配套设施等。J 学院作为当地培养幼儿教师的主要基地,要制订合理的人才培养方案。首先,专业的课程设置应该与学生的实际学习水平相一致,理论知识学习和实践技能课程并重;其次,关注学校师资队伍的建设,提高教师的专业水平,给学生在专业方面以引领;最后,加强学生职业道德教育,将德育融入学生的日常生活和学习。在入学后,针对学生的就业意愿和自身特点,给予就业方面的指导和服务。比如,我们在教学和实践中发现了现在的学前教育专业的学生通过专业学习掌握了很多的专业理论知识,但是实践经验极其缺乏,因此需要设置实践性教学课程,通过与理论相对应的实践教学,培养学生的教学技能、实际操作能力以及创新能力,以适应高质量学前教育的要求。又如,组织学生深入幼儿园班级,让学生在实践中接触幼儿,了解幼儿,研究幼儿,研究如何教育幼儿,使学生喜欢、愿意教幼儿,喜欢跟幼儿在一起。与此同时,也要让学生意识到既然教育对象是幼儿,就决定了保育和教育并存,而不只是靠想象去体会幼儿教师的职业价值[①]。

"3. 我没有考虑过更换我的专业"其加权平均值为 2.88,表示"同意"。但是这一项排名第八,在专业认同的情感方面得分最低。研究结果显示,大多数学生没有想过调换专业。因为在 J 学院学前教育专业学生无法自由调换专业,学生只能调整自己的心态,慢慢适应或者想办法让自己从内心接受学前教育专业。J 学院的办学定位是培养应用型的专门人才,所以在专业的设置上和市场的需求联系密切。J 学院学前教育专业在就业方面有很大的市场潜力,到了高年级面对未来严峻的就业压力,

---

① 刘晓丽. 大学生专业认同、专业承诺与学习倦怠的关系——以学前教育专业为例[D]. 济南:山东师范大学,2014.

第四章 学前教育专业学生的专业认同——以 J 学院为例

学生还是会对学前教育专业更认同,基本不会考虑换专业的问题。一、二年级非自愿选择本专业的人数分别达到了被调查班级人数的一半及以上,学生对专业的喜爱程度也趋于一般。这反映出学生对于学前教育专业并没有达到十分热爱的程度,处于一种喜欢和不喜欢的中间状态,从侧面可以说明,学前教育专业的稳定性可能不会太强①。

四、大学生专业认同的专业行为数据分析

表 4-5 为 J 学院学前教育专业学生专业认同的专业行为数据统计。问卷的内容主要涉及以下 6 项:"我经常阅读与我的专业相关的书籍""我会按时并认真地完成专业课程的作业""我能在专业课程中认真听讲""我在我的专业上花费了很多时间""我在学习这个专业上持之以恒""我积极参与与我的专业相关的实践活动"。项目的综合平均值为 3.07,可以看出学前教育专业的学生在专业行为的付出与投入一般。

表4-5 J学院学前教育专业学生专业认同的专业行为数据统计

项目	加权平均值	文字描述等级	等级
1. 我经常阅读与我的专业相关的书籍	2.83	同意	6
2. 我会按时并认真地完成专业课程的作业	3.23	同意	1
3. 我能在专业课程中认真听讲	3.18	同意	2
4. 我在我的专业上花费了很多时间	3.03	同意	5
5. 我在学习这个专业上持之以恒	3.07	同意	3
6. 我积极参与与我的专业相关的实践活动	3.06	同意	4
综合平均值	3.07	同意	

注:范围3.50～4.00=非常同意;2.50～3.49=同意;1.50～2.49=不同意;1.00～1.49=非常不同意。

---

① 母远珍,臧丽. 关于学前教育专业本科生专业认同的调查研究[J]. 现代教育科学,2012(8): 139-141, 165.

第 2、3、5 项显示"同意",加权平均值分别为 3.23、3.18 和 3.07。通过数据分析可知,学生愿意在学前教育专业学习中投入一定的时间和精力,希望在专业方面有所发展,对专业的学习也有一定程度的内部动机和兴趣,在行为方面有积极的表现。学生深知,只有学好专业知识才能在激烈的社会竞争中拥有一席之地。随着就业压力的加大,大部分学生愿意积极努力地付出行动以保证顺利完成学业。大学生要对专业学习高度重视,切实提高学习投入度,努力培养自身的专业学习内驱力,想清楚自己为了什么而学习,认识到当前的专业学习是为以后的职业生涯打基础、做铺垫,以这些主体性意识激发主动学习的动力,多阅读与教育学相关的书籍、期刊、文献资料等,用积极主动的态度去对待当前的专业学习生活[①]。学生的专业学习行为从时间上可以分为与专业有关的课堂学习和课外学习,从形式上可以分为理论学习、榜样模仿和实习见习等多种形式。调查发现,学生的专业学习行为呈现两极分化的趋势,一部分学生的专业学习行为非常认真和深入;另一部分学生的专业学习行为则有待提高[②]。

"1. 我经常阅读与我的专业相关的书籍"得分最低,加权平均值为 2.83。该项主要了解的是学生会不会经常阅读和学前教育有关的书籍。这一结果表明,有的学生从不或者很少阅读学前教育相关的书籍,这意味着一部分学生没有通过网络、书籍等现代化信息技术手段丰富与自己专业相关的知识。我国国民阅读现状不容乐观,阅读时间碎片化、浅阅读等问题已引发社会的广泛关注。高校是培养国家新生力量的重要场所。师范生作为大学生中较为特殊的群体,其阅读的习惯对国民阅读的导向有着不容小觑的作用,而专业阅读作为师范生立足的基础,具有重要的

---

① 尤瑞琦. 教育学本科生专业认同现状研究——以河南省六所高校为例 [D]. 郑州:河南大学,2021.
② 易凌云. 我国学前教育专业学生专业认同状况的调查研究 [J]. 湖南师范大学教育科学学报,2017, 16 (6): 116-123.

研究价值。当前师范生专业阅读存在着内部动机缺乏、专业阅读内容选择困难、专业阅读方法效率低下等问题[①]。良好的阅读习惯有助于学生获取专业知识，培养思考的习惯，提升个人综合素养。阅读技巧是阅读素养的最重要的组成部分。学前教育专业的学生能否掌握阅读技巧直接影响他们阅读的效果。为提高师范生专业阅读质量，可以从以下几个方面着手：首先，大学生应该提升专业阅读的自觉性，并积极尝试各种阅读方法；其次，专业任课老师应加强大学生专业阅读的读后反馈，并为学生树立阅读榜样；最后，学校应优化专业阅读配置，开展丰富有效的专业阅读活动[②]。在倡导素质教育的今天，随着国家对全民阅读的重视，即将走上工作岗位的学前教育工作者应该充分认识到阅读素养关乎一个人精神世界的成长，甚至关乎国家的精神文明，也应该认识到儿童阅读素养的培养对于儿童成长的重要性[③]。

五、大学生的专业认同在适切性方面数据分析

表4-6为J学院学前教育专业学生的专业认同在适切性方面的问卷调查结果。这部分问卷包括：学生对自己思维和性格的认识，还有在学前教育专业学习中能否发挥自己的专长，学习专业知识时是否轻松，这部分共有4个项目，综合平均值为3.01.主要考查学前教育专业和自身的匹配性。尽管在4个因子中分数最低，但是结果也显示"同意"，这说明学生认为自身和学前教育专业是匹配的，换句话说，大部分学生认为自身特征适合学前教育专业的学习。但是与专业认知、专业情感和专业行为相比还有差距，需要继续加强和提升。

[①] 董心蕊.大学生发展视角下师范生专业阅读现状及对策[J].教育观察，2019, 8 (32): 141-142.

[②] 陈若君.提高师范大学生专业阅读质量的对策研究[J].考试周刊，2013(2): 165.

[③] 王云萍.高职院校学前教育专业学生阅读素养培养研究——以河北D职业学院为例[D].秦皇岛：河北科技师范学院，2019.

表4-6 J学院学前教育专业学生的专业认同适在切性方面数据统计

项目	加权平均值	文字描述等级	等级
1. 我具有良好的专业思维	3.05	同意	2
2. 我的性格与这个专业相匹配	3.07	同意	1
3. 我的专业能够体现我的优势	2.98	同意	3
4. 学习这个专业我感到自在	2.96	同意	4
综合平均值	3.01	同意	

注：范围3.50～4.00＝非常同意；2.50～3.49＝同意；1.50～2.49＝不同意；1.00～1.49＝非常不同意。

"2. 我的性格与这个专业相匹配"排名第一，加权平均值为3.07，结果表明绝大多数学生认为自己的性格等特质与学前教育专业相匹配。性格外向的学生对学前教育专业的认同度较高；性格内向的学生职业认同度较低。性格外向的学生做事情或思考问题比较阳光积极，态度乐观向上，有胆识谋略，敢想敢做。性格内外平衡的学生比较中性，性格冷静。性格内向的学生较为内敛，不善于表达，不会流露出对职业的喜爱程度，会人为地屏蔽一些交流的机会[1]。通过调查证实，性格外向的学生在校期间与教师、同学主动沟通交流，积极参加活动，以阳光的心态面对问题，职业认同得分高于内向的学生。教师行业特别是每天接触孩子的幼儿教师，需要多与幼儿互动，活跃氛围。因此性格外向学生的职业认同度高，性格内向学生的职业认同度低[2][3]。

"1. 我具有良好的专业思维"排名第二，加权平均值为3.05，结果显示"同意"。"3. 我的专业能够体现我的优势"排名第三，加权平均值为

---

[1] 刘晓丽. 大学生专业认同、专业承诺与学习倦怠的关系——以学前教育专业为例 [D]. 济南：山东师范大学, 2014.
[2] 邢爽. 高职护生实习后期职业认同及其影响因素研究 [D]. 济南：山东大学, 2017.
[3] 邢爽. 试析高校辅导员如何利用网络媒体开展大学生思想政治教育工作 [J]. 亚太教育, 2016(7): 211.

2.98，调查数据显示"同意"。这两项数据均能在一定程度上反映学生认为学前教育专业适合自己，也能说明大部分学生在上大学之前是自主选择学前教育专业。自主选择志愿可能在情感上更喜欢这个专业，也觉得这个专业能够发挥自身的专长，在行为上就能激发主动性和积极性，从而体现选择的适切性。学校要在学生填报志愿前给予学生充分的专业宣传与指导，对学前教育专业进行积极宣传和解答，如介绍学前教育专业人才培养目标、主要开设的课程、可就业岗位等。使家长和报考者较好地了解这个专业，根据自己兴趣和实际情况按需填报，学校也尽可能地筛选符合条件的学生进入本专业学习[1]。

"4.学习这个专业我感到自在"排名最低，加权平均值为2.96。虽然数据结果显示"同意"，但是排名并不高，说明学生在学习专业知识的过程中还是有一定的压力。对于学前教育专业的学生来说，大学二年级已经开始进行专业课的学习，加上钢琴、舞蹈等技能课的不断练习，学生的课业负担加重，可能会产生厌学心理。在J学院的人才培养方案中，每个学期都有实践周，学生需要进入幼儿园去观摩。专科生和本科生分别从大三、大四开始进入幼儿园实习。自然，见习和实习目的都是让学生能够深入幼儿园，了解幼儿，熟悉幼儿园的日常工作流程，与家长沟通，做好家园联系，更深入地了解和研究学前教育专业。因此，学生在幼儿园实习过程时，要承担保育员的责任，负责学生的一日生活，还要利用集体教学活动的时间去学习如何组织活动以及和幼儿进行积极有效的互动。总的来说，幼儿园的工作不仅需要专业的学前教育的知识，还涉及幼儿的生活的方方面面，虽然琐碎但是不容忽视。这对于还未真正参加工作的大多数学生来说是一个不小的挑战。所以，有部分学生认为学前教育专业学习并不是很轻松，甚至还产生一些压力。高年级大学生认为专业课程过于集中，而且各种国家型考试也都在大学三年级开始准

---

[1] 陈艳慧.高职学前教育学生专业承诺现状及影响因素研究——以河南X职业技术学院为例[D].重庆：西南大学，2021.

备，学习压力与大学一、二年级相比急剧增加，加上在教育见习实习阶段得不到校内、校外教师及时的专业指导，这些都会导致学习压力增加[1]。幼儿教育的特殊性要求幼儿教师必须有足够的耐心、责任心、爱心。再者，面对一群天真无邪、活泼开朗的幼儿，性格开朗的教师更容易亲近幼儿，幼儿也更愿意与性格开朗的教师交流。对于这一点学前专业的学生在经过几次实习后也会感受到。[2]

六、大学生的专业认同汇总数据分析

表4-7为J学院学前教育专业学生的专业认同汇总表。从表4-7中可以看出，J学院学前教育专业学生专业认同处于中等水平，综合平均值为3.08。对4个维度得分进行比较，得分最高的项目是认知（3.22），依次为专业行为（3.07）＞专业情感（3.04）＞适切（3.01）。

表4-7 J学院学前教育专业大学生的专业认同汇总表

项目	加权平均值	文字描述等级	等级
认知	3.22	同意	1
专业情感	3.04	同意	3
专业行为	3.07	同意	2
适切性	3.01	同意	4
综合平均值	3.08	同意	

注：3.50～4.00＝非常同意；2.50～3.49＝同意；1.50～2.49＝不同意；1.00～1.49＝非常不同意。

这表明J学院学前教育专业学生对自己所学专业比较了解，也是普

---

[1] 王苗.学前教育专业学生专业认同现状的研究——以天津市三所院校为例[D].天津：天津师范大学，2019.

[2] 赵旭.学前教育本科生专业认同的调查研究——以河南省XX市为例[D].新乡：河南师范大学，2018.

遍认同的。很多学生在报考学前教育专业前基本对该专业有一定的了解。入学后通过教师讲解或者其他途径对学前教育专业有较为清晰的认识。专业行为加权平均值为3.07，可以看出学前教育专业大学生的专业付出和投入一般。专业情感加权平均值为3.04，表明学前教育专业大学生对本专业喜爱程度一般。学生的专业认知水平最高，然而专业情感和专业行为的投入却一般，这也说明学生的专业认知水平只是一种客观的描述，它的分值并不是影响专业情感和行为的主要因素。一般来说，专业情感的水平的高低影响专业行为，而数据显示，专业行为得分高于专业情感，这也反映出专业情感水平不是影响专业行为的主因。适切性因子加权平均值为3.01，尽管在4个因子中分数最低，但也表现出"一致"，这说明专业与被采访者自身的匹配性处于中等偏下水平，但与专业认知、情感和行为相比，还有待于进一步提高。

七、大学生的专业承诺汇总数据分析

表4-8为J学院学前教育专业大学生的专业承诺汇总表。

表4-8　J学院学前教育专业学生的专业承诺汇总表

项目	加权平均值	文字描述等级	等级
情感承诺	2.96	同意	2.5
理想承诺	2.96	同意	2.5
规范承诺	3.22	同意	1
继续承诺	2.86	同意	4
综合平均值	3.00	同意	

注：3.50～4.00＝非常同意；2.50～3.49＝同意；1.50～2.49＝不同意；1.00～1.49＝非常不同意。

接下来是对专业承诺的数据分析，专业承诺共包含了4个维度的问卷和数据分析，分别是专业承诺中的情感数据统计与分析、专业承诺中的理想承诺数据统计与分析、专业承诺中的规范承诺数据统计与分析以及专业承诺中的继续承诺数据统计与分析。其中，J学院学前教育专业大学生的专业承诺的情感承诺部分，共列出9个题目，主要反映学前教育专业学生对所学专业的感情和愿望，包括"我对所学专业充满热情""为提高专业学习，我愿意做任何事情""我愿意付出全部的努力学好自己的专业""所学专业，没意思，让我觉得心情压抑""我喜欢专业中的挑战和困难，以及战胜它们后的快乐和成就感""与专业相关的任何实践，我都乐意参加""我非常愿意告诉别人我现在学习的是什么专业""上专业课，我都能保持最佳兴奋状态""课外时间，我常看与专业有关的书籍或与同学讨论专业问题"。统计结果显示，该部分的综合平均值为2.96，表示"同意"。其中，"我愿意付出全部的努力学好自己的专业"排名最高，加权平均值为3.14，表示"同意"。J学院学前教育专业大学生的专业承诺中理想承诺的调查结果部分共涉及7个项目，主要考查学生是否认为学前教育专业可以发挥自己的价值，包括"我的专业有利于我考研（升本）""与我的专业相关的工作为我提供了更多晋升机会""我的专业有助于实现我的梦想""与我当前专业相关的工作有很多深造的机会""我的专业为我提供了足够的自我发展和自我价值实现的空间""我目前的专业真正激发了我的潜力"。该部分加权平均值为2.96，表示"同意"。J学院学前教育专业大学生的专业承诺中规范承诺的调查包含5个项目问题，包括"在我看来，如果年轻人想要技艺精湛，他们应该好好学习自己的专业。国家需要各种各样的人才和专业，年轻人有义务好好学习自己的专业""我认为应该是'工作、学习、热爱'""我的专业在国家建设中扮演着重要角色""我应该为了国家的未来好好学习这门专业""大学是培养专业人才的地方，每个大学生都应该好好学习自己的专业，成为合格和优秀的专业人才"。调查结果显示，规范承诺加权平均值为3.22，表示"同意"。J学院学前教育专业大学生专业承诺中的继续承诺包括了6个项目问题，分别是"在任何情况下我都不会更换我的专业""如果我转换到另一个专业,我可能会有更好的前景""我在我的专业上投入了很多时间,但成绩仍然不理想,所以我想更换专业""我为了进入当前的专业付出了很多,因此我不会改变我的专业""我之所以没有更换专业,主要是因为我的专业就业形势良好""毕业后,我将从事与我的专业相关的工作"。继续承诺的调查结果,加权平均值为2.86,结果显示"同意",学生的继续承诺处于中等偏下水平。

从表4-8可知,学前教育专业大学生的专业承诺处于中等偏上水平,综合平均值为3.00。专业承诺包括四个因子,分别为情感承诺、理想承诺、规范承诺和继续承诺。在4个项目中,规范承诺加权平均值最高(3.22)。其大小排序为:规范承诺>情感承诺=理想承诺>继续承诺。这说明了学前教育专业大学生学习本专业在很大程度上是认同本专业的规范和要求的。但情感承诺和理想承诺加权平均值偏低(2.96),一方面说明有些大学生学习学前教育专业的愿望和情感不是很强烈。另一方面说明有些学生学习学前教育专业可能是在受到其他因素的制约没有更好选择的情况下,不得不先学习学前教育。如果以后有机遇,很有可能会考虑其他专业或者其他职业。继续承诺加权平均值最低(2.86),反映了大学生对学前教育相关工作的就业、薪酬等不是很满意。许多学生表示,一旦将来有机会从事其他行业,哪怕与幼儿教师职业具有同等社会地位[①]、经济收入、发展空间[②]和职业声望的职业[③],都会考虑选择其他职业。从专业承诺的4个维度来看,得分均不高,处于中等水平。规范承诺加权平均值最高,继续承诺加权平均值最低。这一结果基本与时佩

[①] 卢长娥,杜学元.幼儿教师组织承诺、工作投入与工作绩效的关系[J].乐山师范学院学报,2012,27(6):122-125.

[②] 卢长娥.幼儿教师职业承诺与离职倾向的现状及对策[J].湖南第一师范学院学报,2012,12(3):46-49.

[③] 卢长娥,张爱群.幼儿教师工作满意度、组织承诺与离职倾向研究[J].皖西学院学报,2012,28(2):58-62.

峰[①]的研究结果一致。由此可见，我国大学生对所学专业的基本规范和所要承担的责任和义务还是比较认同的。目前大学生就业压力大，工资低，造成了很多学前教育专业大学生想转到就业前景比较好、待遇比较高、有利于自身发展的专业，这也导致大学生忽视自身的兴趣和理想。

八、大学生的主观幸福感调查数据分析

大学生的主观幸福感调查包含了4个维度，分别是大学生学习的乐趣方面的主观幸福感调查、大学生主观幸福感与学校联系的关系调查、基于教育目的的主观幸福感的调查、大学生学业效能的主观幸福感调查。其中，J学院学前教育专业大学生学习的乐趣方面的主观幸福感调查主要包括4个项目，分别是"对课堂上学习新东西感到兴奋""对自己正在做的事情感兴趣""喜欢做课堂作业""工作或学习时感到快乐"。该项目的加权平均值为3.04，结果为"同意"，这表明大学生对学前教育专业知识的学习是积极的、主动的和感兴趣的。J学院学前教育专业大学生主观幸福感与学校联系的关系的调查也主要包括4个项目，分别是"我觉得我属于我的学校""在学校可以真正做自己""我觉得学校里的人都很关心我""我在学校受到尊重"。该项目的加权平均值3.02，结果为"同意"，这表明学前教育专业的大学生对J学院产生归属感。学校归属感高的学生与教师、同学相处得都很好，社交能力强，他们相信自己在学习上也能取得很好的成绩，学业效能感高。J学院学前教育专业大学生基于教育目的的主观幸福感的调查包括4个项目，分别是"我觉得我在学校做的事情很重要""我认为学校很重要，应该认真对待""我觉得学好我的课程很重要""我相信我在学校学到的东西会在我的生活中帮助我"。该项目的加权平均值为3.03，结果为"同意"，这表明大学生对学校有积极的情感体验。J学院学前教育专业大学生学业效能的主观幸福感的调

---

① 时佩峰. 大学生专业承诺、职业决策自我效能感与职业决策困难关系研究[D]. 南昌：江西科技师范大学, 2018.

查主要包括 4 个项目,分别是"我是一个成功的学生""我在学校学习很好""我的课堂作业做得很好""我在班上取得好成绩"。该项目的加权平均值为 3.05,结果为"同意",这表明 J 学院学前教育专业大学生的学业效能处于中等偏上水平。对这 4 个维度的结果进行汇总分析,J 学院学前教育专业大学生的主观幸福感调查结果汇总表。见表 4-9。

表4-9 J学院学前教育专业学生的主观幸福感调查汇总表

项目	加权平均值	文字描述等级	等级
大学生学习的乐趣方面的主观幸福感	3.04	同意	2
大学生主观幸福感与学校联系	3.02	同意	4
基于教育目的的主观幸福感	3.03	同意	3
大学生学业效能的主观幸福感	3.05	同意	1
综合平均值	3.04	同意	

注:3.50～4.00=非常同意;2.50～3.49=同意;1.50～2.49=不同意;1.00～1.49=非常不同意。

从表 4-9 可知,学前教育专业大学生的主观幸福感处于中等偏上水平,综合平均值为 3.04。主观幸福感包括四个因子,分别为大学生学习的乐趣方面的主观幸福感、大学生主观幸福感与学校联系、基于教育目的的主观幸福感和大学生学业效能的主观幸福感,在四个因子中,大学生学业效能的主观幸福感排名最高,加权平均值为 3.05。其大小排序为:大学生学业效能的主观幸福感>大学生学习的乐趣方面的主观幸福感>基于教育目的的主观幸福感>大学生主观幸福感与学校联系。这说明了学前教育专业大学生对学业效能最满意,在专业的学习上也有更好的情感认同。但是学校归属感相对偏低,学校归属感低的学生常表现出自卑、焦虑、缺少安全感,这些表现都会影响学生的学业效能感。

九、专业认同与主观幸福感的关系数据分析

表 4-10 显示了专业认同与主观幸福感之间的关系数据统计。数据统计和分析结果说明，计算的 Rho 值显示出二者具有很强的直接相关性，结果 p 值小于 0.01 的水平。这意味着专业认同越高，学生的主观幸福感越强。

表4-10 专业认同和主观幸福感的关系数据统计

	项目	Rho 值	p 值	文字描述等级
认知	大学生学习的乐趣方面的主观幸福感	0.50700	0.000	非常显著[①]
	大学生主观幸福感与学校联系	0.51100	0.000	非常显著
	基于教育目的的主观幸福感	0.51400	0.000	非常显著
	大学生学业效能的主观幸福感	0.51200	0.000	非常显著
情感	大学生学习的乐趣方面的主观幸福感	0.66400	0.000	非常显著
	大学生主观幸福感与学校联系	0.59400	0.000	非常显著
	基于教育目的的主观幸福感	0.95300	0.000	非常显著
	大学生学业效能的主观幸福感	0.59300	0.000	非常显著

[①] "非常显著（Highly Significant）" 在统计学中通常指的是一个结果的统计显著性水平非常高。在进行假设检验时，如果得出的 p 值（概率值）非常小，通常小于常用的显著性检验标准（如 0.01 或更低），这表明观察到的数据与零假设（没有效应或差异的假设）极不相符，因此可以认为结果具有高度的统计显著性。这通常意味着研究中发现的效应或差异不太可能仅仅是由于随机因素造成的，而是具有实际的科学意义。

续　表

	项目	Rho 值	p 值	文字描述等级
行为	大学生学习的乐趣方面的主观幸福感	0.70400	0.000	非常显著
	大学生主观幸福感与学校联系	0.67800	0.000	非常显著
	基于教育目的的主观幸福感	0.67400	0.000	非常显著
	大学生学业效能的主观幸福感	0.68100	0.000	非常显著
适应性	大学生学习的乐趣方面的主观幸福感	0.72800	0.000	非常显著
	大学生主观幸福感与学校联系	0.69800	0.000	非常显著
	基于教育目的的主观幸福感	0.67400	0.000	非常显著
	大学生学业效能的主观幸福感	0.68500	0.000	非常显著

注：当 p 值小于 0.01 时为显著。

从专业认同的各个维度看，专业认同的四个维度与主观幸福感的四个维度呈正相关。专业认同更高的大学生，在学校中越会表现出更多的适应性行为，这些适应性行为会促进学生的适切性认同。因此，专业认同越高，大学生体验到的积极情感会更多，主观幸福感就越强。

第三节　学前教育专业学生的专业认同培养途径

一、学校层面

学校层面学前教育专业学生的专业认同培养途径有以下五个方面，如图 4-1 所示。

优化招生宣传，加强专业推介

改善环境设施，强化师资队伍

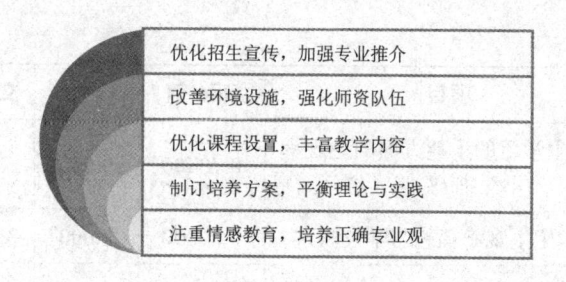

优化课程设置，丰富教学内容

制订培养方案，平衡理论与实践

注重情感教育，培养正确专业观

图4-1 学校层面学前教育专业学生的专业认同培养途径

（一）优化招生宣传，加强专业推介

要提升学前教育专业学生的专业认同，学校就必须在招生宣传上投入更多努力。例如，大学专业学校可以加强与高中之间的紧密衔接，深入高中开展专业宣传并解答学生的疑惑。在学生专业志愿填报和学校宣讲环节中，应聘请经验丰富的专业教师全面介绍专业课程和就业前景，为学生提供详细、全面的信息。在学前教育专业的宣传中，不仅要介绍基础知识，还要详细说明该专业的实际工作内容、职业发展机会和行业需求。例如，可以以图片和视频等形式向学生展示学前教育专业毕业生在幼儿园、早教中心等机构的工作情况，以及该专业如何帮助他们在职业生涯中成长。在专业宣讲时应避免夸大事实，基于专业的真实情况进行准确且全面的信息传递，以便帮助学生作出明智的专业选择。除了这些，学校还可以组织有学前教育专业填报意愿的学生参与开放日活动或专业体验日，甚至可以通过学校合作的实习生项目，让学生在幼儿园实地体验教学过程，直接接触到幼儿教育的实际场景，了解教师的日常工作，这样的亲身体验不仅能够帮助学生更深入地理解学前教育的工作性质，还能够激发他们对未来职业的兴趣和热情。为了进一步增强学生的专业认同，学校还可以通过举办学前教育专业相关的讲座、研讨会和工作坊，邀请该领域的专家和实践者分享他们的经验和见解。这些活动不仅为学生提供了宝贵的学习机会，还能让学生与专业人士直接交流，从而增强他们对学前教育专业的认同感。可以看到，优化招生宣传和加强专业推介是提升学生专业认同的一个重要的铺垫工作，这些工作的有效开展不仅有助于吸引对学前教育有热情的学生，还能够帮助他们在专业选择和职业发展上作出更明智的决策，加强步入专业学习之后的专业承诺和继续承诺。

（二）改善环境设施，强化师资队伍

提升学前教育专业学生的专业认同，不仅需要加强专业推介，还需要改善教学设施和强化师资队伍。这一途径会直接影响学生的学习体验和对专业的感知。

第一，学校应致力于引进或培养学前教育领域的高层次人才，同时鼓励现有教师提升学历和专业技能。高素质的师资队伍不仅能提供更高质量的教学，还能激发学生对学习的热情。例如，学校可以组织教师参与学术研讨会、专业培训或高级研修课程，给教师提供专业提升途径，以提升他们的专业知识和教学技能。

第二，改善教学条件是另一个关键因素。这包括提供先进的教学设施和资源，如配备现代化的教学工具、实验设备和学习材料。在学前教育专业中，舞蹈室、音乐室、美术室等专业实践空间的完善至关重要，因为它们不仅丰富了教学内容，也为学生提供了实践操作的机会，这对于学前教育专业技能培养至关重要。

第三，学校在提升学生专业认同方面的工作不仅仅限于课程和教学方法的改进，还应重视营造良好的校园文化和环境建设工作，营造积极、包容且富有创新精神的校园文化。良好的校园文化、教学环境和学习氛围有利于激发学生的学习热情、增强其专业认同感以及培养其未来职业素养。校园文化的建设应从培育学生的专业自豪感和归属感开始。校园文化长廊的建设应成为展示学校精神、历史和学术成就的重要场所。通过在文化长廊中展出学前教育专业的历史、著名校友、教育成果以及学生作品等，可以增强学生对其专业的自豪感和归属感。例如，可以通过

设置专门的展览区域来展示学前教育专业学生的创意教案、教学活动照片或者与儿童互动的精彩瞬间,以及本校走出的杰出人物的故事,从而使学生感受到他们所学专业的实际价值和社会影响。校园宣传工作也是提升专业认同的关键环节,这包括利用校园广播、海报、社交媒体以及校园网站等多种渠道,宣传学前教育专业的最新动态、成果和活动。通过这些宣传,学生可以及时了解到专业领域的新知识、行业发展趋势和就业机会,从而增强对学前教育专业的认知和兴趣。例如,学校可以通过社交媒体和校园网站发布学前教育专业学生参与的各类活动的报道,如教育实习经验分享、参与社区服务的故事以及专业竞赛的成果展示。这些内容不仅能够展示学前教育专业的多元化和实践性,还能激励学生积极参与和探索自己的专业领域。此外,学校还可以通过组织专业相关的文化节、专题讲座和研讨会,进一步丰富校园文化生活。这类活动不仅为学生提供了深入学习和交流的机会,还能够帮助学生建立起与同行之间的联系和交流,从而进一步提高专业认同感。通过这些多元化的校园文化建设和宣传工作,学校能够创造一个充满活力和创新精神的学习环境,有效地提升学前教育专业学生的专业认同感。这不仅有助于学生的学术成长和个人发展,也为学生将来在教育行业的成功打下坚实的基础。

第四,学校应努力营造一个鼓励探索、尊重多样性和促进创新的教学环境。这可以通过提供多元化的学习资源、鼓励学生参与科研项目、支持学生开展个性化探索等方式实现。例如,学校可以鼓励学前教育专业的学生参与幼儿教育的创新教学法研究,或者支持他们在社区开展教育实践活动。建设良好的学习氛围是提升学生专业认同的关键。学校可以通过组织学习小组、研讨会和学术竞赛等活动,鼓励学生间的交流与合作。在这样的环境中,学生可以共享知识、经验和观点,从而加深对专业的理解和认同。例如,对于学前教育专业的学生来说,学校可以定期举办儿童心理学、早期教育策略等主题的研讨会,邀请行业专家参与,为学生提供与专业直接相关的深入学习和交流机会。同时，通过组织学生参与社区幼儿园的实习和志愿服务，可以使学生在实践中应用所学知识，增强对专业的实践认识和职业责任感。

第五，学校可以通过举办各种与学前教育专业相关的活动，如教育主题讲座、专业展览、教师节庆祝活动等，来强化教师、学生对自己专业的认同。这些活动不仅能够提供学习和交流的机会，还能够让教师、学生感受到学前教育专业的价值和重要性。学校要通过民主和科学的管理，鼓励学生积极参与学习过程，促进学生之间的互动与合作。这样的环境有助于学生在专业学习中形成积极的态度，从而增强对专业的认同。

第六，学校可以定期举办教育论坛、家长开放日和家长会，让家长、学生与教育行业的专家、实践者和家长直接交流。这样的交流不仅能够提供实践经验分享，还能够帮助教师、家长、学生更好地理解学前教育的社会价值和意义，从而提升教师、家长、学生的专业认同感，增强学生的学习动力和职业发展信心，为他们未来的职业生涯奠定基础。

（三）优化课程设置，丰富教学内容

在提升学前教育专业学生的专业认同方面，优化课程设置和丰富教学内容是至关重要的途径。这一过程应着重于构建一个全面、均衡且与实际需求紧密相连的课程体系。

第一，学前教育专业的课程设置应以教育学为理论教学基础。这意味着课程内容不仅应涵盖基础的教育理论，还应包括学前儿童心理学、发展心理学、教育方法论等。通过这种"先大后小，先通识后专业"的课程安排方式，学生可以在掌握广泛的教育学基础知识的同时，有层次地逐步深入学习具体的学前教育专业知识。例如，在学前教育专业中，学生应首先学习广泛的教育学基础课程，以打下坚实的理论基础。随后，课程应逐渐转向更专业化的内容，如幼儿园课程设计、儿童游戏理论、幼儿健康和营养等。这种由宽泛到专业的课程结构有助于学生更好地理解和掌握学前教育的核心要素，构建理论知识体系。

第二，实践类课程的比重应得到适当增加。这包括实习、模拟教学、案例研究等。通过增加实践课时，学生可以将理论知识应用于实际教育场景，从而加深对专业的理解和认同。例如，学前教育专业的学生可以通过参与幼儿园的日常教学活动、观察儿童行为和参与教育项目规划，来实践和加深对专业知识的理解，这点将在下面的章节进行详细论述，这里不再赘述。

第三，学前教育专业的课程在教学内容方面应体现专业教育的人性化和多样性。这意味着课程内容不仅要注重知识传授，还要关注学生的个性化需求和兴趣。例如，学前教育专业的课程中可以包括创新教育方法、儿童艺术和音乐活动、多元文化教育等，以适应不同学生的兴趣和特长。这样的多样化教学内容不仅能够提高学生的学习兴趣，还能够帮助他们更全面地了解和准备未来的职业角色。

第四，学校还可以通过邀请行业专家和经验丰富的教育工作者进行客座讲座或研讨会，为学生提供更广阔的视角和最新的行业理论知识和课程设置信息。这种与实际工作紧密结合的教学模式能够增强学生对专业的认同感，并激发他们对未来职业生涯的热情。

总而言之，学校要通过优化课程设置和丰富教学内容，为学前教育专业学生提供一个全面、深入且实用的学习平台，助力学生专业技能和知识水平的提升以及专业认同和热情的提升，为他们的未来职业生涯打下坚实的基础。

（四）制订培养方案，平衡理论与实践

为了提升学前教育专业学生的专业认同，学校需要制订合理的人才培养方案和大纲，确保理论学习与实践经验的平衡。这种教育方法不仅提高了学生的专业技能，还有助于他们更好地理解和认同自己的专业。

第一，合理的人才培养方案要求课程设计既要注重理论知识的传授，又要重视实践技能的培养。这意味着除了传统的课堂教学，课程还应包括案例研究、模拟教学、实习和实际教学实践等。例如，学前教育专业

学生可以通过参与幼儿园实习、教育项目设计和教学活动策划，将课堂上学到的理论知识应用于真实的教育场景。

第二，学校应为学生提供丰富的社会实践机会。通过实践活动，学生可以早日融入社会，了解教育行业的实际需求和挑战，从而加深对专业的理解和认同。这些实践活动不仅包括传统的教育实习，还可以包括参与社区教育项目、志愿教学活动以及与本地幼儿园的合作项目。例如，学前教育专业的学生可以通过参与社区儿童艺术节、幼儿环境教育项目或者在当地幼儿园举办的亲子活动中，实践和深化他们的教育理念和教学技能。这些实践经历不仅有助于学生职业技能的培养，还能够增强他们的专业认同感。

第三，学校组织的实践拓展训练活动也是提升学生专业认同的有效途径。通过参与拓展训练，学生不仅可以磨炼意志，增强适应能力，还可以提升团队合作和交往能力。这些技能对于未来的教育工作者来说极为重要，因为它们直接关系到在教育环境中的有效沟通和团队协作。例如，学校可以通过组织团队建设活动、领导力训练和沟通技巧工作坊，提升学生个人素质，让学生在与同学、教师的实践互动中加深对专业的认同和热爱。这样的活动不仅增加了学生对专业的兴趣，还帮助学生建立起积极的职业观和团队精神。通过制订合理的人才培养方案，平衡理论与实践的教育方法，以及开展多彩的活动，学校可以有效提升学前教育专业学生的专业认同。这种综合性的培养方式不仅有助于学生的专业成长，还会为他们未来在教育行业的成功打下坚实的基础。

（五）注重情感教育，培养正确专业观

在提升学前教育专业学生的专业认同中，注重情感教育及对学生人生观、价值观和专业观的培养是一条重要途径。这种教育方法不仅关注知识和技能的传授，更强调情感、态度和价值观的培养，以帮助学生建立起对教育事业的深厚情感和正确的职业态度。

第一，情感教育应贯穿于学前教育专业的整个教学过程。这包括在

教学内容中融入对幼儿的关爱、尊重以及个体差异的理解,以及对学前教育工作者职业道德和责任的强调。例如,教师可以在课堂上分享自己与儿童互动的感人故事,或讨论教育行业中的现实问题,以激发学生对于学前教育的情感投入和职业责任感。

第二,学校应重视对学生人生观和价值观的培养,特别是在专业认同的构建上。这可以通过组织与人生哲学、职业伦理相关的讲座、研讨会和辅导活动来实现。这些活动不仅有助于学生形成全面的世界观、人生观和价值观,还能帮助学生在专业选择和职业发展中作出更加明智和符合自身价值观的决策。例如,学校可以邀请资深的学前教育工作者分享他们的职业经历和对教育事业的理解,从而帮助学生树立正确的专业观。通过这些交流和分享,学生能够深入理解学前教育的社会意义,进一步增强对专业的认同感。

第三,情感教育还应包括培养学生的同理心和情感交流能力,这对于未来成为优秀的教育工作者至关重要。通过小组讨论、角色扮演和情感沟通训练,学生可以提高自己的情感理解和表达能力,更好地与儿童和家长建立情感联系。

第四,学校还可以通过社会服务和志愿活动等,让学生有机会将所学知识和情感教育应用于实践。参与这些活动不仅能够提升学生的社会责任感和同理心,还能够增强他们的专业认同感和职业满意度。可以看到,通过注重情感教育和正确人生观、价值观的培养,学校可以有效地提升学前教育专业学生的专业认同。这种教育方法不仅有助于学生的情感成长和人格培养,也为他们未来在教育领域的成功打下了坚实的基础。

二、教师层面

教师层面学前教育专业学生的专业认同培养途径有以下五个方面,如图 4-2 所示。

第四章 学前教育专业学生的专业认同——以 J 学院为例

- 强化教师专业热情与认同的示范作用
- 更新专业教学模式与教学方法
- 及时关注学生的思想与情感动态
- 给予专业实习与职业就业指导
- 注重起始阶段的初心教育与引导

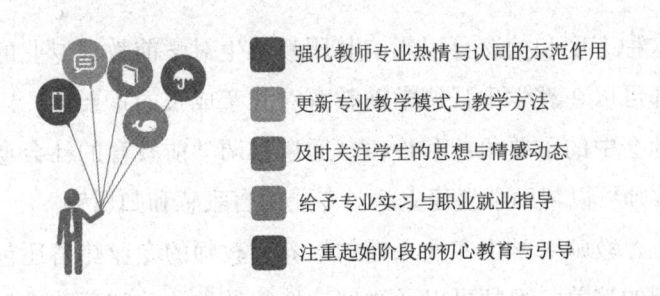

图 4-2 教师层面学前教育专业学生的专业认同培养途径

（一）强化教师专业热情与认同的示范作用

在教育领域，特别是在学前教育专业教育中，教师的专业热情、专业承诺和专业认同度是提升教育质量和学生学习效果以及专业认同的关键因素。教师不仅是知识的传递者，更是学生专业兴趣和职业道路的引导者。

第一，教师的专业热情。俗话说"言传不如身教"，教师需要通过自身的行为和态度展示对专业的热爱和承诺，一位充满热情和专业承诺的教师，能通过自己的行为和态度激发学生对专业的兴趣和热爱，这种影响是潜移默化的，但却极为强大，倘若连教师都不热爱自己所教的专业，那么很难想象这样的教师所培养的学生对所学专业有较高认同度。学前教育专业教师应通过自身对教育工作的热爱来引导学生形成对专业的认同。这种热情可以通过多种方式展现出来。例如，在讲授课程时，教师可以分享自己在学前教育领域的经验和故事，展示自己对幼儿成长和教育的热情。同时，教师可以在课堂上展现出积极的教学态度，如对教学内容的热忱讲解、对学生问题的耐心回答，以及对学生学习成果的真诚赞赏和鼓励。这些行为不仅体现了教师的专业热情，也能够激励学生更加投入学习中，从而培养学生对自己所学专业的热爱和信心，进而提高专业认同度。

第二，教师专业认同的传递。教师的专业认同也是影响学生的专业认同的关键因素。当教师展现出对学前教育专业的深刻理解和认同时，他们的这种态度和信念可以影响其所教学生对学前教育专业的看法。例如，教师可以在教学中强调学前教育对儿童成长的重要性，以及教育工作者在社会中的重要角色和价值。通过强调学前教育的社会意义和职业尊严，教师可以帮助学生建立起对专业的自豪感和归属感。

第三，教师对学生专业兴趣的培养。教师的专业热情还包括对学生专业兴趣的培养。教师可以通过创造性的教学活动和互动，鼓励学生探索学前教育领域的各种可能性和乐趣。例如，通过组织学生参与课堂活动、案例讨论或者小型教学项目，教师可以让学生体验教育过程中的创造性和成就感，从而增强他们对专业的兴趣和认同。

第四，教师的专业热情还能够直接影响学生对专业的态度。当学生看到教师对学前教育的热爱和投入时，他们更可能模仿这种态度，从而对自己所学的专业产生更深的认同感。教师的热情和积极态度可以成为学生学习和职业发展道路上的重要引导力量。可以看到，学前教育专业的教师通过自身对于专业的热忱和专业精神能够潜移默化地影响学生，这种专业热情和认同感的展现和传递对学生专业认同的产生具有积极影响。这不仅有助于学生在学术上的成长，也为他们未来在教育领域的成功打下坚实的基础。

（二）更新专业教学模式与教学方法

在学前教育专业中，创新的教学模式和方法对于培养学生的专业认同具有至关重要的作用。通过将课堂重心转移到学生身上，教师可以激发学生对于专业的兴趣、好奇心和求知欲，进而加深他们对学前教育专业的情感认同。

第一，学生为中心的教学方法。在学前教育专业的教学中，以学生为中心的方法能有效提升学生的参与感和学习动力。教师应鼓励学生积极参与课堂讨论，进行角色扮演和案例分析等互动活动，以此来培养他们对幼儿教育的直观理解和实际应用能力。例如，通过模拟幼儿园的教学情境，学生可以亲身体验教师角色，了解教育实践中的挑战和乐趣，从而增强对专业的情感认同。

第二，课外活动的丰富与创新。除了传统的课堂教学，学前教育专业的学生还应通过参与多样化的课外活动来加深对学前教育专业的理解和认同。这些活动不仅能丰富学生的课余生活，还能提供额外的专业技能训练机会。例如，组织幼儿教育相关的教学技能比赛、创意教案设计大赛或儿童文学朗读会等，可以让学生在轻松愉快的环境中实践和提升自己的教育技巧，同时加强对学前教育专业的认同。

第三，教学理念与方法的更新，为了更好地培养学生对学前教育专业的认同，教师需要不断更新自己的教学理念和方法，以保持教学内容的新鲜感和吸引力。这包括采用更加多样化和创新的教学手段，如项目式学习、合作学习和基于研究的教学等。通过这些方法，教师不仅能够提供更为丰富和深入的教学内容，还能够鼓励学生主动探索和解决学前教育中的实际问题。此外，教师还应积极参与专业培训和研讨会，以保持自己的教育观念和方法的现代性和有效性。通过这些方式，教师不仅能够提供高质量的教学，还能成为学生学习的榜样。

第四，加强师生互动。教师与学生之间的有效互动也是提升学生专业认同的重要途径。教师应积极与学生进行交流和讨论，了解他们的学习需求和兴趣点，从而更好地调整教学策略。同时，教师还可以通过个别指导和反馈，帮助学生克服学习中的难题，增强他们对专业的信心和热情。

通过上述创新教学模式和方法的应用，学前教育专业的教师可以有效地提升学生对专业的认同感。这种以学生为中心、重视实践应用和课外活动的教学方式，不仅能激发学生的学习兴趣和创造力，还能帮助学生构建起对学前教育专业的深厚情感认同。

（三）及时关注学生的思想与情感动态

在学前教育专业中，教师及时关注学生的思想动态对于培养学生的专业认同具有重要意义。通过了解学生的心理状态和学习需求，教师可以提供及时有效的指导、干预和支持，帮助学生克服学习中的困难，增强对专业的认同感。学前教育专业的学生在学习过程中可能会遇到各种困惑和挑战，如对专业的迷茫、对学习方法的不适应，甚至是对未来职业前景的担忧。教师、辅导员或班主任应了解并关注这些思想动态对于提供有效的支持和指导至关重要。第一，通过定期与学生交流，教师可以及时发现学生的心理变化，了解学生在专业学习和个人发展上的需求。特别是对于新生而言，新生刚进入大学，面对全新的学习环境和教育模式，可能会感到迷茫和困惑。教师可以通过举办新生适应性训练、心理健康讲座或个别咨询，帮助学生适应大学生活，缓解他们的心理压力。第二，教师可以组织有关学前教育专业的介绍会，让学生更好地了解专业内容和未来职业发展的可能性，减少对专业选择的疑惑。第三，教师应在专业学习和职业规划方面给予学生指导。这包括提供专业知识学习的建议、讨论学习方法的有效性，以及分享学前教育行业的职业发展趋势和机会。通过这种方式，学生可以更清晰地认识到学前教育专业的价值和自身在其中的定位，增强对专业的信心和认同。第四，教师应努力培养学生对学前教育专业的兴趣和积极性。这可以通过举办各种与专业相关的活动、项目和比赛来实现。这些活动不仅给学生提供了展示自己的平台，还有助于他们发现专业学习的乐趣，从而增强对专业的情感认同。另外，教师还应关注学生的情感发展和心理需求。

在学前教育专业中，培养学生的同理心和情感交流能力尤为重要。教师可以通过开展情感教育相关的课程和活动，帮助学生理解和尊重幼儿的情感需求，同时培养他们的情感表达和处理能力。通过这种全方位的教育方式，学生不仅能够在专业上得到成长，还能够在人格和情感上得到提升。学前教育专业的教师要能够有效地关注并引导学生的思想动态，为学生提供必要的心理疏导和专业指导，帮助学生建立起对学前教育专业的正确认识和深厚认同。这种关注和指导不仅有助于学生的学术和个人成长，也为他们将来的职业生涯打下了坚实的基础。

（四）给予专业实习与职业就业指导

对于学前教育专业的学生而言，实习和就业指导也是提升其专业认同和职业承诺的关键环节。教师在这一过程中发挥着至关重要的作用，教师不仅需要为学生提供实践机会，还需给予学生必要的职业指导和心理支持。

第一，实习过程中的关注与引导。实习是学前教育专业学生将所学知识转化为实践能力的重要阶段。在这一过程中，学生可能会遇到各种挑战，如适应新环境的困难、理论知识与实际应用的差异等。教师和幼儿园管理者应密切关注学生在实习期间的表现和心理状态，及时提供建议和指导。例如，定期与实习生沟通，了解他们在幼儿园的工作情况，针对遇到的具体问题提出解决方案，帮助学生克服实习中的困难，从而增强他们的专业信心。

第二，实习体验的深化与反思。教师还可以引导学生深化实习体验，并进行反思。通过组织讨论会、写作实习报告或分享会等活动，学生可以分享自己的实习经历，反思实习中的学习点和成长空间。这样的活动不仅帮助学生整合实习经验，还能增强他们对学前教育专业的认同和热情。

第三，就业指导的重要性。就业指导对于学生而言同样重要。教师应提供实用的就业信息和职业规划建议，包括就业市场分析、职业选择指导、简历撰写和面试技巧指导等。这些实践性的指导能够帮助学生对未来的职业生涯有更清晰的规划，增强他们对学前教育专业的认同感。

第四，行业交流与职业发展。教师可以通过组织行业交流活动，如邀请学前教育行业的专业人士和成功校友分享他们的经验和职场技巧。这些活动不仅能够为学生提供宝贵的职业发展信息，还能激励学生对未来职业生涯的积极态度。

通过上述方法，学前教育专业的教师可以有效地关注学生的实习和就业过程，为他们提供实际的职业指导和心理支持，从而增强学生对专业的认同。这种综合的指导不仅促进了学生的职业发展，也为他们在学前教育领域的未来职业生涯的长久发展奠定基础。

（五）注重起始阶段的初心教育与引导

入学教育以及大一阶段是大学生活的起点，对于加强学生的自我认同和专业情感具有重要作用，这是学生建立专业认同的基础阶段，要进行巧妙利用。

第一，一个深思熟虑、精心设计的入学教育程序能够帮助新生对所学专业建立全面的理解和深厚的情感。入学教育的首要任务是向新生全面介绍他们所选择的专业。这不仅包括专业的基础知识和学习方法，还应包括该专业的历史背景、当前发展动态及未来职业前景。这种全面的介绍有助于新生从一开始就对自己的专业有一个清晰的认识，从而建立起对专业的信心和兴趣。另一个有效的方法是邀请该专业的优秀校友进行开学演讲。这些校友作为专业的成功典型，能够通过分享他们的学习经历和职业发展，激发新生对专业的热情和自信。成功校友的故事能够为新生提供实际的职业规划方向，也能增强他们对专业的情感认同。

第二，在大一阶段的教育中，教师应强调"干一行，爱一行""选一行，爱一行"的重要性，鼓励学生理解并接受专业学习，这不仅是获得知识的过程，更是对未来职业生涯的准备。通过强调专业对个人和社会的贡献，学校可以帮助学生建立起对专业的价值认同和责任感，这对于培养学生的专业承诺和职业道德至关重要。例如，在大一阶段，教师可以创设"时光瓶"活动，让学生在大一阶段将自己对于专业的理解以及自己的专业梦想写在一张彩色纸上，塞进瓶子里，由教师进行保管，或者集中在教室进行收藏。给予学生思考和订立专业目标与理想的时间要足够充裕，保证每一名学生都是认真思考过后的决心和决定。学生书写完毕后，各自保密放入瓶中上交，每个学期或者隔一段特定时间，教师要拿出来，让学生自己进行比较，看看"时光瓶"活动中最初的梦想是否实现，最初的方向是否偏离，这种初心教育对于偏离方向的学生来说会是非常震撼的。"不忘初心 方得始终"，这种初心教育有利于学生及时进行调整，在循序渐进过程中树立对专业的认同。教师也要在"时光瓶"活动中及时进行干预和指导，为学生答疑解惑。

第三，创建支持和包容的学习环境。初心教育还应包括在教育初始阶段创建一个支持和包容的学习环境。新生常常需要时间来适应大学生活中的各种挑战。提供足够的支持，如辅导服务、学习小组和心理咨询，可以帮助新生更好地适应新环境，减少焦虑和压力，从而更专注于专业学习。

第四，入学教育还应关注培养学生的职业心理和自我认知。通过组织职业规划讲座、职业生涯规划工作坊等活动，学校可以帮助学生对自己的未来有更明确的规划和认识。这样的活动不仅能够帮助学生了解不同的职业路径，还能够激发学生对专业学习的积极性和目标感。

通过上述综合的入学教育方法，学校可以有效地加强学生对其所学专业的认同感。这不仅有助于学生在学术上的成长和个人发展，也会为他们未来的职业生涯铺路。

三、家庭层面

家庭层面学前教育专业学生的专业认同培养途径有以下三个方面，如图4-3所示。

加强家校沟通，促进共同育人
正确处理学生专业认同感缺失问题
理解和尊重学生的专业意愿和专业选择

图4-3　家庭层面学前教育专业学生的专业认同培养途径

（一）理解和尊重学生的专业意愿和专业选择

理解和尊重学生的专业选择对于其个人发展和职业规划至关重要。家长的理解和支持在这个过程中起着基础性的作用。为了帮助学生作出明智的专业选择，家长首先需要尊重学生的兴趣和意愿，并在此基础上提供全面的专业相关信息。

第一，理解和尊重学生的选择。家长首先应理解学生选择特定专业的原因和动机。这可能涉及深入了解学生的兴趣、激情所在以及某个领域对学生的吸引力。通过开放式对话和积极倾听，家长可以更好地理解学生的职业倾向，从而为学生提供更有效的支持和建议。

第二，提供专业相关的全面信息。家长应帮助学生获得关于所选专业的全面信息。这包括专业的核心课程、必备技能、长期职业前景以及该专业毕业生的就业情况。例如，如果学生选择学前教育专业，家长可以一起探索该领域的不同工作机会、所需技能和未来发展趋势。

第三，帮助学生评估个人兴趣与专业的匹配度。家长应帮助学生评估他们的个人兴趣、能力与所选择专业的匹配程度。这涉及对学生的个性、优势和潜在挑战的理解。家长可以引导学生进行自我分析，识别他们的核心兴趣点以及如何与所选专业相结合。

第四，鼓励学生对就业前景的探索。家长应鼓励学生探索所选专业的就业前景，主要包括：与该领域专业人士的交流、参加相关的职业规划活动或考察行业趋势；了解专业的实际应用和未来可能性能帮助学生更加自信地确定他们的职业路径。通过尊重和支持学生的专业选择，家长不仅能帮助他们建立起对所选领域的深刻理解，还能增强学生对自己未来职业生涯的信心。这种家庭支持是学生专业发展的重要基石，对他们未来的学术和职业成功具有深远的影响。

（二）正确处理学生专业认同感缺失问题

在家庭教育中，正确处理学生专业认同感暂时缺失的问题是一项重要任务。特别是当学生因调剂或其他原因进入并非首选的专业时，家庭的角色变得尤为关键。

第一，理解和支持学生的情感需求。家长需要展现出对孩子情感的理解和支持。当学生对所学专业不感兴趣或有所迷茫时，家长的第一步应是倾听和理解，而非批评或强制。通过开放和非评判性的对话，家长可以了解学生的真实感受，包括学生对专业的疑虑、期望和担忧。

第二，探索专业的多样性和可能性。家长可以帮助学生探索他们所学专业的多种可能性，尤其是那些可能激发学生兴趣的方面。例如，对于学前教育专业的学生，家长可以一起探讨该专业不仅限于传统的教学角色，还可以涉及儿童心理学、早期干预程序、儿童文学创作等多元化领域。鼓励学生了解该专业的广泛应用，可以帮助学生发现新的兴趣点和职业道路。

第三，帮助寻找实践体验的机会。实践经验是帮助学生重新评估和发现专业兴趣的有效方式。家长可以鼓励学生参与实习、志愿服务或相关的项目工作。通过亲身体验，学生可以从实践中获得对专业的新见解，可能会发现先前未曾注意到的专业方面的吸引力。

第四，强调专业对个人和社会的价值。家长在与学生的交流中应强调所学专业对个人成长和社会发展的重要性。对于学前教育专业来说，家长可以讨论教师如何影响学前儿童的早期发展，以及这一职业如何为社会培养未来的领导者和创新者。这种讨论可以帮助学生认识到，即使他们最初对专业不感兴趣，该专业依然具有深远的社会意义和个人价值。

第五，组织与专业相关的家庭活动。家庭活动是激发学生专业兴趣的一个重要途径。家长可以组织与学前教育相关的家庭活动，如阅读儿童文学作品、参观儿童教育展览或一起设计教育游戏。这样的活动不仅能够让学生在轻松的家庭环境中探索专业，还能够增进家庭成员之间的交流和理解。通过上述方法，家长可以有效地帮助学生处理专业认同感暂时缺失的问题，引导他们发现专业的新角度和价值。这种家庭层面的支持不仅能够帮助学生在心理上适应专业，还能够激发学生对未来职业生涯的积极态度和热情。

（三）加强家校沟通，促进共同育人

在学生专业认同的建立和培养过程中，家校沟通与共同育人扮演着关键角色。有效的家校沟通可以为学生提供一个更加全面和支持性的学

习环境,从而加强学生对其所学专业的认同感和对专业学习的积极态度。

第一,定期进行家校沟通。家长和教师之间的定期沟通对于跟踪和支持学生的学习进展至关重要。家长应主动与教师联系,了解学生在学校的学习情况,包括学业成绩、课堂参与度、专业兴趣以及遇到的任何挑战。例如,家长可以参加家长会、通过电子邮件或电话与教师沟通,甚至可以安排面对面的会谈,对于学校开放日或者家校互动活动,家长要积极参与,以获得对学生及学生专业学习情况的更深入的了解。

第二,共同参与家庭教育活动。家长与学生一起参与家庭教育活动是加强学生专业认同的有效途径。这些活动可以是围绕学生所学专业的项目,如阅读相关书籍,参观专业展览或者共同完成与专业相关的小项目,等等。这种共同参与不仅增进了家庭成员之间的联系,还能提升学生对所学专业的兴趣和热情,让学生感受到自己所学的专业是得到家人支持的,从而更加坚定专业自信。

第三,共同面对学生学习中的困难和挑战。当学生在学习中遇到挑战时,家长的支持至关重要。家长应鼓励学生面对困难,提供必要的资源和帮助,如辅导、学习材料或与专业相关的额外课程。此外,家长可以与教师协商,找出最佳的方法来帮助学生克服学业上的障碍。

第四,家校共同制定职业规划。家校共育还包括对学生的职业规划和发展方向的共同关注。家长和教师可以一起讨论学生的职业兴趣、能力和潜在的职业路径,为学生提供关于专业选择和职业发展的建议。这种共同规划有助于学生更清晰地了解自己的职业目标,并对其所学专业产生更深的认同。

第五,家校共育应促进学生的自我认知和职业发展。通过家校合作,学生可以获得更多关于自我探索和职业发展的机会,如职业咨询、实习机会和职业导向活动。家长和教师的共同支持和引导有助于学生建立起对自己职业生涯的清晰规划和积极态度。通过加强家校沟通和共同育人,家庭和学校可以共同为学生提供一个支持性、激励性的环境,从而有效地促进学生对专业的认同和职业发展。这种合作不仅有助于学生的学术成长，也会为他们的未来职业生涯做好铺垫工作。

四、个人层面

学生个人层面学前教育专业学生的专业认同培养途径有以下六个方面，如图 4-4 所示。

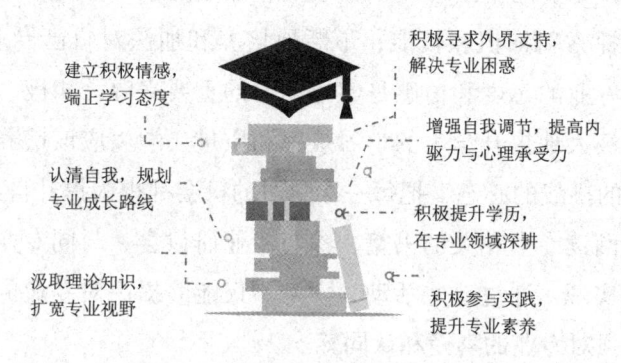

图 4-4 学生个人层面学前教育专业学生的专业认同培养途径

（一）建立积极情感，端正学习态度

在学生自我建立专业认同的过程中，培养健康积极的情感和端正的学习态度是关键的一步。这涉及认同自我、热爱所学专业并全身心地投入学习。

第一，学生需要认同自己的专业选择，接纳自己在专业学习过程中的所有经历，包括面对的挑战和取得的成就。这种自我认同是建立对专业深厚情感的基础。学生需要充分认识到学前教育的重要性和价值。学前教育不仅仅是关于教育幼儿的技能和知识，更是关于塑造未来社会成员的重要工作。理解这一点可以帮助学生认识到自己所学专业对社会的贡献，从而建立起对所学专业的自豪感和归属感。学生应该理解选择特定专业的初衷和目标，认识到学习该专业不仅是获得知识和技能，更是了解相关领域、拓宽视野的过程。

第二，专业学习需要学生的深度投入和全心热爱。这包括积极参与课堂学习、讨论和实践活动，尽可能在专业领域内寻找自己的兴趣和激情。例如，学前教育专业的学生可以通过与幼儿互动的实习、参加教育相关的社团活动或者参与教育小组项目直接体验与幼儿互动的乐趣和挑战，来增加对专业的情感投入，从而增强对专业的热爱和承诺。

第三，在专业的不断学习中，学生应该端正学习态度，以积极的心态，主动地探索新知识和技能，不断地培养和加深对自己专业的情感。因为学生对专业的态度和情感是学习动力的重要来源。积极、热爱学习的态度可以极大地提升学生的学习效率和质量。学生应该培养积极面对专业学习中的挑战的心态，把每一次学习的机会都视为提升自己的机会。这可以通过阅读专业相关的书籍、参与专业研讨会、与同专业的同学交流等方式来实现。通过这些活动，学生不仅能够提高对专业的知识和理解，还能增强对专业的喜爱和认同感。

第四，利用反思促进个人成长。学生应定期进行个人反思，评估自己的学习进度和专业成长。反思与评估包括思考课堂学习的体会、实习经历的感受以及对未来职业生涯的期望。通过这种自我评估，学生可以更好地理解自己的强项和需要改进的方面。

第五，培养创新和批判性思维对于学前教育专业学生来说同样重要，这也是正确的学习态度之一。学生要在学习过程中去勇敢质疑现有的教育理念和做法，探索新的教育方法和技术。通过这种探索和创新，学生可以更深地了解专业，并对其产生更深的认同感。

通过上述方法，学生可以在个人层面上有效地建立和加强对所学专业的认同感。这种由内而外的自我驱动和情感投入对学生的学术成长、个人发展以及未来的职业生涯都具有深远的意义。这样的态度和情感对于学前教育专业的学生尤为重要，因为他们未来的职业要求他们对教育和幼儿的成长充满热情和承诺。

(二)认清自我,规划专业成长路线

在个人层面上,对于学前教育专业的学生而言,认清自己的兴趣、能力和职业目标,以及根据这些因素合理规划专业成长路线,是建立和加强专业认同的关键途径之一。

第一,学生需要进行深入的自我认知,这包括对自己的兴趣、优势、弱点和职业倾向的理解。在学前教育专业中,这种认知不仅仅限于学术能力,还包括与幼儿互动的能力、创新教学的潜力和管理班级的技巧。例如,学生可以通过参与课堂讨论、参与实习和反思日记等方式,来评估自己在这些领域的表现和潜在兴趣。第二,明确自我认知后,学生应该根据自己的兴趣和能力来合理规划自己的专业成长路线。这包括设定短期和长期的学术及职业目标、选择合适的课程和实习机会以及参与有助于职业发展的活动。例如,对于对儿童心理学感兴趣的学前教育专业学生,可以选择相关的选修课程,参与心理学研究项目,或寻找与儿童心理咨询相关的实习机会。第三,学生还应该在不同阶段挖掘自己的潜力,不断提升个人能力。这涉及主动学习新技能、拓展知识范围和提高批判性思维能力。学生可以通过参与研讨会、工作坊或者与导师和行业专家互动来实现这一点。随着对专业的深入了解和个人能力的增强,学生的专业水平也将逐渐提高。这不仅体现在学术成就上,还体现在对未来职业的热情和准备上。例如,学生可以通过创建个人的教育理念、参与教育社区活动或策划创新教学项目来展示他们对学前教育专业的热爱。通过自我认知、合理规划专业成长路线以及在不同阶段挖掘自己的潜力,学前教育专业的学生可以在个人层面上有效地建立和加强对所学专业的认同感。这不仅有助于他们在学术上取得成功,还为他们未来在教育领域的成功打下坚实的基础。

(三)汲取理论知识,拓宽专业视野

对于学生来说,提升专业的理论水平是建立和加强专业认同的重要途径之一。特别是对于学前教育专业的学生来说，他们需要以严谨、积极的态度对待所学专业，并将专业兴趣与专业认同有机结合起来。

第一，专业知识的广泛学习。为了提升专业水平，学生应该积极拓宽自己的专业知识。这包括阅读与学前教育专业相关的书籍，如教育理论、儿童发展心理学、教育政策分析等。这不仅可以帮助学生了解专业的最新发展和研究趋势，还能够增强他们对专业的深刻理解和认同。

第二，了解和参与专业实践和项目。除了理论学习之外，参与专业实践和项目也是提升专业理论水平的重要途径。实践出真知，只有把理论知识放到实践中，并且用实践反馈理论，才会得到真正的知识升华。学生可以通过实习、志愿服务或参与教育项目，来实际应用所学的理论知识。这些经验不仅能够提升学生的专业技能，还能够帮助学生更好地理解专业的实际应用，从而加深对专业的认同感。这一点会在下面的论述中详细阐述，这里不再赘述。

第三，参与专业讲座和研讨会，拓宽专业视野。积极参与专业讲座和研讨会也是提升专业水平的有效方式。学生还可以参加教育研讨会、工作坊或与教育领域的专业人士交流，来了解行业动态，获取新的专业见解。这不仅能够拓宽学生的专业视野，还能激发学生对专业的兴趣和专业热情。通过上述途径，学前教育专业的学生可以在个人层面上有效地提升自己的专业水平。这种专业上的精进不仅有助于学生在学术上取得成功，也为学生未来在教育领域的成功打下了坚实的基础。

（四）积极参与实践，提升专业素养

对于学前教育专业的学生来说，积极参与实践活动是提升专业素养和加深专业认同的重要途径。通过实际的社会实践，学生不仅可以锻炼和提高自己的专业技能，还能更深入地理解专业知识在实际工作中的应用。

第一，参加与专业相关的社会实践。学生应积极寻找和参与与学前教育专业相关的社会实践机会。这些实践活动可以包括利用假期参加扶

贫支教项目、在幼儿园或社区中心进行志愿服务、参与儿童发展相关的社会工作等。这类活动不仅为学生提供了将理论知识应用于实践的机会，还能帮助学生更好地了解学前教育领域的实际工作情况和挑战。

第二，提前了解职业情况和调整预期。通过实践活动，学生可以提前了解学前教育专业的就业情况和职业前景。这对于调整个人的职业预期和规划未来的职业路径非常重要。例如，通过实际参与教学工作，学生可以了解教师职业的日常要求和挑战，从而更准确地评估自己是否适合这一职业，并作出相应的职业规划调整。

第三，增加实践经验，提升专业技能。在实践活动中，学生有机会增加实践经验，提升与学前教育专业相关的专业技能。这包括教学技巧、班级管理技巧、与家长沟通的能力等。通过在实际工作环境中应用所学知识，学生能够更深入地理解课堂上学到的理论，同时提升自己作为未来教育工作者的能力。通过上述多样化的实践活动，学前教育专业的学生不仅能够在专业领域内获得宝贵的实践经验，还能够加深对所学专业的认同感和热情。这种实践经历对于他们未来的职业发展和专业成长具有重要意义。

（五）积极提升学历，在专业领域深耕

对于学前教育专业的学生而言，提升学历是增强专业认同感的一个重要途径。通过追求更高层次的学术成就，学生不仅能够深化对所学专业的理解和热爱，还能够为学生未来的职业生涯打下坚实的基础。学生应该努力提升自己的专业学术水平。对于中专学前教育专业学生而言，参加高职考试是一个提升学历的好选择。这不仅能够学习更广泛的知识和技能，还能够提升他们的专业资格和就业竞争力。对于高职学前教育专业学生而言，通过专升本等途径继续深造是提升专业认同感的重要方式。专升本不仅可以拓展学生的专业知识和技能，还可以提供更多关于学前教育领域的深入学习和研究机会。这样的学术提升有助于学生对专业领域形成更为全面和深入的认识。对于有志于在学前教育领域深造的本科学生，参与研

究生入学考试也是一个很好的选择。研究生教育不仅提供了深入研究学前教育领域的机会，还能帮助学生获得更高层次的专业认识和研究能力。通过攻读研究生学位，学生可以接触到更先进的教育理论和实践，从而更深入地理解学前教育的各个方面。学历的提升不仅有助于学生在学术上的成长，还直接影响到他们的职业发展和未来的就业机会。高学历往往意味着更多的职业选择、更高的职位以及更好的薪酬待遇。这些职业发展的机会可以显著增强学生对自己专业的认同感和满足感。另外，通过努力提升学历，学前教育专业的学生不仅可以增强自己的专业能力，还能提升自己的自信心和职业自豪感。这种自我提升的过程有助于学生形成对所学专业的深厚认同，为他们未来在教育领域的成功打下坚实的基础。

（六）增强自我调节，提高内驱力与心理承受力

对于学前教育专业的学生来说，学会自我调节，敢于面对挑战，并增强对专业学习的心理承受能力，是提升专业认同感的重要途径之一。这不仅涉及个人情感管理和压力应对，还包括积极面对专业学习中的困难和挑战。第一，学生需要学会自我调节，特别是在面对专业学习中的挑战和压力时。这意味着他们需要能够管理自己的情绪，保持积极的心态，即使在面对专业上的困难时也能保持冷静和专注。例如，在觉得专业学习艰难或对未来没有信心时，学生应学会通过积极的自我对话和目标设定来激励自己，维持对学习的热情和兴趣。第二，学生应敢于面对挑战，并逐渐增强自己的心理承受能力。教育领域的工作往往需要处理复杂的情感和行为问题，因此学生需要培养坚韧和耐心。这包括学会从挫折中恢复、从错误中学习，以及培养缓解压力的有效方法。第三，学生需要学会有效管理学习和生活中的压力。这意味着他们需要找到合适的方式来释放压力，如参与体育活动、艺术创作或与朋友和家人交流。同时，培养良好的师生关系和同学关系也是缓解压力的重要途径。通过这些社交互动，学生可以获得支持和鼓励，减轻学习压力。第四，为了在学前教育专业中取得成功，学生需要学会自我激励，提升内在驱动力。

这包括设定明确的学习目标、庆祝学习上的小成就，以及持续追求个人和专业的成长。通过自我激励，学生可以保持学习的动力和热情，即使在面对挑战时也不轻易放弃。

通过上述方法，学前教育专业的学生可以有效地增强自己的自我调节能力和心理承受力。这不仅有助于学前教育专业学生更好地应对专业学习中的挑战，还能够帮助学前教育专业学生在未来的教育工作中更加有效地处理复杂情况，提升专业认同感。

（七）积极寻求外界支持，解决专业困惑

学生个人层面在培养和提升专业认同的过程中，当自我调节能力达到限度时，积极寻求外界帮助是一种重要的调节途径。这种主动寻求支持和指导的做法，不仅有助于解决学习过程中遇到的具体问题，更有助于自我成长和专业认同感的提升。当面对专业学习困难或专业理解上的障碍时，学生应主动寻求教师或专业辅导人员的帮助。这些专业人士可以提供必要的学术指导、学习策略和专业知识，帮助学生更好地理解复杂的概念或克服学习困难。

对于那些在专业学习过程中遇到情感困扰或压力过大的学生，积极利用学校提供的心理咨询服务是一个很好的选择。心理咨询师可以帮助学生处理学习压力、情绪问题，以及与专业学习相关的心理障碍。参与由学校或专业组织举办的支持小组或讨论会也是获取外界帮助的有效方式。在这些小组中，生生之间分享学习经验、面对的挑战和应对策略，从而获得情感支持和实用的学习建议。对于需要系统性指导的学生，建立导师或导学关系可以提供更深入的个性化教学。例如，通过与导师的定期交流和指导，学生可以获得专业发展的指导、职业规划的建议，以及学术上的深入见解；通过积极寻求外界帮助，学生可以有效地应对学习中的挑战，提升专业技能和知识，从而在个人层面上增强对所学专业的认同感。这种主动寻求帮助的态度和意识非常重要，是学生对自身发展重视的体现，有效的帮助也有助于他们在学术和职业生涯中取得更大的成功。

五、政府层面

政府层面学前教育专业学生的专业认同培养途径有以下三个方面，如图 4-5 所示。

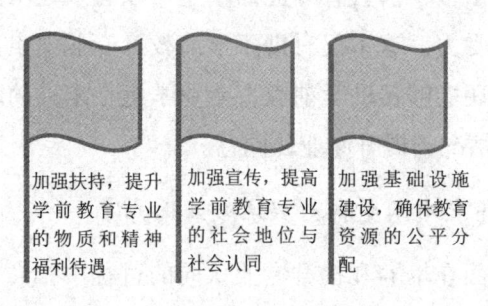

图 4-5　政府层面学前教育专业学生的专业认同培养途径

（加强扶持，提升学前教育专业的物质和精神福利待遇｜加强宣传，提高学前教育专业的社会地位与社会认同｜加强基础设施建设，确保教育资源的公平分配）

（一）加强扶持，提升学前教育专业的物质和精神福利待遇

政府应该加强对学前教育专业的扶持。加强扶持不仅涉及提高教师的基本工资水平，还包括建立奖励机制，以表彰优秀教师和教育贡献。

第一，政府应着手改善和健全幼儿教师的薪资和福利体系，这包括制定和执行关于幼儿教师工资、工作条件与环境等方面的法律法规，以确保幼儿教师的薪酬权益受到保护。物质福利的提升不仅可以提升在职幼儿教师的生活质量，也是对幼儿教师辛勤付出的一种回报，是对幼儿教师劳动价值的认可和尊重；还可以提升幼儿教师的职业满意度，还能让未就职的学生看到未来职业的吸引力，从而增强他们的专业认同感，吸引和鼓励更多优秀的、有潜力人才选择并坚持这一职业。另外，政府还应通过立法确保幼儿教师的工资待遇得到公正和合理的保障，确保幼儿教师的工资与其工作难度、教育贡献以及社会需求相符，确保幼儿教师享有稳定的职业保障、良好的工作环境和足够的职业发展空间，构建一个更加积极和公平竞争的教育工作环境。政府提供充足的职业发展和培训机会也是福利的一方面，这不仅有利于学前教育专业学生专业认同的提升，对于我国教育事业的持久发展也具有重要意义。

第二,建立表彰优秀教育贡献机制。政府可以通过建立表彰优秀教师和教育贡献的机制来提升学前教育的专业认同。这种机制可以包括年度教师奖、创新教育奖项或特别贡献奖,表彰那些在教育领域作出突出贡献的个人或团队。这些奖项不仅是对幼儿教师努力和成就的认可,也是对幼儿教师专业能力的肯定。通过公开表彰优秀的幼儿教师,政府可以有效提升学前教育专业的社会认可度和吸引力。使社会人群和学生看到幼儿教师因其卓越的工作而受到赞誉和奖励,不仅会激励现有的幼儿教师,也会吸引更多优秀人才考虑将教育行业作为他们的职业道路。这种认可和尊重对于学生来说是一个强大的动力,激发他们对所学专业的热情和自豪感。表彰活动还能彰显和宣传教育职业的潜在价值。政府的表彰活动还可以帮助学生看到作为幼儿教师的潜在价值和职业满足感。通过展示优秀教师的故事和成就,学生能够更清晰地看到从事教育行业可能带来的影响和成就。这种正面展示能够鼓励学生追求专业卓越,增强他们对未来教育工作的认同与期待。政府的表彰活动还可以为学生树立积极的榜样。通过向社会展示教育领域的杰出个体和团队,可以使学生找到学习和效仿的对象。这些榜样的故事和经历可以激励学生努力学习,不断提升自己,同时为学生提供实现专业成功的路线图。通过综合分析,可以清晰地看到政府在提高学前教育专业的工资待遇(物质福利)和表彰活动(精神福利)方面所扮演的关键角色。政府的这些扶持措施不仅会直接提升教师的物质福利,提高职业吸引力和稳定性,为整个教育行业创造更加公正和有利的发展环境,而且提升了教育行业的精神福利,对提升教育行业的整体形象起到积极促进作用,也使学前教育专业的学生建立强大的专业认同感,为其提供自我价值实现的可能性。可以预见,这种政策不仅能够激励当前的学前教育专业学生和幼儿教师,更能为未来的教育发展培养出更多优秀的人才。

(二)加强宣传,提高学前教育专业的社会地位与社会认同

第一,政府可以通过各种渠道加强对学前教育重要性的宣传和推广,

以提高这一领域的社会认知和地位。例如，政府通过电视、互联网、社交媒体、公交公益广告等多种媒体渠道对学前教育进行宣传和推广；政府可以组织教育论坛、公益活动和研讨会，邀请教育专家和优秀教师分享他们的经验和见解，从而提高公众对学前教育的尊重和价值认同，让幼儿教师成为一个备受尊重和羡慕的职业。政府应该积极展示学前教育教师职业的积极面，包括教师在儿童成长和社会发展中所发挥的关键作用。这可以通过发布成功案例、教师日常工作的纪录片以及教师的个人故事来实现。强调教师职业的重要性和成就感，有助于提升这一职业在社会中的地位和吸引力。

第二，借助政策扶持提高认可度。政府可以通过制定和执行支持学前教育的政策来提高幼儿教师的社会认可度。例如，可以制定政策保障教师的薪酬水平、工作条件和职业发展，确保教师的劳动权益得到合理保护。此外，政府还可以提供专业培训、继续教育和职业发展的机会，帮助教师提升自身的专业能力和教育质量。

第三，政府应提升学前教育在整个教育体系中的地位，明确其在儿童发展和终身学习中的重要性。这可以通过将学前教育纳入国家教育发展规划和政策制定来实现，以确保学前教育得到足够的资源和支持。

第四，政府通过引流促进社会各界对学前教育的参与和支持。政府不仅可以鼓励社会各界对学前教育的参与和支持，包括吸引私营部门的投资、鼓励企业和非政府组织参与学前教育项目以及建立公私合作机制，共同推动学前教育的发展；政府可以通过奖励机制和政策激励来鼓励社会更广泛的参与和支持。

政府通过上述策略提高学前教育的社会地位，可以为学前教育专业学生和从业者提供一个更有尊严和价值的工作环境，能保留、激励、吸引更多优秀的教育人才选择并坚持这一职业。

（三）加强基础设施建设，确保教育资源的公平分配

政府在提升学前教育专业认同感方面的重要策略之一是对教育基础

设施的集中投资。这种投资主要集中在改善、建设和维护学前教育基础设施、高标准的幼儿园及学前教育中心,以确保这些机构具备先进的教学设施和舒适的学习环境。一个优质的、充满资源和创新潜力的教育环境,不仅能为幼儿提供丰富多样的学习体验,也会为幼儿教师提供更佳、更加高效和愉悦的教学环境,激发教师的教学热情,提高他们对专业的热情,从而提升幼儿教师的工作满意度和职业认同感,进而加强对学前教育领域的专业承诺。当未就职的学前教育专业学生看到未来的职业环境,也会更加坚定他们学习学前教育专业的决心,从而加强他们的专业认同,进而吸引更多人才投身学前教育事业。可见,高标准的教育基础设施不管对于吸引人才还是保留教育人才都至关重要。政府的投资应包括提升教育资源的可及性和质量,如丰富的教学材料、现代化的教学技术、安全的游戏和活动区域等。此外,考虑到特殊需求儿童的教育,政府还应在设施规划中包含必要的适应性设备和资源。这些设施和资源的优化,不仅提升了教育服务的整体质量,而且体现了政府对学前教育的全面关注,对促进教育资源公平分配以及教育公平具有长远的积极意义。

第五章　学前教育专业人才的核心素养培养

第一节　学前教育专业人才的知识素养

一、学前教育专业人才的知识素养的内容

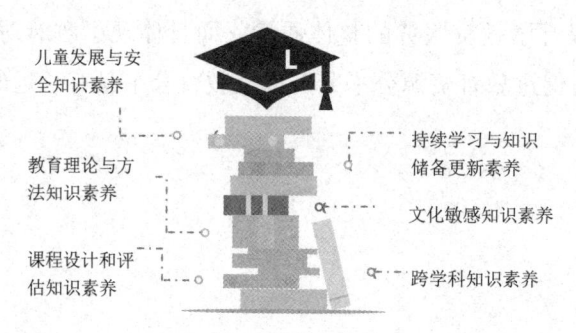

学前教育专业人才的知识素养的内容包括以下六个方面的内容，如图5-1所示。

图 5-1　学前教育专业人才的知识素养的内容

（一）儿童发展与安全知识素养

儿童（学前儿童）发展与安全知识素养是学前教育专业人才必备的核心素养之一。深刻理解儿童的发展过程以及如何确保他们的安全是学前教育专业人才未来走向岗位，为儿童提供高质量学前教育不可或缺的要素。

第一，儿童发展知识素养涵盖了不同年龄段儿童的身体、认知、情感和社交发展。学前教育专业人才需要了解儿童在不同发展阶段的特征，如对于幼儿期的儿童，要了解他们的基本生活技能、语言发展和社交互动能力，以制订适合他们年龄和发展水平的教育计划，这有助于幼儿教师为他们提供有针对性的学习活动和支持。

第二，儿童安全知识素养是确保学前教育环境安全的关键因素。学前教育专业人才需要了解如何预防事故和伤害，以及如何应对紧急情况。他们应该熟悉儿童安全的基本原则，如玩具和设施的安全性、食品安全、防火安全、预防疾病传播、儿童饮食和睡眠需求等。此外，他们还应该了解如何识别和应对潜在的危险因素，以确保儿童在学前教育机构内安全、健康。安全知识素养还包括了解如何保护儿童免受虐待和忽视的风险。学前教育专业人才需要了解虐待和忽视的迹象，以及如何报告和处理这些问题。他们应该积极参与保护儿童的工作，确保儿童在学前教育环境中得到充分的保护和关怀。

第三，儿童发展与安全知识素养还涵盖如何建立积极的、支持性的学前教育环境。学前教育专业人才需要了解如何创建安全、健康和有益于儿童学习的场所。这包括了解教室布局的最佳实践、提供丰富的学习材料、建立积极的师生关系等。通过创建这样的环境，学前教育专业人才可以更好地满足儿童的学习和发展需求，促进他们的全面成长。整体上来看，儿童发展与安全知识素养是学前教育专业人才的基本素养之一。他们不仅要了解儿童的发展特点，还需要具备保护儿童安全的技能和意识。通过深刻理解儿童的发展过程，并采取适当的安全措施，学前教育专业人才可以为儿童提供一个安全、支持性的学前教育环境，帮助他们健康、快乐和全面发展。这种知识素养是确保学前教育质量的基石，为儿童的未来打下了坚实的基础。

（二）教育理论与方法知识素养

学前教育专业人才的知识素养中，深入理解教育理论与方法是为了提供儿童有效教育的另一个关键方面。这方面的知识素养不仅仅包括对各种教育理论的熟悉，还包括实际应用这些理论的能力。

第一，学前教育专业人才需要深入研究各种教育理论。这包括但不限于蒙台梭利教育理论、皮亚杰的认知发展理论、维果茨基的社会文化理论等。对这些理论的深入理解有助于学前教育专业人才更好地了解儿童学习的不同方面，如自主学习、合作学习、问题解决等。这种知识素养使他们能够根据理论原则来制订教育计划，以满足儿童的学习需求。

第二，教育方法的知识素养也至关重要。学前教育专业人才需要熟悉各种教育方法，包括游戏化教育、项目式学习、探究式学习等。他们应该了解每种方法的优势和限制，以便根据儿童的需求选择最合适的教育方式。例如，了解游戏化教育可以帮助学前教育专业人才设计有趣而有效的教育游戏，以吸引儿童的注意力和兴趣。

第三，教育理论与方法知识素养还包括课程设计和评估的能力。学前教育专业人才需要能够设计符合学前教育标准的课程，确保课程涵盖各个发展领域，如语言发展、数学能力、社交技能等。他们还需要能够评估儿童的学习进展，以调整教育策略和计划，确保每个儿童都得到适当的支持和指导。最重要的是，学前教育专业人才需要能够将教育理论与方法与儿童的个体差异相结合。每个儿童都是独特的，他们有不同的学习风格和需求。因此，知识素养包括个性化教育的能力，学前教育专业人才应能够根据每个儿童的特点调整教育方法和计划，以最大限度地发挥他们的潜力。

整体上来看，教育理论与方法知识素养对于学前教育专业人才至关重要。深入理解各种教育理论，掌握多种教育方法，以及能够个性化教育，都有助于提供高质量的学前教育，满足儿童的多样化需求，帮助他们在学习和发展方面取得成功。这种知识素养不仅丰富了学前教育专业人才的教育工具箱，还为他们的教育实践提供了有力的理论支持。

(三)课程设计和评估知识素养

学前教育专业学生的课程设计和评估知识素养是确保提供高质量学前教育的重要组成部分。这一领域的知识素养不仅包括课程的规划与设计,还涉及如何有效地评估儿童的学习进展,以便更好地满足他们的需求。

第一,课程设计的知识素养对于学前教育专业学生至关重要。这包括课程的规划、目标的设定、教材的选择以及教育活动的设计。学前教育专业学生需要理解学前教育领域的标准和指南,以确保课程设计符合最佳实践。他们应该能够根据儿童的年龄和发展阶段,制订有吸引力和有针对性的教育计划,以促进儿童的全面发展。此外,他们还需要考虑到多样性和文化背景,确保课程设计能够包容不同群体的儿童,促进公平和平等。

第二,评估知识素养同样重要。学前教育专业学生需要能够选择和使用多种评估工具,以监测和评估儿童的学习进展。这包括定性和定量的方法,如观察、问卷调查、标准化测试等。他们应该了解评估工具的有效性和适用性,以确保评估结果准确反映儿童的学习和发展情况。评估知识素养还包括如何使用评估结果来调整教育计划和个体化支持,以满足每个儿童的需求。这种能力不仅有助于提供更好的教育,还有助于及早识别潜在的学习困难,为儿童提供早期干预。

第三,学前教育专业学生需要了解关于评估的伦理原则和法规,确保评估过程的公平性和保密性。他们应该知道如何与家长和其他专业人士共享评估结果,以便共同制订支持儿童发展的计划。

综合来看,课程设计和评估知识素养是学前教育专业学生的核心素养之一。深入理解如何设计课程,制订教育计划,并有效地评估儿童的学习进展,不仅有助于提供高质量的学前教育,还能够促进儿童的全面发展。这种知识素养不仅要求学前教育专业学生熟悉最新的教育标准和指南,还要求他们具备敏感度,以便满足不同儿童的需求,并确保评估过程的公平性和透明性。

（四）跨学科知识素养

跨学科知识素养在学前教育专业中具有关键性的地位，它不仅扩展了学前教育专业人才的知识领域，还能够帮助他们更全面地理解和支持儿童的学习与发展。

第一，跨学科知识素养使学前教育专业人才能够更全面地理解儿童的发展和学习。学前教育是一个涉及多领域的教育，需要综合性的理解和支持。这些知识素养不仅有助于学前教育专业人才更好地理解儿童，还能够为他们提供有效的工作工具。例如，心理学知识是学前教育教师需要掌握的知识，心理学原理为理解儿童的行为、情感和需求奠定了理论基础。教师如果了解心理学领域的关键概念，如认知发展、情感智力和社会发展理论等，具备相关的知识素养，就能够更好地理解和解释儿童的行为，为教育和干预提供有力的依据，从而更好地提供情感教育和支持，支持儿童情感的健康成长。心理学知识素养还涉及心理健康问题的识别和处理。学前教育专业人才如果具备心理学学科素养，就能够辨认出儿童可能存在的心理健康问题，如焦虑、抑郁或注意力不足，并能够采取适当的行动，包括与家长和专业心理医生合作，共同制订更有效的支持或者干预计划，以支持儿童的心理健康，促进儿童的全面成长。除了了解儿童发展的生理和心理层面外，学前教育专业人员还需要跨越多个学科领域，如社会学、文化学和神经科学，以更深入地探究儿童的社会和文化环境、大脑发育等方面对儿童的影响。例如，社会学知识可以帮助学前教育专业人才理解家庭和社区对儿童发展的重要性，文化学知识可以帮助他们适应不同文化背景的儿童的需求，神经科学知识可以帮助他们理解大脑发育与学习之间的关系。这种综合性的知识素养有助于学前教育专业人才更好地满足儿童的多样化需求，提供更富有深度的教育和支持。

第五章　学前教育专业人才的核心素养培养

（五）文化敏感知识素养

文化敏感知识素养在学前教育专业中扮演着至关重要的角色。这一领域的知识素养旨在使学前教育专业人才更好地理解和应对不同背景、文化、种族和价值观的儿童，确保每个儿童都能够获得平等和高质量的教育和关怀。

第一，文化敏感知识素养为理解不同文化背景下的儿童需求和家庭价值观提供了重要的素养基础。学前教育专业人才需要认识到儿童可能来自多样化的家庭文化和社会背景，这些背景可能会影响他们的学习风格、社交交往和语言发展。通过了解不同家庭文化的价值观和习惯，学前教育专业人才可以更好地适应儿童的需求，创造一个包容性和文化敏感的教育环境。例如，了解某些家庭文化对于家庭角色和教育期望的看法，有助于学前教育专业人才更好地与家长合作，共同制订支持儿童发展的计划。

第二，文化敏感知识素养强调了学前教育专业人才需要具备开放的态度和尊重不同文化观点的能力。这种素养有助于学前教育专业人才避免对不同文化的儿童持有刻板印象或偏见，如进城务工子女或少数民族儿童。通过倾听和尊重儿童和家庭的文化传统和价值观，学前教育专业人才可以与其建立亲近的关系，增强与儿童和家庭之间的信任和合作。这有助于创造一个支持儿童全面发展的积极教育环境。此外，文化敏感知识素养还涵盖了教育策略和教育材料的选择。学前教育专业人才需要确保他们的教育方法和资源是多样化和包容的，以满足不同文化和背景的儿童的需求。这可能涉及选择反映不同文化的故事书、教育游戏和多样性的教材。这种知识素养有助于创造一个丰富多彩、充满尊重和平等的学习环境，让儿童感到受到欢迎和认同。总的来说，多样性和文化敏感知识素养在学前教育专业中至关重要。它有助于学前教育专业人才更好地理解和满足不同背景和文化的儿童的需求，与其建立亲近的关系，促进家庭与学前教育机构之间的合作。这种知识素养不仅丰富了专业人才的教育工具箱，还有助于创造一个多元、包容和文化敏感的学前教育环境，为儿童的全面发展提供更好的机会。

（六）持续学习与知识储备更新素养

学前教育领域一直在不断发展和演变，学前教育专业人才需要保持自己的知识和技能的更新，以跟上最新的研究成果和趋势。这种不断学习和自我更新的能力在学前教育专业中至关重要，它有助于提高专业人才的教育质量，以及为儿童提供更好的教育和关怀。

第一，学前教育专业人才需要积极参与教育研究，以了解最新的教育理论和实践。教育研究不仅提供了教育领域的最新见解，还有助于学前教育专业人才了解儿童学习和发展的最新趋势。通过参与研究项目或关注最新的研究论文，学前教育专业人才可以不断更新教育方法，以更好地满足儿童的需求。例如，最新的研究可能会提供新的教学策略或幼儿教育方法，学前教育专业人才可以将这些方法应用到他们的教育实践中，以提高教育质量。

第二，学前教育专业人才需要了解最新的教育政策和法规。学前教育领域的政策和法规经常发生变化，对于学前教育专业人才来说，了解这些变化至关重要。他们需要知道如何遵守新的法规，以及这些法规对他们的教育实践和机构有何影响。通过持续关注最新政策和法规，学前教育专业人才可以确保他们的工作始终合法合规，为儿童提供安全、高质量的教育。此外，学前教育专业人才还应该积极参与持续职业发展和学习活动，树立终身学习的理念。这可以包括参加专业研讨会、研讨班、在线课程等。如此，他们了解和学习最新的教育趋势和技术，还可以与同行交流经验和见解。通过不断学习和职业发展，学前教育专业人才可以保持竞争力，提高他们的教育实践水平。

整体上来看，学前教育专业人才需要不断学习和自我更新，以跟上学前教育领域的最新发展和趋势。这包括积极参与教育研究、了解最新的政策和法规以及参与持续职业发展活动。只有保持对最新知识的追求，学前教育专业人才才能提供高质量的学前教育,为儿童的全面发展提供更好的机会。这种持续学习和知识更新是学前教育专业中不可或缺的一部分,有助于不断提高教育质量。

二、学前教育专业人才的知识素养的培养

学前教育专业人才的知识素养的培养的内容有以下四个方面,如图5-2所示。

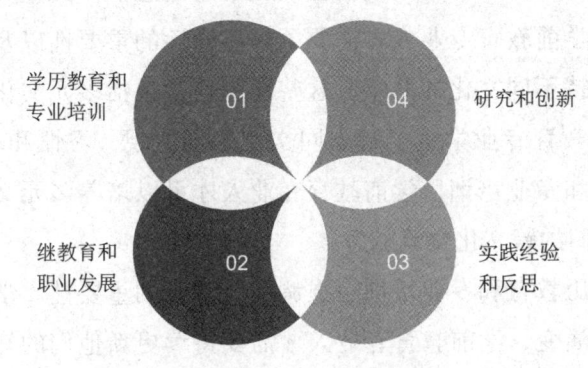

图 5-2 学前教育专业人才的知识素养的培养

(一)学历教育和专业培训

学历教育和专业培训是培养学前教育专业人才知识素养的关键途径之一。这一方法通过结构化的课程和培训活动,为学前教育专业人才提供深入的学科知识和实践经验,帮助他们获得必要的知识和技能,以胜任学前教育领域的工作。具体而言,可以通过以下方法进行学历教育和专业培训,以促进知识素养的培养。

第一,学历教育提供了系统化的学科知识。学前教育专业人才可以通过学前教育相关的本科和研究生学位课程来提高水平。这些课程涵盖了儿童发展、教育心理学、教育方法学、多样性和文化敏感性等方面的知识。通过学历教育,学前教育专业人才可以深入了解学前教育领域的理论和实践,打下坚实的学科基础。

第二，专业培训还提供了实际经验和实践技能。在学前教育领域，实际经验至关重要。学前教育专业人才需要了解如何与儿童互动、设计教育活动、管理教育场所等实际工作中的技能。专业培训通常包括实习和实践机会，让学生有机会将他们所学的理论知识应用到实际中，培养实际操作技能。通过专业培训，学前教育专业人才可以获得宝贵的实践经验，为日后的教育工作做好准备。

第三，学历教育和专业培训注重文化敏感的意识。儿童具有不同的文化和背景，学前教育专业人才需要了解多样性的重要性以及如何在教育中尊重和支持不同文化的儿童。这些课程通常包括多元文化教育的内容，帮助学前教育专业学生了解不同文化的价值观、习惯和教育需求。通过学历教育和专业培训，学前教育专业人才可以培养多元文化敏感的观念，提高他们的跨文化交流能力。

第四，学历教育和专业培训也强调终身学习的重要性。学前教育领域不断发展和演变，学前教育专业人才需要持续更新他们的知识。课程和培训活动通常鼓励学生发展自学能力和批判性思维，使他们能够自主地追求新知识和跟踪最新的教育趋势。通过学历教育和专业培训，学前教育专业人才可以获得深入的学科知识、实际经验、文化敏感的意识以及终身学习的能力。

上述这些方法有助于培养学前教育专业人才的知识素养，使他们能够更好地满足儿童的学习和发展需求，为儿童的全面成长提供更好的支持。

（二）继续教育和职业发展

随着时代的进步，学前教育领域也在不断演变，会对学前教育专业人才提出不同的要求，因此，学前教育专业人才需要不断更新知识和技能。例如，新媒体时代的到来，要求学前教育从业教师具备使用新媒体的能力和素养。而要保持竞争力并提供高质量的教育，终身学习和持续职业发展是培养学前教育专业人才知识素养的重要方法之一。

第一，学前教育专业人才应该积极参与持续职业发展的各种活动。这包括参加专业研讨会、研讨班、在线课程、继续教育课程、专业协会活动等。这些活动提供了学习最新教育趋势和技术的机会，不仅有助于学前教育专业人才学习最新的教育研究成果、了解最新的教育政策和实践，还为学前教育专业人才提供了与同行交流经验和见解的平台。通过参与这些活动，学前教育专业人才可以不断更新自己的知识和技能，更新知识储备。

第二，学前教育专业人才应该制订个人学习计划。终身学习需要有组织和计划性。学前教育专业人才可以制订学习目标和时间表，定期评估自己的进展。这有助于确保他们持续学习和提高自己的知识素养。

第三，学前教育专业人才可以寻找导师和指导者。与有经验的导师合作可以帮助他们获得更深入的知识和见解。导师可以提供指导、建议和反馈，帮助学前教育专业人才更好地丰富自己的知识和技能。

第四，学前教育专业人才可以积极参与教育研究。研究是不断学习和知识更新的一种方法。参与研究项目可以让学前教育专业人才了解最新的教育研究成果和趋势，也有机会为研究项目提供自己的见解和经验。

第五，学前教育专业人才应该鼓励自己成为终身学习的倡导者。他们可以积极分享自己的学习经验和见解，鼓励同事和同学也参与终身学习。通过分享和合作，可以提高学前教育领域的整体水平。只有通过终身学习和持续职业发展，学前教育专业人才可以不断更新知识和技能，具备时代和专业要求的专业素养，从而职业保持竞争力。这不仅有利于学前教育专业人才自身的发展，而且有利于促进教育质量的提高，更好地满足儿童的学习和发展需求，为儿童的全面成长提供更好的支持。

（三）实践经验和反思

实践经验和反思是培养学前教育专业人才知识素养的重要方法之一。通过实际工作和不断的自我反思，学前教育专业人才能够将理论知识转化为实际应用，提高教育水平。

第一，学前教育专业人才应该积极参与实际工作。学前教育是实践性强的领域，学前教育专业人才需要在实际教育环境中应用他们的知识和技能。通过参与亲子实践教育和教育管理，学前教育专业人才在实践中检验获得的理论知识，同时用实践反馈理论学习，了解和解决学前教育过程中的挑战和机会，积累实践经验。

第二，学前教育专业人才应该进行反思和自我评估。反思是将实际经验与理论知识相结合的过程。学前教育专业人才可以定期回顾他们的教育实践，思考他们的方法和策略是否有效。他们可以问自己一些关键问题，如"我是否满足了儿童的需求？""我是否采用了最新的教育理论？"等等。通过反思，学前教育专业人才可以发现自己的弱点并提出改进方案，不断提高他们的知识素养。

第三，学前教育专业人才可以寻求反馈和建议。同事和上级可以提供有价值的反馈，帮助学前教育专业人才改进他们的教育实践。学前教育专业人才应该积极与同事合作，互相分享经验和见解，从中学习并共同提高。

第四，学前教育专业人才可以利用技术工具来记录和分析他们的实践经验。教育记录和数据分析可以帮助学前教育专业人才更全面地了解他们的教育实践，并识别改进的机会。这些技术工具可以提供有关儿童学习和发展的定量和定性数据，帮助学前教育专业人才更好地了解他们的学生和教育环境。

整体上来看，通过实践经验和反思，学前教育专业人才可以不断改进他们的教育实践，将理论知识转化为实际应用，提高他们的知识素养水平。这种方法有助于学前教育专业人才更好地满足儿童的学习和发展需求，为儿童提供更好的教育和关怀。实践经验对于培养学前教育专业人才的知识素养至关重要。通过在实际教育场景中工作，学前教育专业人才可以将理论知识应用到实际中，获得宝贵的教育经验。然而，反思实践也是重要的一环。学前教育专业人才应该定期反思自己的教育实践，思考如何改进教育方法和策略，以及如何更好地满足儿童的需求。将实践经验和反思相结合，有助于提高学前教育专业人才的实际操作能力和教育素养。

（四）研究和创新

研究和创新也是培养学前教育专业人才知识素养的有效方法之一。通过参与教育研究和积极探索新的教育方法，学前教育专业人才可以不断拓展他们的知识领域，提高他们的教育水平。

第一，学前教育专业人才可以积极参与教育研究项目。通过参与教育研究项目，学前教育专业人才有机会深入了解学前教育领域的最新研究成果和趋势。学前教育专业人才可以与其他研究人员合作，进行实证研究、数据分析和文献综述，从而提高他们的研究能力和理论知识。通过研究，学前教育专业人才可以更好地了解儿童的学习和发展过程，为教育实践提供更有力的理论支持。

第二，学前教育专业人才可以在教育实践中积极尝试新的教育方法和策略。学前教育领域不断发展，新的教育方法和技术不断涌现。学前教育专业人才可以积极探索这些新方法，如使用新的教育技术工具、采用创新的教学策略等。他们可以在实际教育环境中尝试这些方法，并根据实际效果进行调整和改进。通过教育实践创新，学前教育专业人才不仅能够提高教育质量，还能够培养自己的创新能力。

第三，学前教育专业人才可以建立教育实践创新的社群和网络。与同事和同行合作可以促进知识的共享和交流。学前教育专业人才可以参加教育研讨会、研究小组和教育网络，与其他专业人才分享自己的创新经验和见解，从中学习和获得灵感。通过建立社群和网络，学前教育专业人才可以扩大他们的教育影响力，共同推动学前教育领域的发展。

第四，学前教育专业人才可以鼓励儿童参与教育实践创新。虽然儿童在创新方面的能力有限，但他们可以成为教育实践的重要参与者。学前教育专业人才可以鼓励儿童提出问题、提供反馈和分享他们的观点。

这种互动可以激发儿童的思维和创造力，同时为教育实践提供新的视角和灵感。

整体来看，通过教育研究和教育实践创新，学前教育专业人才不仅能够深入了解最新的理论知识，还能够在实际教育中应用和发展这些知识。这种方法不仅有助于培养学前教育专业人才的研究和创新能力，提高他们的知识素养水平，还可以更好地满足儿童的学习和发展需求，为儿童的全面成长提供更好的支持。

第二节 学前教育专业人才的职业道德素养

一、学前教育专业人才的职业道德素养的内容

学前教育专业人才的职业道德素养是指在学前教育工作中应当遵守的道德规范和价值观，它包括对儿童、家庭、同事、社会及自身职业的责任感和承诺。这些道德素养不仅是个人品质的体现，也是专业实践的基础，对于提升教育质量、促进儿童全面发展具有至关重要的作用。

第一，在儿童层面上，学前教育专业人才的职业道德素养首先体现在对儿童的教育和照顾上。例如，尊重儿童，将儿童视为独立的个体，尊重他们的人格和权利，关注他们的需求和感受，维护他们的尊严。关爱儿童，以爱心和耐心对待每一名儿童，为他们提供一个充满温馨、安全和支持的学习环境。促进儿童全面发展，不仅仅关注儿童的学习成绩，更重视其身心健康、社会情感的变化和调整。另外，学前教育专业人才的职业道德素养更重要的体现在于如何通过自己的行为和教学实践，培养儿童的基本道德观念和行为习惯。这包括教导儿童学会尊重他人、分享和合作，以及培养他们的同情心和公平感。通过日常的教育活动，教师需要为儿童树立正确的道德榜样，通过具体的情境和活动让儿童体验

和实践道德行为，如通过故事讲述、角色扮演和团队游戏等形式，引导儿童理解和内化道德规范。

第二，职业道德素养还体现在对专业的深度承诺和热爱上，是积极的职业态度和对教育事业的热爱，这两点对于学前教育专业人才而言尤为重要，它们相辅相成，共同构成了教育工作者职业道德素养的重要组成部分。其中，对专业的承诺首先体现在教师对教育事业的深厚情感和坚定信念上。这种承诺意味着教师愿意投入时间和精力，不仅仅是完成工作任务，更是为了提升教育的质量和效果，努力使每一名儿童都能得到最适合他们的教育。这包括前面提到的知识素养中的持续更新自己的教育知识和技能，关注教育科学的最新发展，以及根据儿童的需要调整教学方法和内容等内容。对专业的承诺还体现在学前教育专业人才对自身职业行为的高标准要求。这意味着在日常工作中，学前教育专业人才需要展现出高度的责任感、诚信和公正，确保自己的行为和决策都是以儿童的最佳利益为出发点。而对专业的热爱是指学前教育专业人才对教育工作的热情和兴趣。这种热爱促使学前教育专业人才在面对挑战和困难时保持积极和坚持，不断寻找更有效的教学方法，创造有益于儿童发展的教育环境。热爱自己的工作也能使学前教育专业人才在与儿童的日常互动中展现出更多的耐心、关怀和创造力，这对于促进儿童的全面发展极为重要。

第三，在与家庭的互动中，学前教育专业人才的职业道德素养体现在如何建立与家长之间的信任和合作。这要求教育工作者不仅分享儿童在学校的表现和进步，还要倾听家长的期望和担忧，共同探讨和解决儿童成长过程中遇到的问题。通过这样的合作，不仅促进了儿童的全面发展，也增强了家庭与学校之间的联系，形成了教育共同体。

第四，与同事的合作同样体现了学前教育专业人才的职业道德素养。在日常工作中，通过团队协作、共享资源和经验，不仅可以提高教育质量，而且能促进个体和团队的成长。这种合作精神要求每位教育工作者都能够尊重他人的意见和贡献，共同解决教育教学中遇到的问题，通过团队的力量克服困难。

整体来看，学前教育专业人才的职业道德素养是一个多维度的概念，它要求教育工作者在尊重和爱护每一个儿童的同时，建立与家长的合作关系，与同事共享资源和经验，积极参与社会服务，不断提升自己的专业水平和教育质量。这些职业道德素养的实践，不仅有助于塑造教育工作者的专业形象，还对促进儿童的全面发展和社会的进步具有深远的影响。通过不断学习和实践，学前教育专业人才可以在职业生涯中实现自我成长，为社会培养出更多具有健全人格和创造力的下一代。

二、学前教育专业人才职业道德素养的培养方法

要培养学前教育专业人才的职业道德素养，需要采取多元化的途径和方法，确保这些人才不仅在知识和技能上合格，而且在职业道德上也能够达到教育行业的要求。

（一）道德理念的教育输入与实践

学前教育专业人才的职业道德素养培养首先要从道德教育的输入开始，包括对教育的本质、目标、价值观的深入理解和认同。教育机构需要通过课程设置、讲座、研讨等形式，向未来的学前教育工作者传授儿童发展的基本理论，强调尊重、关爱儿童的重要性，以及教育的社会责任。这种理念的传递和输入会为学前教育专业人才提供正确的价值导向和价值标准，当他们感到困惑和迷茫时，这些理论会起到指明灯的作用。此外，不仅仅是通过理论学习，更重要的是通过实践活动让学前教育专业人才体会和实践这些理念。例如，通过参与实习、志愿服务等活动，让他们有机会在实践中运用和发挥职业道德的作用，在实际工作中体验和学习如何尊重和关爱儿童，如何与家长和同事建立良好的合作关系等。

(二)职业榜样的示范与引导

职业榜样对学前教育专业人才的职业道德素养培养具有重要影响。通过邀请经验丰富的学前教育工作者分享他们的经历、观念和实践案例，可以给学前教育专业人才提供直观的职业榜样。这些榜样通过自己的行为和态度展示了高尚的职业道德素养，激励学生模仿和学习。此外，还可以安排学生拜访和观摩优秀教育机构和教育工作者的日常工作，通过观察和体验，学习如何在日常工作中实践职业道德，如何处理教育中遇到的道德困境，从而在学生心中树立起正确的职业道德观念和行为准则。

(三)案例分析与道德讨论

案例分析是培养学前教育专业人才职业道德素养的有效方法之一。通过分析真实的教育案例，特别是那些涉及职业道德选择和决策的案例，学前教育专业人才可以深入理解职业道德的复杂性和重要性。教师可以引导学前教育专业人才讨论案例中的道德困境，探讨不同的解决方案及其可能的后果，从而帮助学生培养道德判断和道德决策的能力。此外，通过这种讨论和分析，学前教育专业人才还可以学习如何在面对职业道德挑战时，坚守原则和价值观，作出正确的选择。

(四)反思与自我评价

反思是职业道德素养培养中不可或缺的一部分。学校应鼓励学前教育专业人才在实习和实践活动后，进行深入的个人反思，包括他们的道德行为、处理过程以及这些行为和决策对儿童、家庭、同事和社会的影响。通过写反思日志、参加反思会议或小组讨论等方式，学前教育专业人才可以更好地理解自己的职业行为和道德准则，识别和改进自己的不足之处。自我评价也是职业道德素养培养一个重要环节，它可以帮助学前教育专业人才建立起自我监督和自我完善的意识，促进其职业道德素养的持续发展。如果心理承受能力可以，他评也是不错的道德培养方式，通过同学、同事、教师以及领导的评价，学前教育专业人才可以及时

学前教育专业学生的专业认同与人才培养模式构建

"照镜子",发现自己意识不到的一些有待进步之处。

为了提高职业道德素养,学前教育专业人才要在知识学习的同时,深入理解和内化职业道德的核心价值和行为准则,逐步形成高尚的职业道德素养。这不仅对学前教育专业人才自身的职业发展有着重要意义,而且对提升整个学前教育行业的专业水平和社会形象产生积极影响。

第三节 学前教育专业人才的心理素养

一、学前教育专业人才的心理素养的内容

对于学前教育专业人才而言,心理素养的培养是其专业成长和有效履职的基石,不仅关系到其职业生涯,还直接影响儿童的身心健康和全面发展。心理素养的核心组成包括自我意识与情绪调控、抗逆能力等关键心理特质。这些特质共同构成了学前教育专业人才在复杂教育环境中有效应对各种挑战的心理基础(图5-3)。

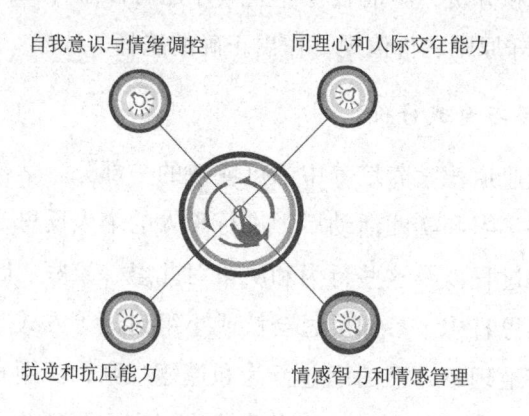

图5-3 学前教育专业人才的心理素养的内容

（一）自我意识与情绪调控

自我意识与情绪调控能力是学前教育专业人才心理素养的重要组成部分，这不仅关系到学前教育专业人才能否在教育实践中保持专业的态度和行为，也是维护个人心理健康的关键。学前教育专业人才在日常的教育活动中，面临的不仅是教学任务的压力，还有来自儿童、家长及社会的各种期望和挑战。这些压力和挑战往往会引发学前教育专业人才的情绪反应，如焦虑、挫败感或者沮丧等。因此，学前教育专业人才需要具备高度的自我意识，能够准确地认识到自己的情绪状态和情绪的来源，进而通过有效的情绪调控策略，如深呼吸、正念冥想、情绪释放和寻求支持等方法，来管理和调整自己的情绪，确保其不会影响到教学质量和幼儿的情绪状态。此外，情绪调控能力还包括在面对教育实践中的失败和挑战时，能够从中吸取经验，保持积极乐观的心态，不断调整和优化教学方法和策略。这种能力的培养，要求学前教育专业人才不仅要在专业知识和技能上进行持续学习，还要在心理素质上进行自我提升，比如通过参与心理健康教育项目、心理辅导和同事互助小组等方式，来增强自我意识和情绪调控能力。

（二）抗逆和抗压能力

抗逆和抗压能力，或称为心理韧性，是学前教育专业人才面对职业生涯中不可避免的压力和挑战时，能够保持心理健康和职业动力的关键心理素质。学前教育专业人才的工作性质要求其不仅要有高度的专业能力，还需要有足够的心理韧性来应对工作中的不确定性和变动性，如教育政策的变化、教学资源的限制、幼儿行为问题的处理以及与家长的沟通协调等。这些挑战往往给学前教育专业人才带来巨大的心理压力，如果缺乏有效的应对机制，可能会导致职业倦怠、工作满意度下降甚至心理健康问题。因此，抗逆和抗压能力的培养成为学前教育专业人才专业发展不可或缺的一部分。这包括学习和运用积极心理学的原则和技巧进行心态调节和压力释放，培养积极的态度，做好应对挑战的心理准备。例如，积极心理学的原则和技巧可以帮助学前教育专业人才更好地应对工作中的压力和挑战。一是乐观思维，即积极看待问题和寻找解决方案的能力。教师可以通过培养乐观的心态，将困难视为机会，从中学习和成长。二是心流体验，它也是积极心理学的一个重要概念，它指的是个体在充分投入并享受工作过程时的状态。学前教育专业人才可以通过培养心流体验，提高工作的投入度和满足感，减轻工作压力。三是自我心理调节策略，它是另一个重要方面，学前教育专业人才可以通过发展有效的自我调节策略来增强心理素质。这包括情感调节技巧，如深呼吸和冥想，能够帮助学前教育专业人才在情感激动时保持冷静和平衡。四是，时间管理和工作计划，它也是有效的自我调节策略，有助于学前教育专业人才合理分配时间和精力，减轻工作压力。学前教育专业人才还可以通过与同事和朋友建立支持系统，分享压力和情感体验，获得情感支持和建议。

（三）情感智力和情感管理

学前教育专业人才的心理素养包括情感智力和情感管理。情感智力涵盖对自己和他人情感的认知和理解，以及情感应对能力。学前教育专业人才需要能够识别幼儿的情感需求，理解他们的情感表达方式，并采取适当的方法来支持他们的情感发展。此外，情感管理包括管理自己的情感，以及在情感冲突和困难情境下有效地处理情感。情感智力和情感管理能力有助于学前教育专业人才与幼儿建立健康的情感互动，促进幼儿的情感发展。

（四）同理心和人际交往能力

同理心和人际交往能力是学前教育专业人才心理素养中的关键组成部分。这两个方面的素养对于学前教育专业人才与幼儿、家长以及同事之间的互动至关重要，直接影响着教育质量和职业发展。

同理心是一种理解和共情他人情感和需求的能力。对于学前教育专业人才来说，同理心表现为他们能够站在幼儿的角度，理解幼儿的情感和感受，与幼儿建立亲近的关系。同理心不仅可以帮助学前教育专业人才更好地满足幼儿的需求，还有助于学前教育专业人才与幼儿建立信任和支持的关系，这对于幼儿的发展至关重要。在幼儿教育中，幼儿通常表现出各种情感和需求，包括喜怒哀乐、焦虑和好奇心等。学前教育专业人才如果能够理解和体验到幼儿的情感，就能更好地响应和引导幼儿的行为。例如，当一名幼儿因分离焦虑而哭泣时，学前教育专业人才如果能够理解幼儿的不安情感，并采取温暖的态度来安抚他们，就能够帮助幼儿逐渐适应分离。同理心还包括对不同幼儿的个性差异的理解，因为每个幼儿都有独特的情感和需求。

人际交往能力是学前教育专业人才心理素养的另一个重要方面。人际交往能力被视为心理素质的一部分，因为它涉及个体在社交互动中的情感和心理过程。学前教育专业人才需要与幼儿、家长和同事之间建立积极和有效的关系，这需要一定的心理素质支持。人际交往能力包括情感智慧、社交技巧、沟通能力等多个方面，这些方面都与个体的情感和心理状态密切相关。人际交往能力对于学前教育专业人才至关重要。在与幼儿的互动中，教师需要能够理解幼儿的情感和需求，并与幼儿建立亲近的关系，这需要高度的情感智慧和同理心。学前教育专业人才与家长的沟通合作也是教育工作中的重要部分，而有效的沟通和较强的解决问题的能力有助于教育工作的顺利进行。此外，教师通常需要与其他教师和工作人员协同工作，共同为幼儿提供支持和关怀，这需要团队合作和社交技巧。整体上来看，人际交往能力作为心理素质的一部分，对于学前教育专业人才的职业发展和教育工作质量的提升具有重要意义。它涉及情感智慧、社交技巧、沟通能力等多个方面，这些方面都与个体的情感和心理状态密切相关。通过培养和提升人际交往能力，学校可以帮助教师更好地应对职业挑战，提高教育质量，并为幼儿的全面发展提供更好的支持。因此，人际交往能力不仅是学前教育专业人才的心理素质之一，还是其成功从业的关键要素。

二、学前教育专业人才的心理素养的培养

心理素质的培养不仅关乎教师个人的专业发展，也是提升学前教育质量、促进幼儿全面发展的关键。因此，要构建一个支持性的教育环境，提升教师的心理素养，并且要在教师职前或者职后遇到心理问题时，及时对教师心理情况进行干预。而学前教育专业人才的心理培养是一个复杂而细致的过程，需要通过多个维度来实施。第一，加强教师的自我价值感和职业认同是心理素养培养的核心。例如，通过国家和社会层面的政策支持和公众宣传，提升幼儿教师职业的社会认可度和尊重，是提高教师内在动力和职业满意度的有效途径之一。这不仅包括提高幼儿教师的社会地位和福利待遇，还涉及职前和职后教育培训的优化，提升教师的专业意识和能力水平。这样的措施有助于教师形成强烈的职业归属感和自我效能感，从而增强其心理韧性和应对职业挑战的能力。第二，在幼儿教师招聘过程中加入心理健康评估，以确保新入职教师具备适合的心理素质和情绪稳定性。采用标准化的心理测试方法，如 16PF 人格测试、大五人格测试、SCL-90 测试等，可以有效评估候选人的心理状态和适应能力。此外，在学习、实习以及入职之后根据学习环境、学生状态、幼儿园的工作特点和压力环境，设计情境测试和面试谈话，可以更全面地了解幼儿教师的心理健康状况，为建设健康的幼儿教师团队打下基础。第三，为幼儿教师提供持续的心理健康教育和咨询支持也是维护其心理健康的有效途径。鉴于许多幼儿园缺乏专业的心理健康服务人员，建议幼儿园与高校、专业心理咨询机构建立合作关系，定期为教师提供心理健康培训、教育和个人咨询服务。这种支持不仅有助于教师识别和管理工作中的压力和情绪问题，还能提高他们对幼儿心理发展的指导能力。在这项工作的实施过程中要注意方式方法，注意保护学生或者教师的个

人隐私。第四，幼儿园管理者应通过改善管理和激励模式来营造一个支持性和积极的工作环境。采用民主型管理风格，鼓励教师参与决策过程，增强他们的参与感和自主性。第五，构建基于合作和良性竞争的团队文化，可以有效减少工作压力，促进教师之间的相互支持和共同成长。通过实施有效的激励机制，如表彰优秀教师、提供职业发展机会等，可以进一步增强教师的职业满意度和心理健康水平。

从学前教育专业的学生或者职前教师个人层面来说，培养健康的心理素质可以有以下方式。第一，自我认知的培养是心理素质提升的基石。学前教育专业的学生需要通过专业学习、实习经历和反思活动，逐步建立起对自我特点、能力和局限性的深刻理解。通过指导学生进行自我评价和反思，帮助他们认识到个人的情绪反应模式、压力应对机制以及与人交往的风格，从而提升自我调节能力和人际交往能力。这种自我认知的提升，会使得未来的教师能够更加自信、从容地面对教育实践中的挑战。第二，情绪管理能力的培养对于学前教育专业人才而言至关重要。教师的情绪状态直接影响到幼儿的情感体验和学习氛围的营造。因此，培养学生识别和管理自身情绪的能力，不仅有助于他们在压力大的工作环境中保持心理健康，也能使他们更加有效地支持幼儿的情感发展。这包括多种情绪调节策略如正念冥想、情绪智力训练等，以及通过角色扮演、案例分析等，增强在实际教育场景中应用这些心理调整策略的能力。例如，教师的职业生涯充满了不确定性和挑战，在逆境中保持积极和韧性，是每位教师必须具备的能力。通过情景模拟、压力管理工作坊以及心理辅导服务，可以帮助学前教育专业的学生建立起面对挑战的积极心态，学会从失败中吸取教训，从而增强他们的适应能力和抗压能力。这种韧性不仅使他们能够在职业生涯中持续成长，也能够将这种积极向上的态度传递给幼儿，影响幼儿的心理发展，学前教育专业的学生或者职前教师要积极参加这类活动，并且将自己遇到的疑惑创设或改编成情境，进行情景演绎，积极寻找解决方式。整体上来看，学前教育专业人才的心理素质培养是一个全方位、多层次且需要长期进行的过程，策略的实施需要教育管理者、政策制定者和社会各界的共同努力，以构建一个健康、支持性的心理教育环境，提升学生的专业能力，促进其专业成长和心理健康，为他们将来成为优秀的学前教育工作者打下坚实的基础。

第四节 学前教育专业人才的社会素养

一、学前教育专业人才的社会素养的内容

学前教育专业人才的社会素养是一个多维度的概念，它包含了一系列的综合能力和品质，这些能力和品质使得个体能够在社会中有效地交往、合作，承担并完成一定的社会的责任。具体来说，社会素养包括以下几个方面。

第一，沟通交流能力。这项能力对于学前教育专业人才而言，是建立有效人际关系、进行有效教学和与家长及同事合作的基础。这不仅要求他们能够使用适当的语言、肢体语言和表情与幼儿进行沟通，还要求他们能够通过多种方式，如图像、动画等，以适合幼儿理解的方式传递信息。此外，学前教育专业人才与家长和同事的沟通也同样重要，这不仅包括口头沟通，如家长会，还包括书面沟通，如撰写班级通知、作动员演讲和教学报告等，这些能力对于建立家园合作关系、促进幼儿发展具有重要意义。

第二，与人合作的能力是学前教育专业人才在职业生涯中不可或缺的能力。这包括正确认识自我、尊重并关爱他人，接纳不同的观点和做法，以及在工作中展现出的宽容、忍耐和谦逊。例如，学前教育是一个团队工作，需要幼儿教师培养宽容、忍耐和谦虚礼让的美德，与其他教育工作者共同协作，充分利用团队的力量来共同解决问题、完成任务，

第五章　学前教育专业人才的核心素养培养

为幼儿提供一个全面发展的环境，使幼儿在幼儿教师的言传身教的潜移默化中得到熏陶，从而促进幼儿的社会性发展。因此，学前教育专业人才需要具备良好的团队合作精神，能够在团队中发挥自己的作用，同时尊重并利用团队其他成员的优势。

第三，社会责任感是指个体认识到自己作为社会成员应承担的责任和义务，以及为了社会的福祉所作出的努力。对学前教育专业人才来说，这意味着他们需要理解学前教育的社会价值，对自己所从事的教育事业要热爱并投入，将教育工作与社会发展相结合的理念。例如，通过教育活动传递正能量，提倡和促进正确的价值观的传播，不仅关注幼儿的个人发展，还能够引导幼儿理解和关心社会，培养他们成为有责任感的公民。这些活动不仅有助于提升教育工作者自身的社会责任感，也有助于培养幼儿对社会的认同感和责任感，促进社会的和谐与发展的良性循环。另外，还可以通过社会服务和社区参与等活动，展示个人对社会的贡献。

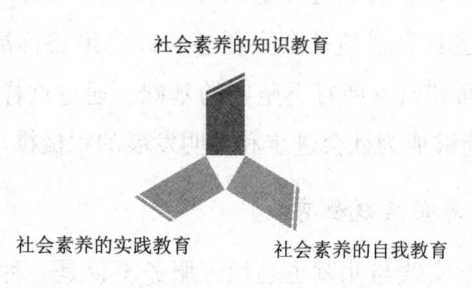

二、学前教育专业人才的社会素养的培养

学前教育专业人才的社会素养的培养的内容有以下三个方面，如图5-4所示。

社会素养的知识教育

社会素养的实践教育　　社会素养的自我教育

图5-4　学前教育专业人才的社会素养的培养

（一）社会素养的知识教育

社会素养与社会责任感教育在学前教育专业人才培养中的重要性不仅体现在传授知识和技能上，更体现在塑造未来教育者的价值观和行为准则上。这种理论和知识层面的教育关注的是培养具有高度社会责任感和道德意识的教师，以及未来他们能够以身作则，在教育教学活动中为儿童树立正面的榜样。第一，社会责任与社会素养教育要求未来的教育工作者深刻理解他们的工作不仅仅是职业，更是一项社会使命。在这一使命中，学前教育专业人才不仅要关注儿童的学术成长，还要关注他们作为社会成员的全面发展。这包括教育儿童理解和尊重多样性、培养解决冲突的能力和促进社会公正。为此，教育课程需要融入社会责任和伦理道德的相关内容，如社会公正教育、环境伦理、全球公民意识等，使学前教育专业人才能够从多角度理解社会责任的含义，并掌握将这些理念应用于教育实践的方法。第二，伦理教育的另一关键点在于培养未来的教育工作者的批判性思维能力和道德判断力。这不仅涉及识别日常教学中的伦理问题，如学生之间的不公平对待或对特殊需要儿童的包容性问题，还包括在面对这些问题时，能够基于伦理原则作出恰当的决策和行动。为了达到这一目的，教育课程可以采用案例研究、角色扮演和小组讨论等教学方法，让学生在模拟的教育场景中实践道德判断和决策，从而在真实的教学环境中能够更加自信和有效地应对伦理挑战。社会责任和社会素养教育是学前教育专业人才社会素养培养不可或缺的一环。它不仅有助于塑造具有强烈社会责任感和高尚道德标准的教育工作者，也会为儿童的全面和谐发展打下坚实的基础。通过这样的培养，我们期待未来的教育者能够成为社会进步和文明发展的积极推动者。

（二）社会素养的实践教育

积极参与教学实践与儿童主题社区服务不仅是一种社会性的活动参与过程，更是一种深刻的社会素养实践教育过程。这种实践活动能够使学生走出课堂，将所学理论知识应用于实际。同时，通过与儿童家庭、社区的直接互动，学前教育专业的学生可以更深入地理解儿童的成长环境和需求，培养自己的同理心和责任感。

第一，通过参与儿童公益项目，如儿童阅读促进、艺术工作坊或体育活动，学前教育专业的学生可以实践他们关于儿童发展、学习理论和创新教学方法的知识。这种参与不仅让学生有机会实际操作，而且能够使他们通过与儿童的互动，观察和理解儿童的个性差异、学习习惯和社交技能，进一步深化对儿童心理和行为的理解。

第二，通过组织和参与社区亲子活动，学生可以在实践中学习如何设计包容所有儿童的教育活动，包括那些有特殊需求的儿童。这不仅是对他们专业技能的提升，更是对其社会责任感和包容性的培养。例如，学前教育专业人才可以通过设计适合不同年龄段儿童的游戏和活动，来了解如何创造一个促进儿童之间相互理解和建立信任的环境。另外，实践教学与社区服务还提供了一个理想的平台，让学前教育专业人才能够在实际环境中进行问题发现和问题解决。面对真实的挑战，包括如何吸引儿童的注意力、如何调动家长的参与度等，学前教育专业人才需要动用他们的创新思维和沟通协调能力，寻找有效的解决方案。这种经历不仅增强了他们的职业能力，更重要的是培养了他们面对挑战的韧性和创新解决社会性问题的能力。

第三，参与社区服务的经历会使学生意识到，学前教育工作不仅仅是教授知识，更重要的是引导儿童成为有社会责任感、有创造力和合作精神的人。这种认识将深刻影响他们的教育理念和职业生涯，使他们成为能够适应未来教育挑战、促进社会进步的学前教育专业人才。

（三）社会素养的自我教育

自我教育在学前教育专业人才的社会素养培养中占据核心地位，它不仅仅是一个持续的个人成长过程，更是一种职业发展的必要途径。这种自我教育过程要求学前教育专业人才培养深刻的自我反思能力，这包括对自己的教学实践、日常行为中的社会性行为持续审视和评估，以确保行为和决策遵循社会价值观标准，从而在面对挑战和困境时展现出高度的职业道德和社会责任感。自我教育的过程涉及多个方面。

第一，对个人社会价值观和社会行为准则进行深入思考。这意味着学前教育专业人才需要定期反思自己的教育理念是否促进了学生的全面发展，自己的行为是否为学生树立了正面榜样，自己的工作是否实现了社会价值。通过阅读相关的教育理论、参与教育研讨会和工作坊，以及与同行交流，他们可以不断地更新自己的知识库，拓宽视野，从而在理论和实践层面上提升自己的社会素养。

第二，自我教育还要求学前教育专业人才具备自我诊断和社会问题解决的能力。这包括能够识别在教学过程中遇到的问题，如与学生的沟通和在教学中，如何通过有效的交际解决学生参与度低、学习效果不佳等问题。一个社会素养高的教师能够主动寻找和尝试不同的解决策略。这种能力的培养不仅依赖于专业知识的学习，还需要通过实践经验的积累和反思，以及从失败中学习。

第三，自我教育还涉及社会情感智能的培养，即学前教育专业人才需要学会管理自己的情绪，有效地与学生、家长和同事沟通和协作，进行高情商的社会交际。社会情感智能的提升有助于建立更加和谐的师生关系，营造和谐的工作环境，帮助学前教育专业人才更好地理解和实践社会责任教育的理念，是提升社会素养的关键途径。

以上三种途径不是孤立的，而是相互关联、相互促进的。在实际操作中，应根据具体情况和需求，灵活运用和综合这些途径，为学前教育专业人才的社会素养培养提供全方位的支持。

第六章　学前教育专业人才培养的课程设置

第一节　学前教育专业课程界定

一、课程的内涵和界定

学前教育专业课程是达成学前教育目标的工具。它反映了课程设计者的价值观和教育理念，与教育的观念形态紧密相关，促进观念形态教育向具体实践的转化；同时，它也是一个实用的框架，对学前教育的实践活动有直接的影响。因此，学前教育专业课程成为连接理论与实践的纽带或中介。这也是学前教育专业课程问题成为当前理论研究和实践关注焦点的原因。然而，在课程理论研究和实践领域，对课程基本定义的理解尚未统一。

关于"课程"一词的起源与含义，不同时代背景有不同角度的解释，这些解释展示了其背后的哲学假设和价值导向以及对教育理念的深刻影响。例如，在英语中，英国教育思想家赫伯特·斯宾塞（Herbert Spencer）在其1859年发表的文章《什么知识最有价值？》[1]中首次采用了"curriculum"这一术语[2]，这一术语源自拉丁语"currere"，其名词含义为"跑道"，引申义是指为儿童设计的学习轨道，或预先、专门设计

---

[1] 斯宾塞. 教育论[M]. 任鸿隽, 译. 北京：商务印书馆, 1923: 8.
[2] 蒋建华. 知识·权力·课程：政策视野中的课程研究[M]. 北京：教育科学出版社, 2010: 103.

的关于教育内容和学习进程的总体规划、方案,即"学程、学习的轨道或蓝图",使用比喻,表达教育过程中的学习路径和经验认知。这种表述强调了课程设计的目的性和方向性,即为学习者规划一条明确的学习轨迹,通过学习过程完成经验积累和认识深化①。其动词含义为"奔跑",即"学习的过程",课程即儿童对自己学习经验的认识和获得的过程。而在中国,通过对历史文献的考察,发现"课程"这一概念的使用可以追溯至唐代。孔颖达在其对《诗经·小雅·巧言》的注解中对"奕奕寝庙,君子作之"一句注疏:"维护课程,必君子监之,乃得依法制也。"②,强调了教学活动的组织与监督需要贤士的参与,以确保按照既定法则进行。南宋时期,朱熹在其著作《朱子全书·论学》中记载了"宽着期限,紧着课程""小立课程,大作工夫"等语句③,描述了教育活动的范围、时限和过程,展现了课程在学术和教育中分配任务和工作的重要性。由于《诗经》中对于"课程"的定义与现代课程论中的"课程"之意相去甚远,而朱熹观点与现代课程论中的"课程"之意相近,因此,在我国,朱熹被认为是最早从学科角度提出"课程"一词的学者。后来,随着传统科举制度的废除和现代学校教育的兴起,新式教育机构逐渐成立,班级授课方式开始普及。这个时期,赫尔巴特学派提出的"五步教学法"促使人们开始重视教学的过程和结构,即教学的各个阶段。因此,"课程"一词的含义也随之发生了变化,从原先指学习的整个过程或路径(学程),转变为更加侧重于指导教学的具体内容和方法(教程)④。

众多学者在教育学领域的研究,由于研究背景和理论立场不同,对课程的定义和解释各不相同。这些定义不仅揭示了课程设计和实施的复杂性,也反映了对教育目的、内容、方法等方面的深刻理解。第一,有

---

① 丛冰玉,陈鹏悦,吕蕊.教育学[M].成都:电子科技大学出版社,2020: 89.
② 张阿赛.幼儿园课程论[M].北京:中国社会出版社,2022: 3.
③ 同②
④ 同②

第六章 学前教育专业人才培养的课程设置

学者认为课程主要是教育内容的科目集合。例如，陈侠在其著作《课程论》中将"课程"定义为实现各级学校教育目标而设定的教学科目及其目标、内容、范围、分量和进程的综合体[①]，它基于传统的教育观念，将课程视为一系列预设的学科知识和技能的传授过程，这其实是对课程的最基础、最狭义的定义。这一定义突出了课程内容的规划性和系统性，强调了课程作为达成教育目标的工具和手段的角色。第二，"课程"一词也被定义为一种教育计划或方案，这一定义扩展了课程的含义，不仅包括了教育内容，还包括了学习经验和学习活动。在这个视角下，课程是指教育者为达到一定的教育目标而精心设计的学习内容和活动的规划。这种理解强调了教育者在课程设计中的主导作用，以及课程设计的目标导向性和计划性。它体现了教育过程中的前瞻性思维和对学习经验的全面考虑。第三，以"课程"作为知识的体现。这一观点将课程视为学校教育中精心挑选和组织的知识体系。这种定义强调了课程内容的学术性和系统性，认为学校应当从相关学科中选择合适的知识，按照学习者的理解能力进行组织。在这里课程表现为具体的教学计划、教学大纲和教科书等形式，强调知识传授的逻辑性和科学性，同时体现社会对教育内容选择和组织的期望和要求。第四，"课程"被视为学习者在学校里获得的全部经验，这包括了教师有意设计的经验和学生在学习过程中意外获得的"隐蔽课程"。这一理解将课程的范围扩展到了学习者的整个学习经历，强调学习者的主体性和教育过程的实践性。它关注学习者在教育活动中的亲身体验和个性发展，认为课程不仅是预设的教学计划，还包括学习者在实际教育环境中的互动和体验。第五，"课程"被定义为一系列的学习活动，这一观点进一步强调了学习者主体性的重要性。在这里，课程是通过学习者与教学活动对象的相互作用而实现的自主性活动的总和。这种理解强调了课程的动态性和互动性，认为学习者通过参与这些

---

① 陈侠.课程论[M].北京：人民教育出版社，1989：94.

活动，能够实现自我发展和成长。它提倡以学习者的需求和兴趣为中心，关注课程活动的设计和实施过程，强调学习活动对于学习者心理和认知发展的作用。此外，还有学者将"课程"定义为社会文化的再生产工具和社会改造的手段等。

一些学者对于以上观点进行了整合和加工。例如，美国学者塞勒（Saylor）和亚历山大（Alexander）为课程的分类提供了一个综合视角，他们认为课程可以从四个方面来理解："课程是学科和教材""课程是经验""课程是目标""课程是计划"[1]。这种分类方法体现了课程的多维性和复杂性，展示了教育活动在内容、经验、目标和规划方面的不同侧重点。美国学者古德莱德（Goodlad）则从课程实施的纵向层面进行了深入的分类，他将课程分为五种类型：理想的课程、正式的课程、感知的课程、运作的课程以及体验的课程[2]。这一分类突出了课程从理论到实践、从设计到体验的不同阶段和层面，揭示了教育过程中课程的多层次实现机制。奥利弗（Oliver）则总结了课程定义的几种典型视角，包括课程是儿童的所有经验，是学校当局指导下的全部经验，是学校提供的全部学程，是特定学科领域内的学程，是某专业学校中的教学计划以及个体所研习的科目。这些定义从不同角度解释了课程的广泛含义，反映了课程在教育活动中的核心地位和多元作用[3]。《国际教育百科全书》中收录大部分学者对于课程的观点，共列举了9种不同的课程定义，涵盖了教育内容、过程、目标等多个维度，展现了课程研究的广泛性和深度，进一步扩展了课程的内涵[4]。我国学者施良方对课程定义的归纳提供了一个本土化的视角，他将课程定义为教学科目、有计划的教学活动、预期的学

---

[1] 李定仁，徐继存. 课程论研究二十年[M]. 北京：人民教育出版社，2004: 5.
[2] 李定仁，徐继存. 课程论研究二十年[M]. 北京：人民教育出版社，2004: 6.
[3] Oliver A L, Curriculum in Provement[M].2nd ed.New York: Harper &Row, 1977: 7.
[4] 江山野. 简明国际教育百科全书：课程[M]. 北京：教育科学出版社，1991: 645.

习结果、学习经验、社会文化的再生产以及社会改造等六个方面①。这一分类既包括了课程的传统理解,又引入了课程作为社会文化再生产和社会改造工具的先进观念。

通过上述观点可以看到,不同文化和不同时代背景下,不同学者对课程的定义各不相同,涵盖了从传统的知识传授到现代的学习体验和活动参与的广泛视角,体现了教育学者对课程这一核心概念不断探索和深化的努力。这些定义不仅揭示了教育理念的变迁和发展,而且反映了教育目标、方法与社会价值观之间的密切联系,展示了教育领域内的理论多样性,为教育实践提供了丰富的指导和灵感,也为多维度地理解和适应不同教育需求和目标提供了可能。综合上述观点,可以从宽泛和具体两个层面来探讨课程的含义。广义上的课程包括学生在教师指导下学习的所有学科、参与的各种活动以及环境对学习过程的综合影响。这一概念强调了课程作为一个整体,不仅仅局限于书本知识的传授,更包括了学生的实践活动和与社会环境的互动。狭义上的课程则专指具体的某个学科,如语文课程、数学课程等,这种定义聚焦于特定学科知识和技能的教学和学习。

二、学前教育课程的内涵与界定

我国学者对"学前教育课程"的理解和定义经历了多次变革,形成了几个有代表性的观点。最初,"学前教育课程"被定义为幼儿园设置的各种科目,如体育、语言、社会常识、数学、音乐等,这一观点强调了系统知识的重要性,是从苏联引进的教育思想。随后,学前教育课程的概念扩展为不仅包括某一门科目的客观规律所体现的整体教育结构,而且涵盖了幼儿园整体教育规律的总体结构。此外,还有学者认为学前教育课程是幼儿园教育活动的总和,这一定义进一步拓宽了课程的范畴。近年来,随着教育理论的发展和实践的深化,越来越多的学者开始

---

① 施良方. 课程理论:课程的基础、原理与问题[M]. 北京:教育科学出版社,2003: 3-7.

将"学前教育课程"视为一种经验或活动。美国当代幼儿教育专家斯波戴克将"学前教育课程"定义为教师为幼儿园中的儿童提供的有组织的经验形式,包括正式的(各种课程作业)和非正式的(游戏和日常生活)两种经验。国内学者也有相似的见解,认为学前教育课程是帮助幼儿获取有益的学习经验,促进其身心全面和谐发展的各种活动的总和。由此,学前教育课程从幼儿园课程方面转向了职前教师教育课程培养方面。在我国,教师教育课程的定义及其范畴被广泛讨论,呈现出广义和狭义两种不同的解释方式。广义上的教师教育课程被理解为培养合格教师所需的全套课程体系,它不仅包括了基础的通识教育课程、学科专业课程,还包括专注于教育学的专业课程。这样的课程设计旨在帮助未来的教师构建一个全面且合理的知识框架,确保他们能够在多方面具备良好的教育能力和理解力。值得注意的是,一些研究者将学校文化、规章制度等隐性课程纳入教师教育的广义定义,认为这些非正式的教育元素对教师的专业成长同样具有重要影响。相较之下,狭义的教师教育课程则更加专注于与"如何进行教学"直接相关的课程,如教育学、心理学、教学方法等师范型课程。该定义与《教师教育课程标准(试行)》的界定相一致,强调了提升教师教学技能和理论知识的重要性。从客观角度来看,虽然狭义的教师教育课程定义有助于聚焦教师教育改革的核心,促进师范院校的专业发展,但它也存在一定局限性,可能忽视了通识教育和学科专业知识在教师成长中的重要作用。因此,为了更全面地反映教师知识结构的合理性,本书采纳了广义上的教师教育课程定义,即培养和教育一名合格幼儿园教师所需的整体课程体系。

三、学前教育课程的类型与分类

学前教育课程的类型与分类见表6-1。

表6-1　学前教育课程的类型与分类

分类依据	具体分类
根据课程内容分类	学科课程
	活动课程
根据组织方式分类	科目专科课程
	跨学科综合课程
根据课程表现形式分类	显性课程
	隐性课程
根据课程实施要求分类	选修课程
	必修课程

（一）根据课程内容分类

课程类型，也称课程种类，根据其设计的性质和特征可划分为不同的类别，每一种类型都反映了特定的课程设计理念和教育目标。在众多的分类方式中，根据课程内容所固有的属性，课程可以分为学科课程和活动课程两大类。

1.学科课程

学科课程，作为一种传统和广泛采用的课程类型，依托于各门学科的基础内容，通过挑选这些学科中的基本知识和概念，形成不同的学科类别，并安排相应的教学顺序、学习时间和期限。这种课程类型的历史悠久，从我国古代的"六艺"（礼、乐、射、御、书、数），到古希腊的"七艺"（文法、修辞、辩证法、算术、几何、音乐、天文）以及中世纪的"骑士七艺"（骑马、游泳、投枪、击剑、打猎、下棋、吟诗），均可视为学科课程的早期形态。到了17世纪，夸美纽斯在其著作《大教学论》中，提出了更为系统的学科课程理论，列出了20门学科的课程体系，为后来学科课程的发展奠定了基础。学科课程的优势在于其能够有系统地传承和弘扬人类的文化遗产，帮助学习者获得系统而全面的文化知识，同时便于教学的组织和评价，提高教学效率。然而，随着现代科学技术的迅猛发展，学科课程面临着诸多挑战和限制。首先，科学知识的更新速度远远超出了学科课程更新的速度，导致教学内容可能变得过时。其次，学科课程通常强调知识的系统性和条理性，可能忽视了知识的应用性和实践性。最后，严格的学科界限有时候限制了跨学科的学习和创新，不利于培养学生的综合素养和创新能力。

2.活动课程

活动课程作为另一种课程类型，强调通过各种活动来促进学生的学习和发展。与学科课程相比，活动课程更注重学生的实践操作和体验学习，旨在通过参与、探索和实践来激发学生的学习兴趣，培养学生解决问题的能力和创新思维。活动课程的设计往往更加灵活多样，能够根据学生的兴趣和需求进行调整，从而实现个性化的教学和学习。

课程的分类展现了教育的多样性和复杂性。无论是传统的学科课程还是以学生为中心的活动课程，都旨在通过不同的教育理念和方法，满足学生的学习需求，促进学生全面发展。随着教育理念的不断进步和社会需求的不断变化，课程设计和实施也应不断创新，以适应时代的发展。

（二）根据组织形式分类

基于课程内容的组织形式，学前教育课程可以将课程分为科目专科课程与跨学科综合课程两大类：

1.科目专科课程

科目专科课程依据特定学科的知识体系进行组织，旨在向学生传授该学科的专业知识。科目专科课程的特点是明确划分学科界限，依照学科的内在逻辑结构来安排教学内容和顺序，便于学生系统地学习和掌握学科基础。科目专科课程有利于培养学生的专业能力和帮助学生深入理解学科知识，同时方便教师的教学管理和学生评估。然而，这种课程模式也存在一些局限性，如可能导致学生的学习负担加重、学科间的联系和整合被忽略，限制学生全面发展的可能性，以及可能抑制学生的创新精神和问题解决能力。

2. 跨学科综合课程

综合课程通过跨越单一学科的界限，将不同学科的知识与方法相结合，以更加全面和互联的视角探究问题。跨学科综合课程着眼于学科间的相互渗透和整合，有助于学生构建跨学科的认知框架，促进其对复杂现象的深入理解。跨学科综合课程可以根据不同的侧重点分为：第一，以学科为中心的综合课程，旨在通过融合相关学科创造新的学科领域；第二，以社会问题为中心的综合课程，围绕关键的社会议题组织知识，培养学生的社会责任感和实际解决问题的能力；第三，以学生经验为中心的综合课程，注重从学生的实际生活出发，促进学生的个人成长和知识应用。尽管跨学科综合课程在促进知识整合、培养创新思维等方面具有显著优势，但其实施也面临着一系列挑战，如综合教材的开发、跨学科教师团队的建设等，需要教育者不断探索和创新以克服。

（三）根据课程表现形式分类

在学前教育课程的分类中，除了按照课程内容的固有属性将其分为学科课程与活动课程之外，还可以根据课程的表现形式或者影响学生的方式，将其划分为显性课程和隐性课程。这一分类强调了教育活动的不同层面和作用方式。虽然在形式和目标上有所差异，但它们在实际的教育过程中相互作用，共同影响学生的学习和发展。

1. 显性课程

显性课程指的是那些有明确计划、组织和目标的教育活动，它们通常在教育者的精心设计下实施，旨在实现学前教育的具体目标。显性课程的内容通常包括学前教育机构规定的教学大纲、课程标准和教学计划，主要通过课堂教学和系统化的学习活动来传授知识和技能。在显性课程中，学生获得的知识主要是预期内的学术内容，如基本的数学概念、语言能力、社会规则等，这些内容旨在为儿童提供必要的学术基础和技能。

2. 隐性课程

隐性课程指的是那些未经明确规划和组织的学习活动，它们可能不在教育者的直接设计之中，但在教育过程中自然产生，并对学生的学习和发展产生影响。隐性课程主要使学生在与其所处的环境（包括物质环境、社会环境和文化背景）的互动中学习，学生在这一过程中获得的知识、态度和价值观往往是非预期的。隐性课程可能包括团队合作的价值、社会互动的规则、文化习俗的理解等，这些非正式的学习经验对学生的个性发展和社会化过程有着深远的影响。

显性课程与隐性课程之间的关系是相辅相成的。一方面，显性课程的实施不可避免地会涉及隐性课程的元素，如教师的态度、课堂氛围、学校文化等都会对学生产生影响；另一方面，隐性课程中的经验和学习往往能够反过来丰富显性课程的内容，使得教育活动更加全面和深入。因此，对于学前教育来说，认识和利用好显性课程与隐性课程之间的互动，是实现教育目标、促进儿童全面发展的重要途径。

（四）根据课程实施要求分类

根据课程实施要求分类，学前教育课程可分为必修课程和选修课程两大类。

1. 必修课程

必修课程是教育机构根据教育政策或专业教学需求规定，所有学生或特定专业的学生必须完成的课程。必修课程的核心特征在于其强制性，反映了教育制度中的权威性和规范性。必修课程的主要目的包括传承主流文化和知识，确保学生掌握必要的基础知识和专业技能，帮助学生获得相应的学历证书和职业资格，以及促进社会整体的发展。在不同教育阶段，必修课程可进一步划分为国家规定的必修课程、地方性必修课程及学校特定的必修课程，以满足不同层面的教育要求。

2. 选修课程

选修课程提供给学生更多的自主选择空间，以促进学生个性化发展。

选修课程允许学生根据个人兴趣、职业规划或学术追求来选择学习的科目，反映了教育体系对多元化和个性化需求的响应。选修课程的设置既考虑到社会文化的多样性，又顾及地区间的差异，分为必选课程和完全自选课程。随着教育改革的深入，选修课程越来越受到重视，其在课程体系中所占比重逐渐增加，旨在提供更广泛的学习机会，支持学生的全面、多元发展。

第二节　学前教育专业课程设置

一、课程设置

（一）课程设置的内涵

课程设置在教育领域是一个核心概念，涵盖了教育机构根据其教育目标、社会需求及学生发展需要，有计划、有组织地进行课程选择、组织和安排的全过程。这一过程不仅关乎于学科课程的开设，更包含了课程类型的规定、课程门类的设立、各门类课程之间的排序以及学时分配的决定等多个方面，旨在构建一个全面、合理且高效的课程体系。这一定义是经过了长期的讨论得出的，追溯不同的教育研究对课程设置的定义，可以发现不同学者之间的理解存在差异。例如，陈侠将课程设置界定为各级各类学校开设的教学科目和各科的教学时数[1]。廖哲勋则提出了更为广泛的定义[2]，强调课程设置不仅包括学科课程的开设，还涉及课程类型的规定、门类的设立、排序及学时的分配等。《教育大辞典》中则将

---

[1] 陈侠. 课程论 [M]. 北京：人民教育出版社，1989: 17.
[2] 廖哲勋，田慧生. 课程新论 [M]. 北京：教育科学出版社，2003: 285.

课程设置简化为学校开设的教学科目[①]。在《简明国际教育百科全书：课程》[②]中，课程设置被理解为学校或其他教育机构安排的课程的整个范围和特征，这一定义从宏观角度描绘了课程设置的广泛意义和多样形态。在我国，高等学校的课程设置通常由各学系、各专业教研室负责完成，旨在满足社会发展的需求，实现学校既定的培养目标，同时兼顾学生的身心发展规律及需求，促进学生的全面、和谐、个性化发展。这一过程要求教育机构在课程设置时考虑到课程内容的实用性与前瞻性，确保课程体系能够适应社会发展的变化，满足学生未来职业发展的需要。基于以上，笔者认为课程设置是一个复杂而系统的过程，涉及课程的选择、组织和安排，以及课程内容、类型、门类、顺序和学时的综合考量。其目的是构建一个既能满足社会需求，又能促进学生全面发展的课程结构，为学生提供一个均衡且富有挑战性的学习环境。这一过程不仅要基于当前的教育理论和实践经验，还要不断地调整和优化，以适应社会发展的趋势和学生需求的变化。

（二）课程设置的要求

在教育领域内，教育质量的提高与教师的素质密切相关，而教师素质的取决于教师教育的质量。课程设置，在这一过程中起着至关重要的作用，是影响教师教育质量的核心因素之一。因此，对于学前教育而言，注重课程设置是提升教育质量的重要手段。学前教师教育课程设置应该是一个在特定教育价值观指导下，基于学前教育专业培养目标和规格，有计划、有组织地对课程进行选择、组织和安排的系统化过程。该过程的目的是建立一个合理的课程结构，形成科学完整的学前教育专业教学计划。在学前教育专业课程设置中，一个基本的出发点是对学前教育专

[①] 教育大辞典编纂委员会.教育大辞典：第1卷 教育学、课程和各科教学、中小学校[M].上海：上海教育出版社，1990: 262.
[②] 江山野.简明国际教育百科全书：课程[M].北京：教育科学出版社，1991: 132.

业人才培养目标的明确定位，这涉及将学生培养成何种类型的人才的价值导向问题。这一价值导向不仅影响着学科门类的设定、课程内容的选择，还决定了课程结构的构建方式。在此基础上，学前教育专业课程设置需依托于相关理论及实际需求，确保学科门类、课程内容与课程结构之间形成互补和协调，构建出一个有机整体的教育体系。这样的课程体系旨在使学生在学习和实践过程中，不仅能够掌握必要的专业知识，而且能够培养出符合未来学前教育工作要求的专业理念和能力。进一步地，学前教育专业课程设置还应当注重课程的实践性和应用性，包括实习、实践活动、案例研究等，以确保学生能够将理论知识与实际操作相结合，提高其解决实际问题的能力。同时，课程设置还需关注学前教育领域的最新发展趋势和社会需求，适时调整和更新课程内容，以保持课程的前瞻性和实用性。整体上来说，学前教育专业课程设置是一个复杂而深入的过程，要求教育者和课程设计者基于明确的教育目标和价值取向，科学地进行课程的选择、组织和安排。通过构建一个理论与实践相结合、内容丰富且结构合理的课程体系，可以有效地培养学生的专业理念、知识和能力，为其未来在学前教育领域工作打下坚实的基础。

二、学前教育专业课程设置与课程架构

在我国学前教育领域，教师教育课程的构架和内容设计是培养合格学前教育教师的基石。针对这一课程的结构，学术界的观点多样，反映了对于如何有效培养学前教育教师的深入思考和探讨。在课程结构的设计上，一般认为，学前教师教育课程应涵盖广泛的知识领域，包括通识教育、师范性教育以及专业课程，旨在为教师职业生涯的各个方面打下坚实的基础。也有学者提出应包含"通识教育课程""师范性课程"和"专业课程"三大模块[①]，以确保教师教育的全面性和深度。有一些学者

---

① 步社民. 本科学前教育专业的目标定位和课程设置问题[J]. 教师教育研究，2005(5)：20-24.

则认为课程结构应该更为细分,课程结构应设计为五大领域,即通识类、学科专长类、学科专业类、教师教育类以及技能和实践类,以更细致地覆盖教师教育的各个方面[1]。此外,对比国际教师教育课程的研究发现,在国际比较的视角下,学前教育专业课程的设计和实施在不同国家和地区可能会有所不同,但普遍的趋势是强调跨学科知识的整合和对实践技能的重视[2]。这不仅包括对儿童心理学、发展心理学、教育原理等传统学科的学习,而且涵盖了如早期幼儿教育方法、课程设计、儿童观察与评估、家庭与社区合作等更为专业化的课程内容。这些课程旨在培养学前教育教师具备全面的专业知识、批判性思维以及高水平的实践技能,使他们能够在不断变化的教育环境中有效地工作。但在进行国际比较研究时,李其龙和陈永明[3]将不同国家的教师教育课程分为普通教育课程、教育科学课程和学科科学课程。显然,这种分类方法可能不完全适用于学前教育专业,因为学前教育特别强调跨学科的整合和不分科的教学方法。在学前教育领域,一些课程(如教育学、心理学等),虽然在其他专业中可能被视为教育科学课程,但在学前教育中,更多地被视为学科基础课程,强调了它们在为学前教育专业学生提供必要的理论基础和实践能力方面的重要性。对于学前教育专业的课程结构应特别设计,以满足幼儿发展的全面性和复杂性,因而需要一个更加灵活和综合的课程体系来应对这些挑战。因此,学前教育专业的课程内容不仅仅局限于传授专业知识,更包括培养学生的创新能力和跨学科交流能力,以适应新时代背景下的教育需求。此外,学前教育专业课程还需特别注重培养学生的情感态度和价值观,如对幼儿的关爱、对教育公平的追求以及对持续学习

---

[1] 金建生,魏小寅.地方高师本科学前教育专业课程设置的冷思考[J].当代教育论坛(下半月刊),2009(4): 37-38.

[2] 薄利南.中美学前教师教育课程比较研究[D].西安:陕西师范大学,2011.

[3] 李其龙,陈永明.教师教育课程的国际比较[M].北京:教育科学出版社,2002: 16-17.

第六章 学前教育专业人才培养的课程设置

的承诺等，这些都是成为一名优秀学前教育工作者所必需的素质。

综上所述，学前教育专业的课程结构和内容设计需要充分考虑到专业的特殊性和复杂性，以及未来教育环境的需求。这要求学前教育课程设计者采取更加开放和创新的思维，整合跨学科的知识和技能，同时注重培养学生的专业态度和价值观，以培养出能够适应21世纪教育挑战的学前教育工作者。因此，针对学前教育专业的特点，本研究建议将学前教师教育课程分为三大核心部分，即通识教育课程、专业课程和教育实践课程（图6-1）。

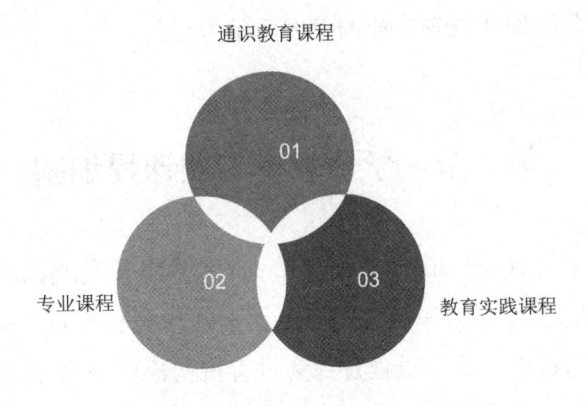

图6-1 学前教育的课程架构

通识教育课程旨在培养学生的基本素养，覆盖自然科学、人文科学和社会科学等基础领域，为学生提供广泛的知识视野，培养学生批判性思维。

专业课程分为学科基础和专业教育两部分，不仅涵盖幼儿教育的理论和方法，如学前教育原理、儿童心理学、教育政策法规等，还包括专业能力和艺术素养类课程，如幼儿语言教育、艺术教育、课程设计与指导等，以及家园共育类课程。专业课程旨在全面提升未来学前教师的专业能力和实践技能。

教育实践课程是学前教师教育的重要组成部分，通过课程见习、专业见习、教育实习等活动，使学生能够将理论知识与实践经验相结合，增强其职业技能和实际工作能力。这一部分的设计既顺应了国际教师教育课程改革的实践化趋势，也反映了学前教育专业的特殊要求。考虑到幼儿教师既要承担教育又要承担保育的双重职责，教师教育实践课程的设置尤为重要，能够确保学前教育专业学生毕业后能够胜任幼儿教师的各项工作，有效应对工作中的各种挑战。整体上来看，学前教师教育课程的设计和架构旨在为未来的学前教师提供全面、深入的专业知识和实践技能，确保他们能够在未来的教育实践中提供高质量的教育服务。通过这样的课程设置，不仅能够培养出具有良好专业素养的学前教育教师，而且能够为我国幼儿教育事业的发展贡献力量。

第三节　学前教育专业课程编制

课程编制（curriculum making），亦称课程开发或课程设计，是一种根据特定的教育理念和目标，经由周密的规划和创新活动，构建和实现教育课程的过程。这个过程旨在为教育机构提供一套完整的教学方案，以指导和优化教育实践。课程编制不仅是一个技术性的活动，还涵盖了对教育目的、价值和方法的深入思考，体现了教育的哲学和理念[1][2]。课程编制是一个动态的、迭代的过程，它不仅需要教育者对教育理论有深入的理解和掌握，还要求教育者具备创新意识和实践能力，能够根据学生的需求、社会的变化和科学技术的发展不断更新和完善课程内容。此外，课程编制还应该是一个包容性的过程，充分考虑到不同学生的学习需求和背景，促进所有学生的全面发展和个性化成长。课程编制对提高教育质量、实现教育目标具有重要的意义，它不仅关系到教育内容的科

---

[1] 泰勒,理查兹.课程研究导论[M].王伟廉,高佩,译.北京：春秋出版社,1989:38.
[2] 施良方.课程理论：课程的基础、原理与问题[M].北京：教育科学出版社,1996:81.

学性和适宜性，还关系到教育实践的有效性和教育成果的可持续性，需要教育者、学者、政策制定者和社会各界的共同参与和贡献。

一、学前教育专业课程编制的模式

在现代课程理论的发展中，涌现了众多关于课程编制的理论模式，这些理论模式体现了课程研究领域的多样性和深度。例如，美国学者波斯纳提出了将课程编制理论划分为技术性生产观和批判观的"二分法"[①]；凯利则区分了内容模式、目标模式和过程模式[②]；蔡斯提出了以学科中心、学习者中心和问题中心为核心的课程编制模式。在这些理论模式中，最为人们所熟知和广泛讨论的是拉尔夫·泰勒（Ralah W. Tyler）的"目标模式"和英国著名的课程理论家劳伦斯·斯腾豪斯（Lawrence Stenhouse）的"过程模式"。

（一）目标模式

在20世纪初，随着工业化进程的加快和科技的迅猛发展，欧洲和北美洲社会广泛流行着一种追求效率和科学主义的思潮。这种思潮强调以科学化的管理和方法来提高工作效率和生产力，这种思想在工业领域得到了充分应用，特别是在美国。泰罗制[③][④]的引入标志着这一理念的成功

[①] POSNER G J, RUDNISKY, ALAN N. Course Design: A Guide to Curriculum Development for Teachers[M].NY: Longman Press, 1994. 转引自王伟廉. 高等学校本科课程编制模式探讨 [J]. 高等教育研究, 2003(2): 78-81.

[②] 施良方. 课程理论：课程的基础、原理与问题 [M]. 北京：教育科学出版社, 1996: 188-189.

[③] 泰罗制，又称科学管理法（Scientific Management），是由美国工程师弗雷德里克·温斯洛·泰勒（Frederick Winslow Taylor）在20世纪初提出的一套管理理论和实践方法。泰勒通过对工作过程的科学研究，试图找到提高劳动效率和生产率的最佳方式，其核心思想是通过科学的方法来管理生产过程，取代当时流行的经验主义管理方法。

[④] 叶尔曼斯基. 科学的劳动生产组织和泰罗制 [M]. 张贤务，陈惠芬，译. 北京：商务印书馆, 1987: 66.

应用，其力图将每个工人的工作效率和生产能力提升到最佳状态。这种追求效率的理念很快影响到了教育领域，导致了1910—1920年这一时期的"教育功效化运动"和"教育科学化运动"。在这一背景下，一些先行的教育家开始探索将科学方法应用到课程研究中，他们主张从效率和经济性的角度重新考量学校课程的设置，并提出了利用科学方法开发课程的想法。泰勒作为科学化课程编制的先驱，基于多年的研究，于20世纪30年代提出了一套课程编制的程序、步骤和方法，这套方法在其1949年出版的《课程与教学的基本原理》一书中得到了系统的阐述，被后世称为"泰勒原理"[1]。泰勒在《课程与教学的基本原理》一书中提出了四个著名问题，即学校应达到哪些教育目标、提供哪些经验能实现这些目标、如何组织这些教育经验以及如何确定这些目标是否已经实现。这些理论奠定了目标模式课程原理的基础。泰勒原理将课程编制的核心内容概括为目标、内容、方法、评价四个方面，即明确教育何为（目标）、教授何物（内容）、如何教授（方法）及如何评价教学成果（评价）。在泰勒理论框架下，课程编制的过程自然也分为四个基本阶段：第一个阶段是明确课程目标，即确立课程期望实现的具体目标或期望学生展现的特定行为；第二个阶段是基于这些目标选择相应的知识内容；第三个阶段是将这些知识内容有机组织，以促进知识间的相互作用和累积效应；第四个阶段是评价，即检验课程目标在实践中的实现情况，指出已达成的目标和需改进之处。泰勒强调，课程开发是一个动态循环的过程，随着社会的变化和教育研究成果的更新，课程需要不断地进行调整和改进[2]。泰勒在其课程编制理论中对四个基本过程提出了详细的要求，以确保课程设计的科学性和实用性。首先，泰勒强调课程目标的确立需要综合考虑学科知识、学习者特性和社会需求三个重要方面。这一过程中，课程目标需经过精心筛选和修订，以确保其相关性和可行性。其次，泰

---

[1] 冯建军.现代教育学基础[M].4版.南京：南京师范大学出版社，2019：172.
[2] 钟启泉.现代课程论（新版）[M].上海：上海教育出版社，2003：266-267.

勒将课程内容定义为提供给学生的学习经验，这些经验不仅需要与课程目标紧密相关，还应当适合学生的认知能力和学习水平，保证学生能够有效地吸收和应用所学知识。最后，泰勒还提出，相同的教育目标可以通过不同的学习经验来实现，这增加了课程设计的灵活性和创造性。在学习经验的组织上，泰勒提出了三个主要的原则：顺序性、关联性和统整性。这意味着课程中的学习经验应当按照逻辑和发展的顺序安排，各个部分之间需要相互关联并形成一个有机整体，以促进学生知识的深入理解和综合应用。

对于课程评价，泰勒主张应当采取持续和多阶段的评估方法，而不是仅在课程结束时进行。这种评价方式有助于及时发现课程实施过程中的问题，并进行必要的调整和改进，从而确保教育目标的实现。威廉·舒伯特将泰勒的这一理论精华用四个专业术语——目标、内容、组织、评价——进行了概括，并称之为课程设置的"永恒分析范畴"[1]。这四个术语不仅凝练地总结了泰勒关于课程编制的核心思想，还为后来的课程研究和实践提供了一个清晰的分析框架，帮助教育工作者在课程设计和实施过程中进行有效的分析和反思。

目标模式对学前教育专业课程的影响尤为显著，这一模式注重课程设计的目的性和指向性，它强调通过制订明确的目标来引导教学内容和活动的设计，并以此为基础进行教学效果的评估，从而使学前教育专业课程设置具有目标性、可控性和操作性，在一定程度上提高了教育效率，确保了教育质量。然而，目标模式也存在一定的局限性，它可能因过于强调预设的计划和目标而忽视了儿童在学习过程中的自主性、兴趣和需求。在实践中，教师可能过于专注于完成既定的教学计划，而忽略了对儿童个体差异和即兴反应的关注，这在一定程度上限制了学前教育专业课程的灵活性和儿童主导学习的空间[2]。

---

[1] 李葵模.内地西藏班双语幼师培养研究[M].长春：吉林人民出版社，2021：55.
[2] 郑金洲，程亮.瞿葆奎教育学论要[M].福州：福建教育出版社，2018：56.

（二）过程模式

在课程理论的发展历程中，目标模式因其机械主义倾向和对学生主动性的忽视而受到批评。英国课程理论家劳伦斯·斯腾豪斯针对目标模式的局限性提出了一种全新的课程编制理念——过程模式。过程模式不仅强调课程应关注学习过程本身，而非仅围绕预设的目标进行，而且强调课程的开放性和灵活性，重视师生互动，反对将课程仅视为达成预设目标的工具，倡导重视那些能够激发学生兴趣并促进其全面发展的活动，鼓励课程实施过程中的共同研究与探索。斯腾豪斯的过程模式关注三个核心问题：第一，对一般性教育目标的确立。与目标模式的预设课程目标不同，斯腾豪斯提倡设立更为一般性和宽泛的教育目标，这些目标主要聚焦于知识理解和能力发展，而非具体的行为技能训练。第二，课程内容的选择及教学过程的组织需要根据学生的实际情况灵活地进行，课程内容应与教育紧密相关，并鼓励学生在教学活动中主动参与，通过与教师及学习材料的互动实现个人成长。第三，在课程评价方面，斯腾豪斯反对使用预设的行为目标进行评价，认为评价应服务于提供教学过程反馈，帮助课程编制者理解教学活动的效果，同时向学生反馈他们的学习成果。然而，由于过程模式未能提供具体明确的课程编制方案，它在实际应用中遇到了一定的挑战，被认为在诊断课程理论中存在的问题时提供了洞见，但在提供具体解决策略方面略显不足，成为课程研究领域中一个标志性的"未完的任务"。尽管如此，过程模式对课程设计和教学实践的深远影响不容忽视，它为课程理论的进一步发展奠定了重要的基础。斯腾豪斯还强调了过程模式的五个核心原则来指导教育实践[1]。第一，教师和学生应共同参与课堂上对有争议问题的讨论和研究，鼓励开放性的探讨环境。第二，教师在处理敏感或有争议的议题时，应保持中立，将课堂转化为一个学生能自由表达不同观点的论坛。第三，该模式

---

[1] 冯建军. 现代教育学基础 [M]. 4 版. 南京：南京师范大学出版社，2019: 173.

倡导通过讨论而非单向灌输的方式来探究问题，强调学习过程的参与性和互动性。第四，讨论过程中应尊重每位参与者的观点，不强求意见的统一，体现了对多元思想的尊重和鼓励。第五，教师在讨论中扮演的是引导者和协调者的角色，负责维护讨论的质量和学习活动的标准，确保教学目的的实现。这五个原则集中体现了过程模式对于教学过程的重视，尤其强调了学生的主动参与和思维的自由发展。通过这种模式，学生不仅能够深入理解学科内容，还能够培养批判性思维、沟通协作能力和解决问题的能力。过程模式的这些原则为构建开放、互动和包容的学习环境提供了重要的理论支持，促使教育实践更加注重学生的个性发展和主动探索。

（三）情境模式[①]

情境模式，作为课程编制的一种先进模式，强调将课程开发深植于对文化的深入分析和理解之中。情境模式由英国学者斯基尔贝克（M.Skilbeck）提出，他认为有效的课程开发应该紧密结合特定的文化背景，通过教育过程让学习者深刻领会和体验文化价值、解读文化的结构和符号系统，进而丰富和转化学习者的个人经验。情境模式不仅关注课程内容的文化内涵，还关注学习者如何在特定的社会情境中理解和应用这些知识，从而作出有意义的课程决策。情境模式的开发过程涵盖了几个关键步骤：一是分析情境，这一步骤要求课程开发者深入理解教育发生的具体社会、文化背景，包括学习者的背景、社会的需求和文化的特点等；二是表达目标，即在对情境有了全面理解的基础上，明确课程开发的目标和预期成果；三是制订方案，根据分析得出的情境和目标，设计具体的课程内容和教学策略；四是阐明和实施，要求将设计的方案具体化，并在实践中加以实施；五是检查与反馈，对课程实施效果进行评估和反馈，以便于对课程进行必要的调整和完善。情境模式的特点在于

---

① 冯建军.现代教育学基础[M].4版.南京：南京师范大学出版社，2019：174.

它将课程编制视为一种文化实践,强调课程内容的文化相关性和社会情境的重要性。通过情境模式,课程开发不仅能够更好地反映和响应社会文化的变迁,还能促进学习者对文化多样性的理解和尊重,提升其跨文化的沟通和解读能力。此外,情境模式还鼓励校本课程的开发,支持学校根据自身的文化特点和教育需求,开发适合本校学生的个性化课程,从而提高教育的针对性和有效性。从整体上来看,情境模式为课程编制提供了一种全新的视角和方法,强调在课程开发过程中深入挖掘和利用文化资源,重视学习者在特定社会文化情境中的主动性和创造性。情境模式不仅有助于丰富课程内容、增强教育的文化内涵,还能够促进学习者全面发展,为其未来在多元文化世界中的生活和工作打下坚实的基础。

(四)对三种模式的思考与建议

目标模式、过程模式、情景模式各自提出了独特的课程编制观点,突出了课程理论的多样性和复杂性。每种模式都有其优势和局限性。

目标模式的主要特点是强调明确的教育目标,并以此为基础来设计和实施课程。目标模式的优势在于它能够确保教育活动有明确的方向和目的,便于课程的评价和调整。然而,目标模式也由于它倾向于机械主义,忽视了学生的主动性和创造性,可能导致教育过程的僵化。

过程模式强调教育过程的重要性,提倡课程应更多地关注学生的学习经验和参与。过程模式的优点在于促进了学生的主动学习和教师的灵活教学,有助于激发学生的兴趣和创造力。然而,过程模式也存在局限,主要是因为它在理论上较为抽象,缺乏具体的实施策略,使得在实际应用中难以操作。

情景模式侧重于课程内容与社会文化情境的结合,强调课程应建立在对文化的深入理解之上。情景模式的优势在于它能够使课程内容更加贴近实际,增强学生对知识的理解和应用。然而,情景模式在实施过程中可能需要教师具备更高的文化敏感性和创新能力,对教师的要求较高。

综合分析来看,目标模式强调目的性和效率,适合于确保课程设计和实施的有序性;过程模式注重学习过程和学生参与,有利于提升学生的学习兴趣和主动性;情景模式强调文化情境的融入,促进学生深层次的文化理解和应用能力。因此,在课程设计和实施中,应取各种模式的长处,扬长避短,结合实际情况灵活应用。理想的课程设计应综合考虑目标的明确性、过程的参与性和情境的相关性,既要有明确的教育目标引领,又要充分发挥学生的主动性和创造性,同时将课程内容与社会文化情境相结合,以实现课程的全面性和有效性。这种综合应用不同模式的策略,有助于构建更为丰富、灵活和实效的课程体系,满足现代教育的多元需求。

二、学前教育专业课程编制的基本过程

(一)确定课程目标

在学前教育专业课程编制中,确定课程目标是一个基础且关键的步骤。课程目标不仅明确了教育活动所追求的最终成果,而且是指导课程内容选择、组织及实施的核心依据。在深入理解教育理念和目标的基础上,课程目标的制定需综合考虑学科知识、学习者特性、社会需求等多重因素,确保课程目标的全面性和可行性。有效的课程目标不仅反映了教育的广泛价值和期望,而且能够引导教育过程中的具体操作,为课程内容的选择和组织提供明确方向。此外,课程目标的明确化有助于提高教学活动的针对性和系统性,也是评估和改进课程的重要标准。因此,课程目标的确定既是课程编制的起点,也是衡量课程成功与否的关键。

(二)选择和组织课程内容

选择和组织学前教育专业课程内容则是课程编制过程中的核心环节。课程内容的精心选择和有效组织是实现课程目标、促进幼儿全面发展的重要保证。在选择课程内容时,应基于幼儿的实际生活经验和认知水平,确保课程内容既能激发幼儿的兴趣,又能促进其知识、技能和情感的全面发展。《幼儿园教育指导纲要(试行)》所提出的健康、语言、社会、

科学、艺术等领域的综合内容，既反映了学前教育的全面性和启蒙性，又体现了课程内容选择的科学性和系统性。在组织课程内容时，需要考虑不同领域内容之间的内在联系和相互渗透，通过多角度、多层次的整合，形成一个有机统一的教育体系。此外，课程内容的组织还应注重实践性和探索性，鼓励幼儿通过参与、体验和实践等多种方式，主动探索知识，培养创新能力和问题解决能力。

（三）实施学前教育专业课程

在学前教育专业课程的发展历程中，众多课程改革尝试虽然理念先进，意图深远，却常因实施不当而未能达到预期效果，甚至有的改革计划尚未完全实施便已夭折。这一现象引发了教育界对课程实施过程的深刻反思。究其原因，很多所谓的"失败"并非因为课程设计本身的问题，而是因为这些课程计划在实施阶段遭遇了挫折，或是在执行过程中偏离了最初的设计意图。因此，即使是最为精心设计的课程计划，也需要通过有效的实施策略才能实现其教育目标，而单纯地依据课程改革的最终成果来评价其价值显然是不足够的。随着教育研究的深入和课程理论的发展，课程的实际执行环节逐渐成为教育工作者和研究者关注的重点。实施学前教育专业课程不仅涉及如何将课程计划转化为具体的教学活动，还包括如何调动和利用各种教育资源，如何应对教学过程中出现的各种挑战，以及如何根据学生的反馈和教学效果进行调整和优化等多个方面。有效的课程实施策略需要教育者具备对课程理论的深刻理解和丰富的实践经验，也需要教育工作者能够灵活应对教学过程中的不确定性，创造性地解决问题。此外，课程实施还需要教育机构提供必要的支持，包括提供充足的教学资源、营造积极的教学环境、建立有效的沟通机制等，以保证课程计划能够顺利执行。因此，课程实施成为连接课程设计与教学成果的桥梁，是确保课程目标得以实现的关键环节。通过对课程实施环节的深入研究和不断优化，可以有效提升学前教育专业课程的质量和效果，进而促进幼儿全面、均衡地发展。

（四）评价学前教育专业课程

课程评价是课程编制过程中不可或缺的一个环节，它涵盖了从课程设计到实施的全过程，目的在于验证和评估课程是否达到了预定的教育目标，以及课程对学生学习方式的影响程度，并探究如何通过调整和改进提升教育质量。通过对课程实施效果的系统评价，教育工作者能够判断课程的实际价值，从而决定是否继续采用该课程计划或对其进行必要的修改和优化。在课程评价中，根据评价的功能和目的，可以将评价分为三种主要类型：诊断性评价、形成性评价和总结性评价。

第一，诊断性评价。诊断性评价发生在教育活动开始之前，其核心目的是更有效地实施教育计划而进行的预评估。通过对学习者当前能力和需求的分析，诊断性评价旨在搜集关键信息，为教育计划的制订奠定基础。例如，教师可能会在幼儿入园初期，对幼儿的发展水平进行初步评估，以便更好地理解每个幼儿的具体需求，因材施教。

第二，形成性评价。形成性评价也称为即时评价，这种评价贯穿于教育活动的整个过程。其目的是及时获取关于教育过程中进展情况的反馈，以便教育工作者能够适时调整教学策略，确保教育活动更接近既定目标。形成性评价有助于教师及时发现问题并进行调整，从而提高教育活动的效率和效果。

第三，总结性评价。总结性评价在某一教育活动阶段结束后进行，其目的是对教育成果进行价值判断，基于预设的教育目标，评估学习者达到目标的程度。总结性评价旨在全面理解特定阶段的教育成果，为决策者提供有价值的信息，以指导未来的教育决策和课程改进。

这三种评价方式的有机结合，可以构成课程的多维反馈系统，这不仅有助于检验课程目标的实现程度，还能促进课程内容和教学方法的不断优化，确保学前教育专业课程的质量不断提升，更好地满足幼儿的发展需求。此外，课程评价还强调教育活动的动态调整，鼓励教育者基于实际情况和学生反馈进行灵活的教学设计，最终实现教育质量的持续提升。

第四节 学前教育专业课程设计

一、学前教育专业课程目标的设计

（一）学前教育专业的课程目标的层次和架构分析

在学前教育专业课程编制中，课程目标的层次是其核心构成之一。课程目标根据其性质及与课程关系的不同，可以分为三个层次：总体目标、学科领域目标和活动目标。这三个层次相互关联，共同构成了课程目标的完整框架。第一，课程的总体目标或教育目的反映了社会对受教育者的整体要求和期望，是教育活动的出发点和落脚点。它具有明确的社会政治属性，通常由国家和地方教育法规规定，为教育和课程实践提供方向。这一层次的目标虽然与课程设计的关系较为宽泛，但它确定了课程的性质和方向，为课程的性质定位和发展方向奠定基础。在实际的课程设计中，总体目标作为指导原则，影响着课程框架的构建和课程类型的选择。第二，课程的学科领域目标是教育目的在特定学科或领域内的具体化。这一层次的目标更侧重于学科知识和技能的传授，是对学生个体发展、社会需求和学科发展趋势的综合反映。在确定学科领域的课程目标时，需要深入研究学生的发展特点、社会对该学科领域的需求，以及学科本身的内在逻辑和发展动态，以确保课程目标的科学性、针对性和实用性。课程的学科领域目标不仅为课程内容的选择和组织提供依据，也是课程实施和评价的重要参考。第三，课程的活动目标，即教育实践中的具体课程目标，是将教育目的和学科领域的课程目标进一步细化和具体化，转化为指导日常教学活动的具体目标。课程的活动目标直接关联课堂教学和学生学习活动，是课程目标落实到实际教育实践中的关键。通过科学合理地分解和转化总体目标和学科领域目标，活动目标旨在引导教学过程，确保每一个教育活动都能有效促进学生的知识、技能和情感发展，实现预定的教育目标。可以看到，学前教育专业课程目标的层次体现了课程目标从宏观到微观、从全局到具体的转化过程，是课程编制中的重要组成部分。通过明确的层次划分，教育者可以更系统、更科学地进行课程设计和实施，有效地实现教育目标，促进幼儿的全面发展。

学前教育专业课程目标的架构是多维度的，这些维度共同构成了课程目标的全貌，以确保教育活动能够全面而有效地促进幼儿的成长和发展。从儿童心理结构的维度来看，学前教育专业课程目标的制定需基于对学前儿童身心发展整体结构的深入理解。布卢姆等学者将教育目标分为认知领域、情感领域和动作技能领域，为教育目标的系统化提供了清晰的框架[①]。其中，认知领域关注知识的掌握和认知能力的培养；情感领域涉及兴趣、态度、价值观以及社会适应能力的发展；动作技能领域则关注感知动作、运动协调和动作技能的提升。这一分类标准帮助教育工作者全面地考虑了幼儿的发展需求，确保课程目标的全方位覆盖。从教育范畴的角度，《幼儿园工作规程》中体育、德育、智育和美育方面的目标反映了学前教育专业课程目标的多元化。体育目标着重于幼儿身心健康和基本生活技能的培养；德育目标致力于培养幼儿的良好品德和积极性格；智育目标旨在发展幼儿的智力和探究能力；美育目标鼓励幼儿感受和表达美。这些教育范畴共同构成了学前教育的核心内容，指导教育工作的具体实施。在教育内容的领域上，《幼儿园教育指导纲要试行》将幼儿园教育分为健康、语言、社会、科学和艺术五大领域，每个领域都设定了具体的教育目标。这种分类不仅反映了学前教育专业课程内容的全面性和系统性，还体现了对幼儿全面发展的重视。各领域目标的确立，既考虑了幼儿在不同阶段的发展特点，也顾及了社会的需求和学科的进

---

① 肖友荣，符传谊. 现代教育技术基础[M]. 北京：中国铁道出版社，2008：11.

展，为幼儿提供了一个丰富多彩的学习环境。整体上来说，学前教育专业课程目标的建立要结合其目标层次和架构，从多个维度进行综合考量和分类，从而为幼儿提供一个全面、均衡发展的教育环境，确保课程设置目标能够更贴近幼儿的实际需求和发展阶段，确保学前教育专业课程的有效性和实用性。

（二）呈现学前教育专业课程目标的表达方式

在学前教育专业课程设计中，呈现和表述课程目标是一项关键的任务，它直接关系到课程实施的效果和教育目标的实现。课程目标的呈现方式主要有两种：基于教师行为的呈现和基于幼儿行为变化的呈现。第一种，基于教师行为的呈现方式强调的是教师在教学过程中应承担的角色和任务，如"教师将引导幼儿探索……"或"教师将为幼儿创造……"等。这种呈现方式侧重于教师的主动性和创造性，明确了教师在实现教育目标过程中的具体职责和行动。第二种，基于幼儿行为变化的呈现方式，则是从幼儿的学习成果和发展目标出发，描述幼儿在学习过程中应达到的具体状态或能力，如"幼儿能够理解并运用简单的安全知识"或"幼儿将乐于参与游戏和各类活动"等。这种呈现方式更关注幼儿的主体性，强调课程目标的实现应以幼儿的实际学习效果为依据。当前，教育界普遍倾向于从幼儿的角度出发呈现课程目标，这不仅有助于转移教师的关注焦点，更重要的是促使教育实践更关注幼儿的学习过程和成果，克服了传统教育中教师行为过度突出进而忽视幼儿学习体验的问题。课程目标的呈现形式包括行为目标、展开性目标、表现性目标等。其中，行为目标注重描述可观察或可测量的幼儿行为变化。每项行为目标均涵盖行为动作、条件和具体内容三个要素。展开性目标则侧重于描述幼儿在某一领域或主题学习中应达到的广泛理解和能力发展。表现性目标则关注幼儿学习过程中的表现和创造，强调幼儿在特定学习活动中的参与和体验。通过这些多样化的呈现方式，学前教育专业课程目标能够更全面、更具体地指导教育实践，确保教育活动能够高效地促进幼儿的全面发展。同时，这也要求教师具备灵活运用不同目标呈现方式的能力，根据幼儿的实际需要和学习情况，精准地设计和调整教学策略，以实现教育目标的最优化。

二、学前教育专业课程内容的设计

（一）学前教育专业课程内容的设计要求

1. 合适性

课程内容的适切性强调课程内容必须既对应幼儿的发展阶段又要紧贴他们的生活实际，既在幼儿的理解范畴之内，又能激起幼儿的兴趣和好奇心。教师选择课程内容时，应深入考虑幼儿在认知、能力、情感和社会化等方面的发展特点及其普遍规律，同时顾及幼儿的个体差异，如体质、兴趣、需求和能力差异等。这种双重考量确保课程内容不仅适合幼儿群体的一般特性，也照顾到每个幼儿的独特需要。另外，课程内容的选择应基于幼儿的直观、具体的学习特点，与他们已有的生活和学习经验紧密相连。设计课程时，应兼顾普遍适用性和地域特色，既包括各地幼儿都需要学习的通用内容，又包括反映当地文化、习俗和环境特点的特殊内容，使课程既有普遍性又有个性，既国际化又本土化。

2. 可行性

教学内容不仅仅是学习的材料，更是实现教育愿景的桥梁。这意味着，一旦教育目标被明确，就自然而然地指明了教学内容选择的方向。在这个方向的引导下，教师在挑选具体教学内容时，需要持续关注它是否有助于目标的实现。具体到幼儿园教育环境中，这个过程涉及几个关键因素的考量。第一，目标意识的培养。在确定教学内容时，教师需要问自己："我选择的这些内容是为了达成哪些具体目标？"这要求教师不仅选择那些能够满足幼儿需求、与幼儿认知发展阶段相适应的知识，还要确保这些内容能够有效地促进既定教育目标的实现。特别是在引入新内容时，更需要考虑这些内容与教育目标之间的关联性，分析它们是否能够相辅相成，共同推动教育目标的达成。第二，为了实现同一教育目标，教师应考虑整合多种教学内容。很多情况下，幼儿无法仅通过学习单一内容就实现特定目标，而是需要通过接触和理解多种相关内容来逐步达成目标。这就要求教师在选择教学内容时，不仅要考虑单个教学内容的效用，还要思考哪些不同的内容能够共同促进目标的实现。第三，教师在选择内容时还应力求使每项内容都能服务于多个教育目标。教学内容与教育目标之间的关系并非总是一对一的，一个精心选择的内容往往能够触及并促进多个目标的实现。因此，在规划教学内容时，教师需要综合考虑，力求最大化每项内容的教育价值和效益。

3. 基础性

学前教育的根基在于为幼儿提供必要的生活和学习基石。这个教育阶段的主要目标是培养幼儿具备基本的生活技能和学习经验，确保幼儿对相关学科的基础知识有所掌握，从而促进幼儿身心全面和谐发展。这样的发展对于幼儿适应未来社会的要求至关重要。为了实现这一目标，学前教育专业课程设计在内容上要围绕培养幼儿成为能够胜任未来社会角色的基础知识和技能方面进行选择。教育的焦点应转向让幼儿掌握基本知识和技能，同时激发幼儿对学习的兴趣，让幼儿了解并掌握如何去学习新的知识和技能。这意味着，在课程设计时，应优先考虑那些具体、简洁并且与幼儿的生活及学习直接相关的知识和事实。通过这样的课程设计，不仅能够确保幼儿在最初的学习阶段就打下坚实的基础，而且能够为提高幼儿的学习能力奠定基石。

4. 发展性

课程内容的发展性关注科技进步、社会变迁和知识更新对幼儿教育内容的影响。随着时代的发展，新的科技产品和知识不断涌现，课程内容应及时更新，反映这些变化。这不仅是对幼儿园教育现代化的要求，也是满足幼儿全面发展的需要。课程设计者在选择课程内容时，应淘汰那些过时或不准确的信息，引入新的、与幼儿的实际生活和学习紧密相关的知识。

（二）学前教育专业课程内容的选取

1. 基础知识与生活经验

学前教育旨在为幼儿提供必要的生活和学习经验，帮助他们掌握与日常生活和学习紧密相关的基础知识。这种教育不仅促进幼儿身心全面发展，而且为幼儿适应未来社会的各项需求打下坚实的基础。课程内容应涵盖那些成为未来社会合格公民必不可少的基础知识和基本技能。从幼儿的视角出发，幼儿对自己以及周遭世界的基本了解不仅能增进对自身生活环境的认识，而且有助于适应环境，促进个人发展。

2. 基本活动技能与方法

有效的方法和技巧是完成各种活动的关键。正确的方法可以使努力更加高效，无论是在日常生活中还是在学习活动中。学前儿童的日常由多样化的活动组成，包括但不限于生活活动、学习活动和游戏活动。这些大类活动又可以细分为更具体的小活动，如睡眠、用餐、值日、劳动、观察、交流、实验和体育锻炼等。每项活动都有其特定的执行方法，掌握这些方法能使儿童在活动中更加得心应手。儿童所需掌握的基本活动技能和方法往往蕴含在他们日常参与的活动之中。这意味着，儿童通过参与社交活动学习交往技巧、在劳动中学习工作方法、通过游戏学习游戏规则、在观察过程中学习观察技巧等。教师如果能够洞察这一点，便能抓住时机，最大限度地挖掘并利用各项活动的教育价值，从而促进儿童在多方面的技能和方法学习。

3. 发展儿童各项能力的经验

能力的培养是学前教育的核心目标之一，正如常言"授人以鱼不如授人以渔"，能力的发展对于儿童的长期成长至关重要。在学前教育中，关注儿童能力的培养意味着重视他们完成各类活动的内在心理准备。《幼儿园教育指导纲要（试行）》中的领域目标为我们揭示了几个关键能力的培养方向：生活自理与自我保护能力、倾听与表达能力、交往能力、思维能力以及创造能力等。这些能力的培养确保了儿童在各个领域的全面且均衡发展。儿童的能力发展并不是孤立发生的，而是在"做中学"的过程中逐步实现的。例如，交往能力是在与他人的互动过程中逐步建立的；表达能力是在日常的语言使用过程中得到加强的。这要求教师不仅要在课程设计中融入丰富多样的活动，如游戏、艺术创作、实验、观察和社交等，还要在实施过程中为儿童创造充分的条件，鼓励他们参与这些活动，从而在实践中促进儿童能力的发展。

4. 培养儿童良好情感态度的经验

情感态度的培养在学前教育中同样占据着重要的位置。情感既是人们对周围世界的内在反应，又是推动个体持续发展的动力源泉。在儿童的学前阶段，教育者特别需要关注的是如何培养儿童的学习兴趣、自信心、责任感、独立性、合作精神和友善、尊重、同情等积极情感态度。这些情感态度不是通过直接教授培养的，而是儿童在参与各种活动的过程中通过体验和感悟逐渐形成的。创建一个充满爱和支持的学习环境，让儿童在日常的互动和活动中经历正面的情感体验，是培养良好情感态度的有效途径。通过精心设计的活动，儿童可以在实践中学习如何表达自己的情感，理解和尊重他人的感受，从而在积极的情感体验中逐渐形成稳定且健康的情感态度。

学前教育专业课程内容的范围应全面覆盖儿童能力的发展和情感态度的培养。通过细致入微的课程设计和教学实施，教育工作者不仅能够促进儿童在知识和技能上的成长，还能够在情感和态度上为他们的全面发展打下坚实基础。

(三) 学前教育专业课程内容的组织方法

1. 学科中心法

在学前教育中，采用以学科为中心的内容组织方法是一种将教育内容围绕特定学科体系构建的策略。此方法与以学习者经验为中心的课程相区别，它根植于要素主义教育理论的哲学指导。这种组织方法的目的是让儿童通过系统化的方式学习文化知识，同时培养和维护关键的学习习惯和技能。学科中心的内容组织侧重于从幼儿的认知出发，精选适宜的学科及其知识内容，按照由浅入深的顺序安排学科知识，旨在建立一个层次清晰、多学科知识并行发展的结构。这种组织方法虽然将学科知识作为组织教育内容的核心，但并不意味着完全忽视幼儿的实际经验。实际上，这种递进的组织方法在一定程度上体现了对幼儿已有经验的考虑，有利于促进幼儿对各学科知识的系统掌握。在执行学科中心的内容组织时，教学过程不是通过让儿童全面经历来学习，而是采取分科教学的方式，有序地传授学科知识。这要求教师采用直接讲授的方式来传递知识，同时辅以游戏和生活活动等，帮助儿童获取所需的知识、技能和习惯。尽管此方法确保了知识传递的系统性，但它也可能导致对儿童自发探索的机会和个性化需求的忽视。学科中心的内容组织方法虽然注重知识的系统传授，但可能不足以充分利用儿童的直接经验和活动参与。在这种教学模式下，教师的角色倾向于传授知识，而儿童的主动学习机会较少。此外，分科教学可能削弱了学科间知识的联系，影响儿童将所学应用于不同情境的能力。因此，尽管学科中心的内容组织方法在构建学科知识结构方面有效，但教师需要在实践中寻求平衡，以促进儿童的整体发展和主动学习。

2. 社会问题中心法

在学前教育专业课程内容的多样组织方法中，以社会问题为中心的课程结构提供了一种与众不同的视角。社会问题中心法是指通过将课程内容围绕解决社会问题来组织，使得学习活动不仅仅是关于学科知识的积累，而是更加注重学习者对社会现象的理解和参与一种内容组织方法。核心课程便是这种组织方法的典型例子。它从社会的实际情况出发，考虑到儿童的需求和特征，选取一个或多个主题作为学习的核心。这些主题不仅包含学科知识，还涵盖了解决实际问题所需的技能和理念。在一定时期内，儿童的所有学习活动都紧密围绕这一主题展开，从而形成了所谓的"核心课程"。采用以社会问题为中心的课程结构，意味着教育内容和活动与社会生活的联系将变得更加紧密。社会生活不仅为个体设定了特定的角色和要求，也提出了众多需要解决的问题。通过这种课程结构，儿童被鼓励去关注、理解并参与到这些社会问题的解决过程中，从而在实际的问题解决中学习和成长。这种组织方式的优势在于它能够加强不同知识领域之间的联系，以儿童的日常生活经验为基础，引导他们在探索解决方案的过程中深入了解社会。这不仅有助于培养儿童适应社会生活的能力，还能激发他们对社会问题的关注和思考，促进他们成为更加积极参与社会的公民。通过这样的学习过程，儿童不仅学习到了必要的学科知识，更重要的是，他们学会了如何将这些知识应用于解决实际问题，从而为他们的全面发展打下了坚实的基础。

3. 儿童中心法

儿童为中心的内容组织方法强调从幼儿的兴趣、需求出发，将儿童参与某项活动的动机置于教育内容组织的核心。这种组织方法注重以儿童的实际生活经验为基础，设计与实施教学活动，确保课程内容与儿童生活经验的逻辑顺序相吻合。在选择课程内容时，重点围绕儿童参与活动的内在动机，通过自主参与的活动形式进行学习。课程设计紧密依托于儿童的生活经验，以儿童为中心进行教育教学。这意味着课程的设计顺序与儿童生活经验的逻辑顺序保持一致，根据儿童的兴趣和需求来选择课程内容，并围绕他们进行的具体活动来组织这些内容。另外，该方法注重于解决儿童当前面临的问题，而不是预先设定活动内容和目标。在整个活动过程中，教师扮演的是顾问的角色，提供指导而非直接介入。此外，儿童中心法打破了学科界限，通过综合不同学科中与儿童生活经验相关的知识部分，引导儿童获取跨学科的知识。采用儿童为中心的内容组织方法可以提升儿童的思维能力和动手操作能力，同时促进个性发展。这种方式通过提供丰富的自主活动机会，支持儿童在探索和实践中学习，有利于培养儿童的自主学习能力和社会适应能力。

（四）学前教育专业课程活动的组织方法

在学前教育环境中，活动的组织和实施方式主要涵盖了两个核心领域，一是活动内容的安排，这主要关注儿童即将学习的知识和技能、学习经历以及各类心理体验的结合与安排；二是活动过程的管理，这涉及时间规划、空间与设施布局等方面。学前教育活动通常分为三种类型：集体活动、小组活动和个别活动。其中，集体活动通常指全体儿童同时参与的、按照统一标准和步骤进行的活动，这种方式是最具成本效益的组织形式。在实施集体活动时，教师通常直接指导儿童，这种方式适用于儿童对活动内容有着大致相同的理解和能力水平。然而，考虑到儿童之间存在的个体差异，集体活动可能难以满足每个儿童的特定需求，也可能影响他们的积极参与。因此，过分依赖集体活动并不是最佳选择。小组活动是由几位儿童组成的小团体进行的活动，这种活动既可以是教师事先计划并指导的，也可以是儿童自发进行的。与集体活动相比，小组活动的特点是参与人数较少，这有利于儿童更加主动和积极地参与，促进与伙伴和教师的交流，同时能够让儿童根据自己的节奏和方式进行学习。在小组活动中，教师的角色更多地转变为观察者和引导者，提供必要的支持和帮助。但是，若小组活动仍然采用统一的要求和安排，则难以实现个性化教学，其效果与集体活动无异。个别活动则关注儿童独立或与另一位儿童一起的活动，这类活动可以由教师安排或由儿童自主进行。个别活动提供了最高程度的个性化，允许教师根据每个儿童的具体情况提供专门的指导和支持。

整体来看，学前教育活动的有效组织需结合集体活动的效率、小组活动的互动性以及个别活动的个性化，以确保既能充分利用资源，又能满足儿童个体差异的需求。

第五节 学前教育专业课程的实施与评价

一、学前教育专业课程的实施

（一）学前教育专业课程实施的影响因素

学前教育专业课程的实施受到多种因素的影响，其中包括课程计划的内在特性、交流与合作的程度、实施过程的组织与领导以及教师培训的质量和深度。

1. 课程计划的内在特性

课程计划的设计和特性对其实施具有决定性影响。高质量的课程计划应具备以下特性：易于传播、操作性强、与当前教育价值观和实践相一致，以及相对于旧课程具有明显的优势。这些特性确保课程计划不仅理论上可行，而且在实践中容易被接受和执行。课程的可传播性确保它能够被广泛推广；可操作性高，降低了课程实施的难度；和谐性保证了课程与教育环境的兼容性；相对优越性则提供了更改的动力。

2. 交流与合作

课程的成功实施需要良好的沟通渠道和合作机制。课程开发者和实施者之间的有效交流能够确保课程目标、价值观和预期成果被清晰传达和理解。此外，经验分享和问题解决策略的交流对于发现和克服实施过程中的障碍至关重要。这种双向沟通促进了最佳实践的传播，帮助实施者适应课程要求并有效地解决问题。

3. 组织与领导

强大的组织结构和领导力对于课程实施的成功至关重要。有效的领导能够提供清晰的方向，确保资源的合理分配，并通过制订与执行相关政策和程序来支持课程实施。此外，领导层需要采取措施克服教师的惰性，通过激励和支持，鼓励教师积极参与课程实施，将其视为个人职业发展的一部分。

4.教师培训

教师在课程实施过程中发挥着核心作用。因此，为教师提供全面的培训至关重要，以确保他们了解新课程的目标、内容、教学策略和评估方法。教师培训应包括理论知识和实践技能的培养，使教师能够自信地应对新课程带来的挑战，并有效地促进幼儿的学习和发展。此外，持续的专业发展机会可以帮助教师不断更新知识和技能，适应教育领域的变化。

（二）学前教育专业课程实施的途径

在学前教育领域，课程实施的方法和路径多样且富有创造性。第一，通过有计划的教育活动实施。这一途径强调教师根据既定的课程目标和内容精心设计活动。这些活动不仅明确目标，还精心选择内容，以确保既有组织又有计划地实施。教师在这个过程中扮演着至关重要的角色，通过直接的组织和指导，帮助幼儿获取新的知识和技能，积累丰富的学习经验。这种方法的优势在于它能够确保教学活动的高效性和目标的明确性，从而有效促进幼儿的学习和发展。第二，通过游戏实施。游戏是学前教育中的核心组成部分，它不仅是幼儿最自然的学习方式，还是实现教学目标的有效途径。游戏活动能够促进幼儿的社会交往能力、语言能力、认知发展和身体协调性的发展。教师应当创造条件，让游戏成为学习的渠道，使幼儿在游戏中学习规则、解决问题、与他人合作，从而达到教育的目的。第三，利用日常活动实施。日常活动提供了丰富的学习机会，使幼儿在参与日常活动的中学习生活技能、社会规范和自我管理能力。这包括餐饮礼仪、个人卫生习惯、整理收拾等基本生活技能的培养。教师应抓住这些日常时刻，将其转化为教学机会，通过真实情境的互动，促进幼儿全面而自然地发展。第四，开展多样化活动。为了丰富幼儿的学习经验，学前教育还应该包括节日庆祝、户外探索、亲子交流和家长参与日等多样化活动。这些活动不仅增加了幼儿的学习乐趣,还促进了幼儿的社会情感发展和创造力提升。通过参与这些活动,幼儿能够在多元的环境中学习,了解社会和文化多样性。第五,家园社区合作。这种方法强调家庭、幼儿园和社区三方的紧密合作,以构建一个支持幼儿全面发展的教育生态系统。通过这种合作,可以共同促进幼儿的健康成长,加强家庭教育力量,利用社区资源丰富幼儿的学习内容和经验。幼儿园应当积极探索与家庭和社区的合作模式,通过组织亲子活动、社区参与项目等,搭建平台,促进幼儿在多元文化中成长,为其提供一个全面发展的环境。

二、学前教育专业课程的评价

(一)学前教育专业课程评价的目的

进行学前教育专业课程评价,不仅仅是为了衡量教学活动的效果,更是为了确保教育实践能够充分响应教师及幼儿的发展需要,支持全人发展,以及适应社会未来的需求。第一,进行学前教育专业课程评价是为了确保教育内容与幼儿发展阶段相匹配。学前教育阶段是人早期教育最关键的发展时期,此时的教育质量对幼儿的长远发展有着决定性的影响。课程评价可以确保教学内容、方法和目标与幼儿的年龄、能力以及发展阶段相匹配,从而促进其认知、情感和社会能力的全面发展。第二,提升教育质量和教学效果。通过定期和系统的课程评价,教育工作者可以获得关于教学实践效果的反馈,识别教学中的优势和不足,从而进行针对性的调整和改进。这有助于提升教育质量,确保教育活动能够有效地支持教师及幼儿的学习和发展。第三,促进教育公平和对个体差异的尊重。通过学前教育专业课程评价,可以更好地理解幼儿个体之间在学习能力和风格上的差异,从而支持职前教师采用更加个性化的教学策略,确保所有幼儿都能获得适合其个别需要的教育支持,促进教育公平。第四,进行学前教育专业课程评价是为了支持全人发展和为终身学习奠定基础。学前教育不仅关注知识和技能的传授，更重视情感、社会性以及创造力的培养，旨在为职前教师的终身学习和全人发展奠定基础。课程评价有助于确保教育活动能够全面支持教师在各个方面的成长，为其未来的学习和生活成功打下坚实的基础。第五，为了保证所培养的人才可以适应社会变化和未来需求。随着社会的快速发展和变化，未来社会对人才的要求也在不断变化。进行学前教育专业课程评价可以帮助教育者了解和预测这些变化，据此调整和更新教育内容和方法，确保职前教师能够适应未来社会的需求，成为具有创新精神的教育工作者。

（二）学前教育专业课程评价的内容

学前教育专业课程评价的内容应全面覆盖课程设计的各个方面，从而确保这些课程能够有效地培养学生在知识、技能、态度和价值观等方面全面发展。具体来说，课程评价内容应包括但不限于以下几个关键方面。

第一，课程目标与教育理念。评价课程目标是否明确，是否与学前教育的最新发展趋势相符，以及是否能够反映出先进的教育理念。这包括课程是否促进未来教师对儿童发展的全面理解，以及是否培养了儿童的教育创新能力和批判性思维。

第二，课程内容的广度与深度。评价课程内容是否全面覆盖学前教育的核心领域，如儿童心理学、教育方法论、课程设计、儿童保健等，并且是否提供了足够的深度来满足未来教育工作的需要。

第三，教学方法与资源。评价课程是否采用了多样化的教学方法和技术，如案例研究、实习、模拟教学等，以及是否有效利用了教学资源，包括数字化教学工具和平台，以增强学习体验。

第四，学习成果与能力培养。评价课程是否有助于学生达成预定的学习成果，包括知识掌握、技能发展和态度形成等，是否重视培养学生的实践能力和创新能力。

第五，评估与反馈机制。评价课程设计是否包含有效的评估和反馈机制，既能够及时反映学生的学习进展，又能够为课程改进提供指导性建议。

第六，社会需求与就业适应性。评价课程内容和结构是否与当前和未来的社会需求相吻合，以及是否为学生的职业发展和做了充分的准备。

（三）学前教育专业课程评价的方法

课程评价不仅能够评估课程设置的当前效果和合理性，还能够指导未来的课程改进和发展，确保教育质量的持续提升，满足未来学前教育领域的需求。进行学前教育专业课程评价的方法涉及一系列系统的步骤和策略，评价设计和过程要科学、全面、客观，以准确反映课程设计和实施的有效性与合理性。

第一，明确课程评价的目标与标准。课程评价的目标包括评价课程内容的适宜性、教学方法的有效性、课程结构的合理性等。要基于这些目标，制定具体、可操作的评价标准和指标，确保评价过程有明确的参照和依据。

第二，采用多元化评价工具。为全面评价课程的各个方面，需采用问卷调查、访谈、课程文件分析、观察法等多种评价工具。例如，通过问卷调查法收集学生、教师和行业专家的反馈，通过访谈法深入了解课程实施的细节和挑战，通过课程文件分析评价课程设计的合理性，通过观察法实地考察教学过程和学生互动。

第三，实施混合方法研究。结合定量和定性研究法，以获得关于课程效果的全面数据。定量数据（如问卷调查结果）可以揭示普遍趋势和模式，而定性数据（如访谈和观察记录）可以提供深入的见解和理解。这种混合方法研究有助于综合评价课程的多个维度，提高评价的准确性和可靠性。

第四，多元化的主体参与式评价。鼓励教师、学生、行业代表和其他利益相关者参与评价过程，以确保评价结果具有广泛的代表性和有效性。通过构建多方参与的评价机制，可以获得多元化的视角和反馈，增强评价过程的透明度和公正性。

第五,周期性和阶段性评价。将评价设计为一个周期性过程,不仅在课程结束时进行总结性评价,而且在课程实施过程中进行阶段性的形成性评价。这种持续的评价机制有助于及时发现问题和不足,支持课程的即时调整和改进。

第六,数据分析与结果解释。对收集到的数据进行系统的分析和解释,使用统计分析方法处理定量数据,采用内容分析、主题分析等方法分析定性数据。在此基础上,结合课程评价的目标和标准,综合解释评价结果,明确课程的优势和需要改进的地方。

第七,反馈机制和改进措施。建立有效的反馈机制,将评价结果和建议反馈给课程设计者和教师。根据评价结果,制订具体的课程改进计划,包括调整课程内容、更新教学方法、改善教学资源等措施,以及设定改进的时间表和责任人。

第八,持续监测与再评价。在实施改进措施后,继续进行持续的监测和再评价,以确保改进措施有效实施并达到预期效果。这一环节是确保课程质量持续提升的关键。

第七章　学前教育专业人才培养模式的创新与构建

第一节　国内学前教育专业人才培养模式

在当今社会，学前教育作为基础教育的重要一环，承担着培养儿童早期发展和学习基础的关键任务。随着教育理念的不断更新和教育需求的日益多元化，高等师范院校及职业院校在学前教育专业人才培养方面进行了深入探索和实践，逐步形成了一系列具有特色的教学模式。迄今为止，一些老牌的或者一些著名高等师范院校和职业院校已经探索出了一些比较成熟的学前教育专业人才培养模式，这些模式力求在理论与实践、知识与能力、传统与创新之间寻求平衡，以便全面提升未来学前教育工作者的专业素养和实践能力。这些模式都具有一定的优势，也有一些需要提升和优化之处。

一、"大教育小学前"模式

"大教育小学前"模式是将学前教育专业的学生的教育置于更广阔的教育学科背景下。该模式认为学前教育不仅是一个独立的学科领域，而且是教育学科整体框架的一个组成部分。这种观念促使教育者将学前教育与小学教育、高等教育、特殊教育等其他教育领域并列，视为相互补充和支持的同行者，而非孤立存在的专业。在实施"大教育小学前"模式时，学前教育专业的学生首先接受广泛而深入的教育学科基础理论教育，这不仅包括教育心理学、教育哲学、教育史等通用教育学科知识的学习，还包括对教育政策、教育管理等方面的学习。通过这种广泛的基础教育，学前教育专业的学生能够打下坚实的教育学科理论基础，为后续的专业学习打下良好的基础。在基础教育学科知识学习的基础上，学生进一步深入学习学前教育专业的相关理论课程，这些课程更加专注于学前教育领域的特殊性，包括但不限于儿童发展心理学、学前教育专业课程设计与实施、幼儿园管理与运营等。这一阶段的学习使学生不仅掌握了学前教育的基本理论知识，而且能够对学前教育的特点和需求有更深入的理解。这种模式可能存在以下问题：第一，由于教学目标的贪大求全，学生有可能获得较为全面的教育学基础，但在学前教育领域的专业深度和实践技能上，可能不如完全专注于学前教育的培养模式。第二，由于课程内容更偏重于理论学习，学生有可能遇到实践经验获取不足的问题。学前教育专业学生需要大量的实践机会来应用理论知识、发展教育技能和理解儿童发展的实际情况。因此，缺乏足够实践机会会限制学生能力的全面发展。第三，跨学科融合难度较大。虽然"大教育小学前"模式试图在教育学的宽广领域内融入学前教育的专业知识，但实际操作过程中，有效整合了不同学科知识，特别是将教育学理论与学前教育实践紧密结合的难度相对较大。这可能导致学生在理论与实践之间存在脱节，难以形成连贯的专业知识体系。第四，市场适应性问题。"大教育小学前"模式下的毕业生可能会面临市场适应性问题。在特定教育环境和政策背景下，雇主可能更倾向于招聘具有深入学前教育专业知识和丰富实践经验的人才。

二、"专业教育教师教育"模式

"专业教育教师教育"模式认为，首先学前教育专业不仅仅是一门专业教育，还是一种教师教育。这种模式的核心在于将学前教育专业的培养目标分为两个主要部分：一是学前专业教育的理论与实践课程，二是教师教育的课程体系，包括必修和选修课程以及实践学分的设置。在此模式下，学前教育专业的学生首先要完成普通的专业理论和专业实践课程，这为他们奠定了扎实的学前教育专业知识基础。其次要通过教师教育课程（包括必修学分、选修学分以及实践学分），学生能够进一步加深对教育理论的理解，并且在实践中提高教学技巧与策略，为未来的教育工作做好准备。尽管该模式在理论上是一种全面而深入的培养方案，将专业知识教育与教师教育有效结合，旨在培养具有扎实专业知识和高水平教学能力的学前教育人才，但在实践中仍存在一些优化空间。例如，在课程内容与实际需求的匹配度方面，虽然"专业教育教师教育"模式已经在某种程度上实现了教育理论与实践的结合，但课程内容与学前教育现实需求之间仍然存在一定的脱节。课程设置需要进一步紧密结合当前幼儿教育领域的最新发展，特别是在儿童心理学、早期教育方法及技术等方面。另外，实践教学部分往往受到资源、时间和地点的限制，这限制了学前教育专业的学生深入实践的机会。需要通过与更多幼儿园和早教中心的合作，为学生提供更广泛、更深入的实习机会，使他们能够接触到多样化的教育场景和儿童群体。当前模式下的教师培训侧重于基础的教育学和教学方法，但对于学前教育专业教师来说，持续的专业发展同样重要。需要加强职后教师的进修和培训，特别是在创新教育理念、跨文化教育能力以及信息技术运用等方面。最后，有效的评估与反馈机制是提高教育质量的关键。目前该模式还需要进一步完善学生的评估体系，不仅仅关注学术成绩，更重要的是充分评价学生的教学实践能力、创新能力和解决问题的能力，同时建立起反馈机制，帮助学生及时了解自己需要提升的地方。

三、"校·园"共育人才培养模式[①]

学前教育专业的"校·园"共育人才培养模式，亦称"工学交替"

[①] 周东恩. "校·园"双主体人才培养模式的创新与实践——以大连职业技术学院学前教育专业为例 [J]. 辽宁高职学报，2023, 25 (11): 5–8.

第七章 学前教育专业人才培养模式的创新与构建

模式，旨在充分发挥学校和幼儿园两个主体的优势，校、园共同参与教育教学全过程，以满足学前教育领域对高素质人才的需求。这一模式的核心理念是"校中园、园中校"，通过学校和幼儿园的密切合作，加强专业特色与幼儿园发展的契合度，实现学前教育专业人才培养的共赢发展。在"校·园"共育人才培养模式中，学校和幼儿园两个主体共同参与教育教学的全过程，一般情况下学校采用"2+1"或者"3+1"方式培养人才，其中，2和3指的是学生在校理论学习的时间，取决于就读的是三年制的高职院校还是四年制的本科院校，后面的1是指在幼儿园实地学习时间为1年。该模式突出了学前教育人才培养的定向性。学校主要负责理论教学，提供丰富的教育资源和师资力量。而幼儿园主要负责实践教学，为学生提供实际教育场景和机会。这种合作模式下，学校课程和幼儿园课程相结合，教育资源互补，旨在培养具备丰富教育理论知识和实际操作经验的专业人才，实现共赢发展。

"校·园"共同研讨和制订人才培养方案，共同开发模块化和项目化课程，共同开展科学研究和社会培训，这些举措凸显了人才培养的特色。第一，通过研究和制订人才培养方案，可以确保学生在学校和幼儿园的教育过程中获得全面的教育。同时，模块化和项目化课程的开发有助于提高学生的学习兴趣和能力。第二，通过科学研究和社会培训，可以让学生更好地适应幼儿园教育工作的需求，为幼儿的成长和发展提供更好的支持。

"校·园"双主体中，园长、骨干教师和校内专业课程教师共同参与研究，创新主题教学方式，这有助于提高学前教育专业人才的培养质量。通过同课异构教学方案的设计，可以使学生具备更全面的"保""教"能力，从而更好地满足不同岗位需求。这种螺旋式上升的学习方式，有助于培养学生的学科素养，使他们的专业发展更加深远。最重要的是，深化"校·园"共同育人教育教学模式有助于提高学前教育专业人才的培养质量。通过区域专业引领地位的发挥，可以使培养出来的学前教育专业人才更好地适应幼儿园的发展需求,推动学前教育领域的进步和发展。这种"校·园"共育人才培养模式的优点显而易见。首先,它充分发挥了学校和幼儿园两个主体的优势,使教育资源得到充分利用。其次,通过共同研讨和制订人才培养方案,可以确保培养出具备丰富理论知识和实际操作经验的学前教育专业人才。再次,模块化和项目化课程的开发有助于提高学生的学习兴趣和能力。最后,深化"校·园"共同育人教育教学模式有助于提高学前教育专业人才的培养质量,推动学前教育领域的进步。

整体上来看,"校·园"共育人才培养模式在学前教育领域具有重要意义。但在实施过程中也暴露出一些缺点和需要优化的地方。第一,资源配置不均,合作幼儿园的质量和资源配置存在差异,可能导致学生实习经验的不一致性。优质幼儿园的资源紧张,而一些资源不足的幼儿园可能无法提供充分的学习机会和适宜的实践环境,影响了学生实习的效果和质量。第二,实践指导的专业性不足。虽然学生有机会参与实践活动,但幼儿教师和学校教师在专业指导方面可能存在差距。一些幼儿教师可能缺乏指导学生的经验或专业知识,而学校教师可能无法时刻参与到学生的现场实践中,这导致学生在实践过程中得不到充分和有效的指导。第三,评估体系不完善。当前的评估体系可能过于侧重于理论考核,而对实践技能的评估不够全面,无法准确反映学生在实践中的表现和成长。此外,缺乏针对学生实践能力发展的长期跟踪评估,使得教育效果的持续改进和个性化指导变得困难。第四,合作模式的稳定性和可持续性问题。学校与幼儿园之间的合作关系可能因为各种外部因素(如政策变化、经济压力等)而变得不稳定,影响到共育模式的持续实施。此外,双方在合作过程中可能会出现目标不一致、利益冲突等问题,进一步影响合作模式的稳定性和可持续性。

四、"平台模块"模式

"平台模块"模式是当代学前教育教学模式中的一种,其核心理念在于通过构建开放、灵活的课程体系来强化课程对于学前教育专业人才培养的核心作用。在这一模式下,课程被划分为平台课程和模块课程两个主要部分,旨在打破传统教育中过于狭窄的专业界限,促进跨学科学习和综合能力的培养。平台课程涉及学校、学院(系)、专业三个层面,为学生提供了从广泛到具体的学习路径。这种层次性的课程设计让学生能够根据自己的兴趣和职业规划,有选择性地深入学习相关领域的知识,从而更好地适应未来教育的多样化需求。模块课程可进一步细分为特定领域的课程体系,允许学生在某一平台内深化专业技能,实现知识的垂直整合。尽管"平台模块"模式在理论上提供了一个灵活且开放的学习框架,促进了跨学科能力和创新思维的培养,但是在实施过程中仍存在一些需要优化的地方。第一,课程之间的衔接和整合需要进一步加强。目前,尽管模块课程设计有助于深化专业知识,但不同平台课程和模块课程之间缺乏有效的衔接机制,可能导致学习内容重复或知识点断层。第二,教师的专业发展和培训也是一个关键问题。实施"平台模块"模式,教师不仅要有深厚的专业知识,还要掌握跨学科教学的能力。因此,需要加大对教师跨学科教学能力的培训和支持,确保教师能够有效地指导学生在不同的学习平台和模块中进行探索和学习。第三,评价机制的建立也是"平台模块"模式需要优化的地方之一。当前的评价体系往往侧重于知识掌握的程度,而不够重视学生跨学科能力和创新能力的培养。因此,开发更为全面和多元的评价方法,能够更准确地反映学生在该教学模式下的学习成效,对于促进该模式的有效实施至关重要。

五、几种其他常见的合作教学模式

在当今教育和产业发展中,校企合作模式已成为技术技能人才培养的重要途径。国内外不同的校企合作模式根据各自的教育体系和产业结构，形成了多样化的合作框架，以通过学校教育与企业实践的深度融合，共同培养适应社会和市场需求的高素质技术技能人才。国内较为成熟的校企合作模式包括"前店后校"[①]"自主经营""订单培养"以及"职教集团"等。这些模式通过不同的合作机制，强化了学校教育与企业实践的紧密结合，既满足了企业对技术技能人才的具体需求，也提升了教育的实用性和针对性。例如，"订单培养"模式直接以企业的人才需求为导向，定制培养计划，确保学生毕业即能有工作分配，满足特定岗位对人才的需求。这些模式的共同特点在于，它们都基于学校与企业之间的紧密合作，实现了教学资源的优势互补。学校主要负责理论教学，提供基础知识和技能的培训；而企业则侧重于实践教学，提供实际工作中的技能培训和实习机会。这种合作不仅丰富了学生的学习内容，也提高了学生的学习的效率和实践能力，可以更好地实现教育与产业的无缝对接。具体来说，校企合作模式的优势主要表现在以下几个方面：第一，它能够实现教育内容与企业需求的紧密匹配，提高人才培养的针对性和有效性；第二，通过实践学习，学生能够提前适应职场环境，增强就业竞争力；第三，企业参与教育过程，能够直接影响人才培养的质量，为企业培养出更符合需求的技术技能人才；第四，这种合作模式还促进了教育资源和企业资源的共享，实现了社会资源的有效利用。

整体来看，校企合作模式通过理论与实践的有效结合，不仅为学生提供了更加广阔的学习平台和实践机会，也为企业培养了大量符合需求的技术技能人才，实现了教育与经济发展的双赢。随着社会发展和技术进步，这种合作模式将继续演化和深化，以更好地适应未来教育和产业发展的需求。但是其缺点与"校·园"共育人才培养模式一致，有一定有待优化之处。第一，过度依赖特定企业可能会带来风险，尤其是当合

---

① 段永清，夏蔚，雷云. 校地园协同学训教一体 成渝地区双城经济圈建设背景下幼儿教师人才培养模式研究与实践[M]. 成都：四川大学出版社，2021: 189.

作企业面临经济波动、行业调整或经营理念变化时。这种依赖可能会影响到课程内容的更新、实习质量和学生培养的连续性。第二，校企合作模式下，企业的商业目标可能与教育目标不完全一致。企业更注重培养即刻可用的技能，而学校可能更重视学生全面发展和长远能力的培养。这种差异可能导致课程内容偏向满足企业的即时需求，而忽略了学生批判性思维、创新能力等素质的培养。第三，在校企合作模式下，学生的实习经历和质量可能会因企业的不同而大相径庭。有些企业可能提供丰富的学习机会和良好的指导，而有些企业则可能因资源有限或对实习生投入不足，导致学生的实习名不副实。第四，校企合作模式下学校的课程内容可能会过分侧重于合作企业的特定需求，而忽略了学前教育领域更广泛、更多样化的知识和技能。这种局限性可能会影响学生毕业后的适应性和职业发展。第五，评估与监督挑战。在校企合作模式下，确保实习和项目学习的质量，需要有效的评估和监督机制。然而，由于企业和教育机构的运作模式和目标存在差异，建立和执行这样的机制可能会遇到挑战。教师如何有效地指导学生在实践过程中将实践经验转化为专业能力，学校和企业如何进行衔接和交流等，如何平衡校内理论学习与校外实践活动的关系，也是该模式需要进一步探索和完善的方面。

第二节　国内学前教育专业人才培养模式反思

上一节分析了国内常见的几种学前教育专业的教学模式，并对其优缺点予以分析，这些分析针对特定的教学模式，具有比较强的针对性和差异性，除了上述教学模式之外，我国一些传统的教学模式还存在一些需要提升和优化的地方。

一、学前教育专业人才师德教育效果有待提升

"学高为师、身正为范",学前教育专业人才的师德不仅是教师个人品格和职业行为的体现,更是影响幼儿成长和发展的重要因素。它关系到幼儿的身心健康、性格形成及价值观的培养,因此具有不可替代的重要性。一位师德高尚的教师能够为幼儿创造一个积极、健康、和谐的学习和成长环境,通过言传身教,帮助幼儿树立正确的人生观、价值观和世界观。此外,教师师德直接影响家长和社会对学前教育机构的信任度和满意度,从而影响学前教育机构的声誉和发展。因此,加强学前教育专业师德建设,既是提升教育质量的关键,又是实现教育目标、培养全面发展幼儿的基石。当前的学前教育人才培养模式面临着多方面的挑战与反思。例如,在师德教育的实施与成效方面,一些院校在师德教育的理解和实施上存在一定的局限性,这不仅体现在师德教育体系的不完善上,还表现在教育方法与学生认知特点之间的脱节,师德教育往往被简化为单纯的说教或是形式化的程序,而缺乏与教育教学实践的有机结合,这显然与新时代教育的要求不相符合。第一,关于师德教育体系的完善问题,师德不仅是教师职业行为的规范,更是教师职业精神的体现。一个完善的师德教育体系应当能够全面覆盖教师职业生涯的各个阶段,从教育预备期到职业发展期,无一不应纳入师德教育的范畴。然而,目前一些高职院校在这方面的做法往往停留在理论教育和规范制定的层面。部分高等职业院校对师德教育的理解似乎尚未达到一个全面和深入的层次。这种局面导致了师德教育体系的不完善,忽视了师德教育在实践中的应用和检验。这种脱离实际的师德教育很难触及学生的内心,更难以促进学生德技双修以及全面发展。第二,关于师德教育与学生认知特点的契合问题。教育不仅仅是知识的传授,更是价值观的培养和人格的塑造。新时代的高职学生具有更加多样化的认知风格和学习需求。他们不仅需要理论知识的输入,更需要通过实践活动和情景模拟等方式来体验

第七章　学前教育专业人才培养模式的创新与构建

和理解师德的真正含义。如果仅仅依靠传统的说教方式来进行师德教育，很难激发学生的兴趣和认同感，也难以实现教育的深入和持久。这样的教育模式难以满足新时代学前教育专业学生的认知需求和心理特点。教育过程中的形式主义做法，如仅仅完成规定的教育任务而未能引发学生的深刻反思，将导致师德教育在学生心中缺乏深度印记。在目前的人才培养模式中，即便是教育活动被执行，部分学生也未能真正从师德教育中获得灵感，将所学知识和价值观真正内化为自己的思想和行为。结果是，即使是在步入工作岗位之后，他们也难以将师德教育的成果有效地转化为职业生涯中的实践指导。因此，院校在进行师德教育时，不应该仅仅停留在表面的知识讲授上，更应该深度激发学生内心的思考，引导学生形成正确的价值观念和职业道德，积极探索更加符合学生认知特点的教育方法，如案例教学、角色扮演、社区服务等，这些都是连接理论与实践，促进学生内化师德价值的有效途径。第三，关于师德教育效果的体现问题，师德教育的最终目标是促使学生在将来的教育工作中能够自觉地将师德原则转化为自己的职业行为。这要求师德教育不仅要在学生的学习期间有所落实，更要在学生步入职场后能够得到持续的引导和支持。这就需要高职院校与学前教育机构建立起更加紧密的合作关系，共同为学生的师德成长提供长期的跟踪服务和实践机会。同时，院校还需要通过建立反馈机制，将学生在工作中的表现和师德实践情况反馈回来，以更有效地指导学前教育专业人才培养实践，这不仅是对教育者职业道德的一种要求，更是对未来人才以及社会负责的体现。

二、学前教育专业艺术技能与教学技能培养失衡

在当代学前教育的教学模式中，一个值得关注的现象是，某些教育机构过度强调艺术技能（如钢琴弹奏、歌唱和舞蹈等）的培养，而对教育的其他方面，尤其是教学方法、教育技能和儿童观察等核心专业技能的培养不够重视。这种偏向可能源于对幼儿园教育职责的误解，即将幼

儿教师的角色简化为仅提供娱乐和艺术活动的指导者。然而，这种看法忽视了学前教育的复杂性和丰富性，以及教师在儿童发展中扮演的多重角色。第一，重要的一点是要充分意识到学前教育不仅仅是关于艺术表达的学习。虽然音乐、绘画和舞蹈等艺术活动对于儿童的创造力和情感发展至关重要，但学前教育的范畴远远超出了这些内容。它还涵盖社会技能、语言能力、逻辑思维和对环境的认知等方面的发展。因此，教师的角色远比单一的艺术指导者要复杂得多，包括观察者、引导者、沟通者和创造性问题解决者等多重身份。第二，过于强调艺术技能的培养可能会导致教育资源的不均衡分配。在这种情况下，可能会忽略对教学方法论（"三教六法"）的学习，这包括教学原则、教学方法、教学手段等方面的知识和技能。此外，教育观察技能的培养也同样重要，因为它能够帮助教师更好地理解儿童的需求、兴趣和发展水平，从而提供更为个性化和有效的教育。然而，这并不意味着艺术技能的培养应该被边缘化。相反，艺术活动应该与其他教育内容并重，形成全面发展的教学策略。这要求教育机构在课程设计和教师培训上采取一种更加均衡和整合的方法，确保教师不仅具备艺术指导的能力，而且掌握广泛的教育技能和理论知识。为了实现这一目标，教育政策制定者和学校管理者需要重新评估和调整教育资源的分配，加强对教育理论和实践技能的培训。同时，教师自身也应当积极寻求专业发展的机会，拓宽自己的知识和技能范围。通过这些努力，可以确保学前教育不仅仅是关于弹、唱、跳等艺术技能的培养，而是一个全面促进儿童发展的综合性教育过程。

整体上来说，当前学前教育教学模式的这一现状提示我们，教育的质量和效果依赖于对教育内容和方法的全面理解和应用。通过平衡艺术技能与其他教育核心技能的培养，可以使所培养的学前教育人才更好地满足儿童多方面的发展需要，为他们的未来学习和生活打下坚实的基础。

三、双师型教师的数量和质量有待提升

双师型教师是指具备双重职业资格或双重职称的教育工作者，他们不仅拥有教育领域的专业教师资格，还具备中级及以上技术职务或职称，如"教师证书＋心理咨询师证书"。这种双重资格或职称使他们在教育工作中具备了多重技能和知识，能够更全面地满足不同领域的教育需求。在学前教育领域，双师型教师的概念具有特殊的意义。学前教育是儿童成长和发展的关键阶段，要求教师不仅具备教育理论和教育技能，还需要了解儿童的特殊需求和心理发展。因此，双师型教师在学前教育中扮演着重要的角色，他们不仅是教育者，还是儿童的引导者、关怀者和启发者。对于学前教育而言，双师型教师可以具备多种专业背景，如心理学、医学、艺术、体育等。这种多元化的专业知识和技能使他们能够更好地理解儿童的需求，并提供更加综合和个性化的教育服务。例如，一位拥有医学背景的双师型教师可以更好地关注儿童的健康和营养需求，而一位具备艺术背景的双师型教师可以引导儿童在创造性表达方面发展。此外，双师型教师在跨学科的教育中发挥着重要的作用。学前教育不仅仅是关于知识传授，还涵盖了儿童的社交、情感、道德等多个方面的发展。双师型教师可以将不同领域的知识和技能有机结合，为儿童提供更为全面的教育体验。例如，通过将艺术和心理学结合，可以帮助儿童表达情感和解决问题。然而，尽管一些院校在双师型教师队伍建设方面取得了一定的进展，但仍然存在着双师型教师数量不足，质量不高，知识运用不足的问题。此外，学前教育领域的快速发展和教育理念的快速更新，要求培养出的学前教育专业人才能够适应不断变化的学前教育形势。但是目前，大多数院校中仍然采用传统的教学方法培养学生，主要侧重于理论传授，缺乏幼儿园工作实践经验，更少有双师型教师理论和观念的传递和教授。这导致了许多双师型教师在教育实践中难以将理论与实践有机结合，缺乏对实际教育场景的深刻理解。这种理论与实践脱节的

现象不仅仅影响了教育质量,也使得双师型教师无法胜任幼儿园教师的岗位要求。另外,学前教育领域的不断发展和教育理念的不断更新要求教师具备更高的教育素养和创新能力。然而,部分双师型教师的教育素养相对较低,无法跟上教育领域的最新发展,从而无法为学生提供最前沿的教育理念和方法。

整体上来看,解决双师型教师素质偏低的问题是中国学前教育领域面临的一项紧迫任务。通过加强教育培训、提升教师的教育素养以及深化园校合作,确保双师型教师能够胜任幼儿园教育工作,从而为学前教育的健康发展作出更大的贡献。这不仅有助于培养更加全面发展的新一代儿童,还可以为中国的教育事业和社会的未来作出更大的贡献。

四、专业实践教学安排有待充分化和科学化

在分析我国学前教育专业发展的过程中,不难发现实践教学环节存在一些不足,这一问题对于专业人才的培养造成了不小的阻碍。学前教育专业,作为一门旨在培养未来幼儿园教师和早教工作者的学科,其实践性教学环节的重要性不言而喻。理论与实践的结合不仅是教育学科的基本要求,更是学前教育专业特有的培养目标。然而,在当前的教育实践中,这一环节的安排往往不尽如人意,主要表现在实践教学的不充分与不科学两个方面。第一,专业实践教学的不充分主要体现在实践机会的稀缺以及实践时间的不足。按照《教师教育课程标准(试行)》和《学前教育专业认证标准》的规定,学前教育专业的学生至少需要完成18周的教育实践[①]。这些实践不仅包括在校内外的观摩学习,更重要的是要有跟岗或顶岗实习的经历,以确保学生能够在真实的教育环境中运用所学知识,全面提升专业技能。然而,由于高职院校实践教学场地不足、设施缺乏,以及近年来学前教育专业生源的激增,导致了实践教学机会的

---

① 中华人民共和国教育部网站《教育部关于印发<普通高等学校师范类专业认证实施办法(暂行)>的通知》附件三。

稀缺，学生无法获得足够的实践时间和空间，从而影响了实践技能的充分培养。第二，专业实践教学的不科学体现在实践教学体系的设计上。理想的学前教育专业实践教学体系应当围绕专业人才培养目标，设置完整的育人实践教学体系，这包括通用职业技能训练、教师职业能力训练以及教育实践综合训练。通用职业技能训练包括沟通交流、团队合作、组织协调等基本能力的训练；教师职业能力训练包括教学基本功技能、教学实践能力和幼儿教师必备技能等多方面的专项训练；教育实践综合训练则是将学生送入幼儿园，进行跟岗或顶岗实习，使学生在实践中全面提升专业技能。然而，现实中的专业实践教学安排往往忽视了这一体系的科学性与完整性，导致实践教学内容碎片化，无法有机整合，影响了学生能力的系统培养。专业实践教学的不充分与不科学，直接导致了学前教育专业学生在专业技能和实践能力上的不足。缺乏系统、全面的实践教学体验，学生难以将理论知识有效转化为实践技能，无法满足未来幼儿教育工作的复杂需求。这种状况不仅影响了学生的就业竞争力，更重要的是，它可能对幼儿的成长和发展产生间接的负面影响。因此，针对学前教育专业实践教学不充分与不科学的问题，需要从实践教学体系的构建、实践机会的拓展以及实践教学资源的整合等多个维度进行深入分析和改进，以期达到培养高素质学前教育专业人才的目标。

五、学前教育专业认同感有待提升

在当前教育体系中，职业教育与高等教育并重的理念已在《中华人民共和国职业教育法》中明确，旨在平衡各类教育的发展，促进社会人才结构的多元化。然而，在实际的社会认知中，专科学历在学前教育领域的社会认同度仍面临挑战。这种现象不仅影响了职业院校学前教育专业学生的自信心，还间接反映了教育行业对于人才层次需求的变化。近年来，随着教育质量的不断提升，公办幼儿园在招聘专业教师时普遍倾向于本科及以上学历的应聘者，这一趋势在一定程度上限制了专科毕业生的就业渠道。尤其是在一些城区幼儿园，对教师学历的要求更是严格，大多数岗位明确提出需要本科及以上学历，而少有的接受专科学历的岗位往往集中在城郊或村镇幼儿园，并且附加有多年工作经验的要求。以2020—2021年河南省教育系统招聘幼儿教师为例，超过80%的城区幼儿园教师岗位要求应聘者具有本科学历，仅少数岗位接受大专及以上学历，且这些岗位也要求有至少三年的相关工作经验。这种现状不仅压缩了专科学历毕业生的就业空间，也在一定程度上挫伤了他们的职业发展信心。虽然专科层次的学前教育专业侧重于实用技能的培养，旨在快速满足行业对于应用型人才的需求，但在面对实际就业市场时，专科学历的毕业生往往因为学历门槛而失去了进入优质幼儿园的机会。这种社会对于教育层次的偏好，不仅影响了专科学历人才的就业，也在一定程度上反映了我国教育评价体系与社会需求之间的不平衡。因此，社会对专科学历的低认同感，既是教育领域面临的问题，也是社会人才评价体系需要进一步优化的反映。这要求我们不仅要重视学历教育的质量，更要建立多元化的人才评价体系，真正实现以能力和技能为导向的人才培养和评价模式，以促进教育公平和社会的全面发展。

六、学前教育专业评价的动态性和多元性有待提升

在当前的教育体系中，学前教育专业的教学评价存在一些需要关注和改进的问题。这些问题主要体现在专业设置和人才培养质量评价的机制上，反映出需要更加动态和多元化的评估方法来适应教育与社会的发展需求。

第一，学前教育专业的设置缺乏动态评估机制，这意味着在进行行业调研、市场需求分析以及预测的基础上，对专业建设规划和人才培养方案的及时调整和更新不够充分。虽然"产教融合"策略已被提出并推动高职院校进行相应的专业调整，但实际操作中的实质性融合仍有待加强。在高职院校与学前教育机构的合作中，存在着责权界限不明确和缺

乏长期规划的问题,这些问题不仅影响了教育机构和高职院校在人才培养职责上的明确划分,而且导致了双方在合作中出现责任界限模糊的情况,进而影响了专业设置的有效性和针对性。

第二,人才培养质量的评价指标过于单一,常见的评价方式多依赖于学生的考试成绩和就业率等量化指标,忽视了对学生综合能力和实践技能的评估。这种评价方法难以全面反映学前教育专业学生的真实培养情况,也不利于准确把握教育质量的提升方向。此外,可能由于自身日常的教学和科研任务繁重,难以频繁接触企业实践,高职院校教师在评价学生培养质量时,对学生参与企业实践工作能力评价的客观性和准确性受到影响。因此,学前教育专业的教学评价问题提示我们,需要构建更加灵活和全面的评价机制,包括建立动态的专业设置评估体系,以及多元化的人才培养质量评价标准。这不仅需要高职院校和学前教育机构之间建立更加紧密和明确的合作关系,也需要相关政策和法规的支持,以提高学前教育机构参与度,进一步深化产教融合的实践。同时,应该重视从企业和社会需求出发,动态调整专业设置和更新人才培养方案,使教育更加贴近实际需要,培养出更加适应社会发展的学前教育专业人才。

第三节 国外学前教育专业人才培养模式借鉴

学前教育指的是儿童在进入小学前接受的全部教育,而这里特别强调的是3～6岁儿童在幼儿园阶段所经历的各种教学活动。它不仅是基础教育的重要组成部分,而且对个人的长期成长和发展具有不可或缺的影响。在当前时代背景下,教育的重要性愈发显著,全球各国不仅致力于扩展高等教育,更是将目光投向了学前教育,力图从娃娃抓起,为教育事业打下坚实的基础。学前教育是孩子首次正式教育的起点,是整个教育系统构建的基石。目前,为了在教育领域占据有利地位,许多国家

学前教育专业学生的专业认同与人才培养模式构建

开始重视曾经被忽视的学前教育,争先恐后地提高幼儿教师的培养质量,例如,国外的一些校企合作模式,如德国的"双元制"[①]、英国的"三明治"模式[②]、美国的"合作教育"(Cooperative Education,Co-Op,带薪实习)[③]、日本的"产学合作"[④]、澳大利亚的"TAFE"[⑤]和新加坡的"教学工厂"[⑥]在国际上享有盛誉。特别是德国的"双元制",它通过将学生的学习时间平均分配在学校和企业,使学生能够在获得理论知识的同时,获得丰富的实践经验和工作技能,被视为技术技能人才培养的典范。发达国家通过改革学前教育师资培养模式,显著提升了师资队伍的整体素质。因此,借鉴和分析发达国家在这方面的成功经验,对于优化我国的学前教育师资培养模式具有重要意义。

一、培养目标方面的可借鉴之处

教育目标是指在一定的教育理念指导下,针对教育活动预期结果的规划和设定,它涵盖了对学生知识、能力和态度等方面的全面预期[⑦]。在学前教育阶段,培养目标不仅关注知识的传授,更重视教师能力的培养和情感、态度的塑造。明确而具体的培养目标能够为学前教育实践提供明确的方向和依据,是提升教育质量的关键。在国际视野下,学前教

[①] 刘书瀚,白玲.校企合作应用型人才培养模式理论与实践[M].天津:南开大学出版社,2014:57.

[②] 娄小韵.产教融合背景下学前教育专业人才培养模式研究[M].长春:吉林人民出版社,2020:128.

[③] 濮海慧.项目教学效果影响因素的准实验研究[M].上海:上海社会科学院出版社,2021:22.

[④] 袁运开.简明中小学教育词典[M].上海:华东师范大学出版社,2000:560.

[⑤] 娄小韵.产教融合背景下学前教育专业人才培养模式研究[M].长春:吉林人民出版社,2020:93.

[⑥] 孟昭上,叶铭.产学合作教育与会展业发展研究[M].上海:上海财经大学出版社,2014:43.

[⑦] 文辅相.中国高等教育目标论[M].武汉:华中理工大学出版社,1995:16.

育培养目标的设定越来越注重幼儿教师职业实践中所需的具体素养,这一点在发达国家的教育系统中表现得尤为明显。通过分析美国和英国的学前教育专业实践,可以发现一些共同的优势和可借鉴之处,在美国,学前教育师资的职前培养目标紧密围绕美国幼儿教育协会(National Association for the Education of Young Children,NAEYC)提出的《幼儿教师专业准备标准》(Standards for Early Childhood Professional Preparation Programs)展开[1]。这些标准明确了幼儿教师应具备的核心素养,将其分为六大核心领域,包括促进幼儿全面发展、与家庭和社区建立有效联系、进行观察、记录和评估以支持儿童和家庭的发展等[2]。这种以学前教育专业实践素养为导向的培养目标设计,使得幼儿教师的培训更加贴近实际工作需求,强化了教师的实践能力和专业发展,使得预备教师能够更好地理解和满足幼儿的发展需求,为其提供更加个性化和高效的教育支持。英国在其学前教育师资培养目标中同样强调了实践素养的重要性。英国教育机构在培养目标的设定上,特别注重保育所、幼儿园及学前班等多种幼儿教育机构的具体需求,确保预备教师能够在实际的教育环境中有效应用所学技能。英国的实习目标不仅涵盖教学技能和班级管理能力,还包括与社区合作、进行幼儿教育评价和研究的能力。这种全面而具体的培养目标设定,使得预备教师能够全面发展,更好地适应职业生涯中的各种挑战。美国和英国的学前教育专业实践强调了教育目标与幼儿教师实际工作需求的紧密结合。这种做法有助于培养出真正符合幼儿园日常工作需求的教师,提高了教育质量和教师的职业满意度,并且培养目标的设定涵盖知识、技能和态度的全领域,不仅仅限于传统的教学技能,还包括与家庭和社区合作、评估和研究能力等,这种全面性的培养目标有助于培养更加全能的幼儿教师。

---

[1] 邵小佩.美国幼儿教师专业准备标准述评[J].学前教育研究,2012(1):39.
[2] 同[1]

二、培养内容方面的可借鉴之处

美国学前教育专业的创新之处首先体现在其课程内容的设计上。不同于传统的教师培养模式，美国大学的学前教育专业设置了大量的通识教育课程，如历史、人文、艺术、哲学和科学等，这些课程的学时数占了总学时的三分之一以上。这种设计不仅拓宽了预备教师的知识视野，还有助于培养他们的批判性思维和创新能力，这些都是现代幼儿教师所需具备的重要素质。另外，美国学前教育专业显著提高了实践性课程的比例，实践性课程的学时数占了总课程比例的近30%[①]。这一点从根本上改变了教师职前培养的评价方式，从过去强调知识掌握和学习成果的内部评价模式，转变为现在更加强调学生的实践表现和理论应用的外部评价模式。这种评价方式的转变，更加关注学生如何将所学知识应用于实践，以及如何在与儿童的互动和个性化指导中展现自己的专业能力。值得一提的是，为了确保学生专业实践能力的培养成效，美国的学前教育师资培养机构还特别制定了学生专业实践能力评价体系。这一体系包括了对学生在田野经历和实习中表现的全面评价。田野经历通常指学生被安排到各种学前教育机构进行实践、观察、调查和反思，总学时达到290个小时；而实习则要求学生在指导教师的帮助下，逐步独立地进入实际的教学环境，总学时需达到500个小时左右[②]。通过这样严格的实践要求，确保了预备教师能够在真实的教育场景中有效地运用其专业知识和技能，从而更好地满足幼儿的教育需求。美国学前教育专业的这些创新做法，为我国学前教育师资培养提供了重要的参考。特别是在专业理

---

① 施煜文. 世界主要国家学前教育师资培养的比较及其对制定上海市师资培养方案的启示 [D]. 上海：华东师范大学，2004.

② ADAMS S K, WOLF K, Strengthening The Preparation of Early Childhood Teacher Candidates Through Performance-based Assessments[J]. Journal of Early Childhood Teacher Education, 2008(1): 6-29.

第七章 学前教育专业人才培养模式的创新与构建

论素养的培养上，美国的做法突出了对幼儿教师专门性知识与能力的重视，以及对实践能力和个性化指导能力的强调，这些都是构建我国学前教育专业化发展的重要方向。通过借鉴美国的经验，我国可以在学前教育师资的职前培养阶段，进一步优化课程设计，强化实践性教学和评价体系，从而培养出更加专业、更能满足幼儿教育需求的高素质教师。再如，英国的学前教育专业以其深入的课程内容和独到的教学方法，在国际教育领域处于领先地位。英国在课程内容上非常注重教师职前培养课程的创新，特别是对学前教育职业特殊性的深入理解和响应。英国学前教育师资培养机构的课程设计紧密联系学前教育专业学生毕业后的工作实际，充分考虑到了学前班、幼儿园及保育所等多种学前教育机构的实际需要，并以此为基础，开设了一系列旨在全面提升预备教师专业理论素养和实践能力的课程。这些课程涵盖了从"国家公共政策与学前教育"到"多元文化与学前教育"等广泛的主题，旨在为学生提供一个全面了解学前教育多维度挑战和机遇的平台[1]。通过引入"大众传媒与教育""文化传承与教育发展"等课程[2]，英国学前教育机构不仅增强了学生的通识教育基础，而且加深了学生对教育在现代社会中作用的理解。此外，课程如"反思性教学"和"叙事、研究与教学"等，更是直接提高了学生将理论知识与实践经验相结合的能力，为他们成为能够进行教育变革的教育工作者奠定了基础。英国学前教育专业的另一大特色是其课程内容的理论性与实践性相结合，这一点在其四大教学模块（核心课程研究、专业研究、学科研究和学校体验）中得到了体现。这种设计不仅确保了学生能够获得必要的国家核心课程知识，而且通过专业研究和学科研究，提高了学生在特定教育领域的专业能力。特别是学校体验模块，通过将

---

[1] MARIANA S M, MELISAC T, JAIME D, et al. The Power and Possibilities of Performative Critical EarlyChildhood Teacher Education[J]. Journal of Early Childhood Teacher Education, 2008, 29(4): 309-325.

[2] 同[1]

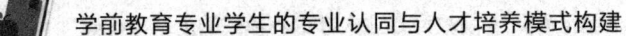

学生直接送入实际的教学环境，如小学和幼儿园，进行教育实践，极大地增强了学生的教学设计、实施、班级管理及评估等方面的实践能力。英国学前教育机构在教学实践的设置上展现了极大的创新，将学校体验模块有机地整合或穿插于其他课程模块中，并贯穿整个学习周期。这种做法不仅使学生能够在理论学习的同时获得实践经验，而且通过实践中的反思和探索，进一步加深了对教育理论的理解和应用。例如，当学生在学习"读写策略"课程时，他们同时参与到小学和幼儿园的教育实践中，观察和参与到儿童的读写学习过程中，这种直接的教学体验对于提升学生的教育实践能力和理论素养至关重要[①]。

三、培养策略上的可借鉴之处

在全球范围内，前沿的学前教育专业培养策略突显了其多样化和创新性，尤其是在教育实习方面的实践。在这些实践中，"分段一体化"的教育实习模式尤为引人注目。分段一体化的教育实习模式是一种创新的培养手段，它将整个教育实习过程划分为多个阶段，从入门观察、参与教学实践到独立执教，每个阶段都有其特定的目的和任务，旨在加深学生对教育理念和实践技能的理解和掌握。每个环节都在学生的不同学习阶段进行，并且这些阶段贯穿于学生的整个学习周期，包括多个学年或学期。这样的设计使得实习活动与学术学习紧密结合，形成了理论与实践相互促进的良性循环。该模式不仅增加了实习的层次性和递进性，而且通过各个阶段的相互衔接和依存，加强了理论与实践的整合，实现连续性学习，有效提升实习的针对性和有效性。在美国，这种模式被认为是连接学术课程与教育实践的重要桥梁，是教师职前教育的核心环节。美国的学前教育专业通过专题讲座、小组研讨和行动研究等多种方式培养学生的研究能力和学术基础，同时，通过"分段一体化"的教育实习

---

① 胡福贞. 当代英国高等院校学前教育专业实习的特点及其启示 [J]. 学前教育研究, 2009(9): 44-51.

第七章　学前教育专业人才培养模式的创新与构建

模式来培养学生的专业能力[①]。此外，该模式的评价体系也从侧重知识掌握和内部评价转向强调实践表现、理论应用以及与儿童的互动和个性化指导的外部评价，以提高教育实习的成效[②]。在英国，教育实习同样受到高度重视，分为正式实习和非正式实习两部分，以确保学生能在多个层面上获得实践经验。非正式实习通过学校体验模块和教育实践课程在多个学期分散进行，而正式实习则在专门的学前教育实践基地集中进行。这种结合确保了学生能够从广泛的实践中学习并逐步建立起自己的教学理念和技能。整体上来看，"分段一体化"的教育实习模式为学前教育专业的学生提供了一个全面、深入的实践学习平台。通过这种模式，学生能够在实践中不断反思和应用所学知识，逐步发展成为具有高度专业能力和创新精神的教育工作者。这种模式为其他国家和地区提供了宝贵的经验和启示，特别是在强化理论与实践融合、提升教师职前能力培养方面。

四、培养制度上的可借鉴之处

国外学前教育专业培养制度的优点和可借鉴之处在于其多元合理性。多元合理的培养制度可以提供更多的选择，具有更强的适应性，有助于培养更具多样性和灵活性的教育专业人才。第一，多元性的培养机构。发达国家的学前教育师资培养机构多种多样，不仅仅限于师范院校。美国的学前教育师资培养机构包括综合性大学的早期教育系、社区学院、教师资格核准部门的培训机构（如 CDA），以及专门学校系统的培训部门（如蒙台利协会）。这种多元性意味着有更多的选择和途径，适应了

[①] SADLER T D."I won't last three weeks": Preservice science teachers reflect on their student teaching experience[J].Journal of Science Teacher Education, 2006(3): 217–241.
[②] ADAMS S K, WOLF K. Strengthening The Preparation of Early Childhood Teacher Candidates Through Performance-based Assessments[J]. Journal of EarlyChildhood Teacher Education, 2008(1): 6–29.

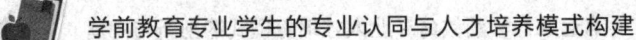

学前教育专业学生的专业认同与人才培养模式构建

不同学生的需求和背景。在美国，甚至高中学历的人员也可以通过积累一定的实践经验后在学前教育机构工作。这种多元性有助于吸引更多的人加入学前教育领域，提供了更多的就业机会。德国的学前教育师资培养机构包括技术学院、大学和培训学院，英国也有大学教育系、师范学院、多科技术学院的教育系、技术教育学院和艺术教育中心等。这种多元性不仅提供了不同学校类型的选择，还有不同领域的专业方向。学前教育师资的培养不再局限于传统的师范院校，而是吸引了更多的教育者和专业人士参与，促进了跨学科的教育和知识传播[1]。第二，多元性的培养层次。学前教育师资的培养层次也具有多元性。在发达国家，学前教育师资的学历要求从大专以上学历不断提高到学士学位，甚至研究生层次。这种多元性反映了不同国家对学前教育师资的不同需求和发展阶段。例如，法国为提高师资水平，实施了"硕士化"教师培养制度，将新教师的学历要求提高至硕士层次。这种多元性有助于提高学前教育师资的专业水平和教育质量，使教育者能够更好地满足日益复杂的教育需求[2]。第三，合理性的人才培养定位。发达国家的学前教育师资培养机构根据自身办学条件和实力，制定了合理的人才培养定位。不同类型的学校和培训机构在人才培养的学历层次和能力水平定位上有所不同，但都追求培养合格和优秀的学前教育人才。这种合理性确保了学前教育专业人才在不同领域和层次都能得到适当的培养和准备，以满足多样化的学前教育需求。

整体上来看，国外学前教育专业培养制度的多元合理性为培养更具多样性和灵活性的学前教育专业人才提供了有力支持。这种多元性不仅丰富了学前教育领域的人才队伍，还提高了教育质量和效益，在培养机构和培养层次上提供更多选择，同时根据实际情况合理制定人才培养定

---

[1] 简明忠.学前教育制度比较研究[M].高雄：复文图书出版社，1987：60.
[2] 周琴，苟顺明.法国学前教育均衡发展的保障措施及启示[J].比较教育研究，2012(5)：17–21.

位，以满足不同学前教育领域和不同教育者的需求。

五、评价制度上的可借鉴之处

评价是确保教育质量的关键环节，国外发达国家在这方面的做法具有许多值得借鉴的优点和经验。第一，第三方权威专业机构制定评价标准。国外学前教育师资职前培养的评价标准通常由第三方权威专业机构制定，如美国幼儿教育协会。这种做法确保了评价标准的科学性和客观性，避免了主观评价的偏见[1]。国内可以借鉴这一模式，建立独立的评价机构，以提高培养质量的透明度和可信度。第二，不同水平的标准设置。发达国家为不同层次的学前教育师资制定了不同水平的评价标准。例如，美国设置了初级许可证标准、高级许可证标准和副学士学位标准[2]。英国的学前教育资质认证涵盖了不同年龄段儿童的健康与教育，包括为期2年的0～8岁儿童健康和教育资质证书，即 Nursery Nurse Examination Board（NNEB）证书；专为2～5岁儿童健康和教育设计的一年课程资质证书，称为 Preschool Learning Alliance（PLA）证书；针对初等教育的三年课程资质证书，即 Certificate in Education（CRTED）证书；以及0～8岁儿童保育和教育的一年课程证书，称为 Certificate in Child Care and Education[3]。这种分层次的评价体系有助于精确地衡量师资的水平，确保培养出具备不同技能和知识水平的学前教育专业人才。国内可以考虑建立类似的分层次评价标准，以适应不同类型的学前教育师资培养机构和需求。第三，严格的资格证书制度。英国强调学前教育师资的持证上岗，实施了严格的学前教育资格证书制度。这种制度确保了只有具备相关资格和技能的人才才能从事学前教育工作。国内可以借鉴这一制度，建立更加严格和规范的师资认证体系，提高学前教育师资的素质和专业

---

[1] 朱宗顺. 美国幼儿教师教育标准及其启示 [J]. 教师教育研究，2006(4): 76-80.
[2] 朱宗顺. 美国幼儿教师教育标准及其启示 [J]. 教师教育研究，2006(4): 76-80.
[3] 李生兰. 英国学前教育的特点及启示 [J]. 外国教育研究，2004(11): 20-24.

水平。第四，实践经验的要求。英国规定师范生必须进行学前教育专业实践，并明确了实践的时长和要求。这有助于学生将理论知识与实际应用相结合，培养出更具实践经验的学前教育专业人才。我国可以加强对于教育实践的要求，确保师资具备足够的实际教育经验。

整体上看，国外学前教育评价机制的优点在于其科学性、客观性、多层次性和实践导向性。我国可以从中借鉴经验，建立更加健全和有效的学前教育师资培养和评价体系，以提高学前教育的教育质量和培养出更优秀的学前教育专业人才。

第四节 国外学前教育专业人才培养模式的启示

一、培养主体多元化和开放化

在国外，学前教育师资职前培养机构呈现出多元化和开放化的格局，这为我们提供了宝贵的启示。多元化和开放化的培养机构意味着学前教育师资的职前培养不再局限于传统的师范院校、综合性大学，而是由各种有资质的教育机构和专业化社会机构共同承担。这一模式具有许多值得借鉴的优点，可以为我国的学前教育师资培养体系带来丰富性和多样性。例如，英国的学前教育师资职前培养机构包括两年制技术学院和四年制大学，这些机构均设有学前教育专业的系科，包括儿童发展系、家政系和教育系[①]。美国的学前教育师资职前培养机构包括四年制大学、两年制社区大学或技术大学、专科学院、教师资格核准部门的培训机构（如CDA）以及专门学校系统的培训部门（如蒙台梭利协会）。这些机构也都设有学前教育专业的系科，如儿童发展系、家政系、早期儿童教

---

① 傅坤昆，杨颖. 英国学前教育督导的内容、特点及启示 [J]. 上海教育评估研究，2023, 12 (6): 58–64.

第七章 学前教育专业人才培养模式的创新与构建

育系和初等教育系[①]。又如，澳大利亚的学前教育师资职前培养机构包括职业教育学校、高等教育机构和在职进修机构，这些机构的教育学院也设置了学前教育专业的系科[②]。值得特别一提的是，法国的职前培养机构将学前教育教师与小学教师一起进行培养[③]。这种多元化和开放文化的培养机构模式具有很多优点。第一，有助于培养出多元化的学前教育师资。不同类型的教育机构和社会机构都可以参与培养工作，从而为学前教育师资提供不同背景和经验的学前教育专业人才。这种多样性有助于满足不同学前教育机构对多样化人才的需求，使教育体系更加丰富和灵活。第二，多元开放的培养机构可以提供更多选择和机会给有志于从事学前教育的人们。不同类型的教育机构和社会机构可以开设不同水平和类型的学前教育师资培养课程，满足不同人群的需求。这为学前教育师资的培养提供了更大的灵活性，使更多人有机会参与到这一领域。第三，多元开放的培养机构模式有助于提高培养质量。不同机构之间的竞争和合作可以激发创新和提高教育标准。通过与不同机构合作，可以引入多样化的教育资源和方法，提高学前教育师资培养的效果和水平。然而，在我国，学前教育师资的职前培养主要由传统的师范院校承担，综合性大学的参与相对较少，专业化社会机构也不够发达。这种封闭的培养格局限制了学前教育师资的多样性和灵活性，无法满足不同学前教育机构对多样化人才的需求。因此，借鉴国外的多元开放培养机构模式，拓展我国学前教育师资职前培养渠道，引入更多教育机构和社会机构参与，实现多元开放的学前教育师资职前培养格局，是非常必要的。这将有助于提高我国学前教育师资的多样性、灵活性和质量，更好地满足社会对高质量学前教育的需求，促进学前教育领域的发展和进步。

[①] 王承绪,顾明远.比较教育[M].5版.北京：人民教育出版社,2015:153.
[②] 康长运,李二民.六国教育创新实践扫描[M].北京：教育科学出版社,2021:89.
[③] 左茹.法国学前教育的特点及其对我国的启示[J].学前教育研究,2010(6):49–51.

二、培养目标聚焦化和层次化

在深入分析和借鉴国际学前教育专业模式的基础上不难发现，将培养目标进行分层定位，对于提升我国学前教育师资的质量和培养效率，具有重要的启示和指导意义。国外学前教育师资职前培养机构的成功经验表明，明确不同层次的培养目标，能够有效地满足国家、社会以及行业对多样化人才的需求，这一点对于我国学前教育师资的职前培养尤为重要。从我国当前学前教育师资职前培养的实际出发，必须认识到，学前教育师资的职前培养不能一概而论，需要根据不同层次和类型的教育需求来设定具体的培养目标。

在国外，根据社会和行业的需求，教育机构会明确其培养目标所在的层次，如社区学院侧重于培养具备实践能力的学前教育专业教师，而研究型大学则致力于培养能够进行学前教育研究和理论创新的高层次人才。这种分层定位明确了教育资源的投入方向，有助于提升培养效率和质量。然而，在我国，许多学前教育师资职前培养机构尚未建立起这样明确的分层定位系统。许多高职院校和独立学院，虽然在办学条件和教育资源上存在局限，却仍力图培养本科甚至更高学历层次的学前教育师资，忽略了自身的优势和定位。这种现象不仅导致了资源的浪费，而且影响了教育质量的提升。因此，借鉴国外学前教育师资职前培养的经验，我国学前教育师资职前培养机构应当根据自身条件，明确培养目标的分层定位，这样既可以提高教育资源的使用效率，也可以更好地满足不同层次教育需求。例如，高职院校和独立学院应专注于培养应用型、技能型学前教育教师，而综合性大学和师范院校则应致力于培养具有研究能力和高级教育理论水平的学前教育专家。

第一，分层定位的培养目标还需要建立在对市场需求的准确把握和预测上。这意味着，我国的学前教育师资职前培养机构不仅要关注当前的教育需求，还要对未来的社会发展趋势和学前教育领域的变化保持敏感。通过与行业、社区以及其他教育机构的合作，可以更准确地定位培养目标，形成符合社会需求的多样化教育模式。

第二，实施分层定位的培养目标，还需要强化教师培训和教育研究。这意味着，不同层次的培养机构应当依据自身的定位和特色，开展有针对性的教师培训项目和教育研究活动。这样不仅能够提升教师的专业能力和教学质量，还能够促进教育内容和方法的创新，更好地适应社会发展和教育需求的变化。在教师培训方面，应着重强调实践技能的培养和现代教育技术的应用，确保教师能够应对多样化和个性化的教学需求。例如，针对早期儿童教育的特点，培训内容可以包括儿童心理学、游戏化学习方法、跨文化教育策略等，以此提升教师对儿童成长需求的敏感度和满足这些需求的能力。同时，利用在线教育资源和平台，开展远程研讨和学习，可以扩大教师培训的覆盖范围和影响力。在教育研究方面，各级教育机构应当鼓励和支持教师参与学前教育领域的研究项目，探索创新教育理念和方法。通过研究成果的应用，可以不断优化和更新教育内容，使其更加贴合儿童发展。此外，教育研究还应当关注教育公平和多元化的问题，探讨如何通过教育减少社会不平等，促进所有儿童的全面发展。

第三，实施分层定位的培养目标，还要求建立开放和灵活的教育体系。这意味着教育机构之间应当加强沟通和协作，共享教育资源，形成互补和互助的关系。例如，高等教育机构可以与社区学院和职业培训机构合作，共同开发课程内容，互认学分，为学生提供更多的学习路径和发展机会。同时，通过建立校企合作模式，促进学生的实习和就业，可以更好地将教育培养与社会需求对接，提高教育的实用性和有效性。

整体上来看，实施分层定位的培养目标，是我国学前教育师资职前培养模式改革的重要方向。这不仅需要教育机构准确把握市场需求，实施有针对性的教师培训和教育研究，还需要构建开放、灵活的教育体系，通过多方合作和资源共享，形成符合社会需求的多样化教育模式。通过这些措施，可以有效提升我国学前教育师资的质量，满足社会对高质量学前教育专业人才的需求，为儿童的全面发展和社会的持续进步打下坚实的基础。

三、课程设置科学化和权威化

课程设置作为教育过程的核心，不仅涉及课程内容的选择、学科门类的确定、教学时数的安排，还包括学年及学期顺序的编排，以形成一个合理且系统的课程体系[①]。国外学前教育专业在课程设置方面的实践为我国提供了启示，特别是在促进课程设置权威认证方面。这些经验突出了根据明确的培养目标精心选择课程内容、确定学科门类及活动、设定教学时数并按照合理的顺序安排学年及学期，以形成一个合理的课程体系的重要性。通过观察美国、英国、日本和加拿大等国家的学前教育专业师资职前培养模式可以发现，其课程设置通常经过了相关专业权威机构的有效认证，确保了课程体系的合理性和高质量。国外学前教育师资职前培养机构在课程设置上的一个显著特点是重视实践能力的培养。例如，美国和英国的学前教育专业课程中实践课程的比例高达30%，这是基于美国幼儿教育协会和英国教师标准局等权威机构的专业标准而设定的，确保了课程设置的科学性、实用性和权威性。此外，为了拓宽幼儿教师的专业视野，这些国家还增加了通识教育课程的比重，占整个课程的约三分之一。这种课程设置旨在为学前教育师资提供全面的教育，包括专业知识、实践技能和广泛的文化视野[②]。相比之下，我国学前教育师资职前培养机构在课程设置上往往"因师设课"，一些院校甚至并未广泛寻求权威专家的论证或权威机构的认证。这种现象虽然体现了对教师个人能力的尊重，却忽视了课程设置应以学生需求和社会需求为导向的原则，导致课程体系可能与当前和未来的教育需求不相匹配。这种做法可能会限制课程体系的科学性和权威性，影响人才培养的质量和效果。

[①] 袁振国. 当代教育学 [M]. 北京：教育科学出版社，2004: 147.

[②] 贾玉霞，姬建峰. 学前教育学 [M]. 西安：陕西师范大学出版社，2012: 212.

第七章　学前教育专业人才培养模式的创新与构建

因此，我国学前教育师资职前培养机构可以借鉴国外的经验，建立"因生设课"或"因社设课"的观念，更多地根据学生的需求和社会的需求来设置课程。同时，应强化课程设置的权威认证过程，通过邀请权威专家参与课程评审和认证，确保课程内容的科学性、前瞻性和适应性。此外，还应加强教师的专业培训和教育研究，促进教师团队的专业成长和课程内容的持续更新。通过建立定期的课程评估和修订机制，可以确保课程内容始终符合教育行业的最新发展和需求。

整体上来看，从国外学前教育专业职前培养模式中得到的启示是明确的：引入和加强课程设置的权威认证，是提高课程设置科学性和合理性的关键。这不仅能够促进我国学前教育师资培养质量的整体提升，也是满足学生需求和社会需求、实现学前教育持续发展的重要途径。因此，我国应当在课程设置方面采取更加科学和前瞻的策略，确保学前教育师资职前培养的有效性。

四、培养模式导向化和实践化

在探讨国外学前教育专业在培养模式方面对我国的启示时，实践取向的重要性是不可忽视的。实践取向的培养模式着重于将理论与实践相结合，通过与幼儿园及中小学等教育实践基地的紧密合作，为学前教育专业学生提供充分的见习与实习机会。这种方法不仅能够有效提升未来教师的专业实践能力，还能增强其理论知识的应用能力和解决实际问题的能力。国外一些先进国家在学前教育师资职前培养上尤为突出。例如，美国的威斯康星大学和哈特福德大学就通过与幼儿园和中小学的合作，采取现场教学、专业行动研究等多种方式，为学前教育专业学生提供丰富的实践教学机会[①]。这些实践不仅包括传统的教学活动，还包括与幼儿及其家庭的协同工作、参与学习交流活动以及对专业实践经历的深入反思等，从而培养出了大量合格的学前教育师资。相较而言，我国在学前教育师资的职前培

---

① 祁占勇.学前教育政策与法规[M].西安：陕西师范大学出版总社,2021：259.

养模式上，存在一定的局限性。尽管在理论教学方面投入了大量资源，但在实际教育教学活动的开展、见习与实习的时间安排和空间拓展方面仍有待加强。目前，我国学前教育专业学生的教育见习与实习往往时间较短且集中于学业的后期阶段，这限制了学生在实践中应用理论知识和解决实际问题能力的发展。为了有效优化我国学前教育师资职前培养模式，需要借鉴国外成功的实践取向的策略。加强大学（特别是设有学前教育专业的大学或学院）与幼儿园及中小学的合作，建立更多的教师专业发展学校，为学前教育专业学生提供广泛的教育见习与实习机会。并且要适当延长并分散教育见习与实习的时间，确保学生能够在整个学习过程中不断地参与到实践活动中，从而加深对所学理论知识的理解和应用。对于教育见习与实习的空间也要进行拓展，不仅仅限于传统的教室教学，还应包括社区教育、家庭教育以及跨文化教育等多元化实践活动，以全面提升学前教育专业学生的专业能力和综合素养。

五、培养端口筛选化和标准化

在全球范围内，学前教育作为基础教育的重要组成部分，对于幼儿的成长和发展起着至关重要的作用。因此，保证学前教育师资职前培养的高质量，对于提升教育质量、满足社会需求具有重要意义。国外在学前教育专业师资培养端口把关方面的实践和经验，为我国学前教育师资职前培养提供了重要的启示。第一，入学关口的严格选拔，保证生源质量。在发达国家，学前教育专业的生源质量受到高度重视。例如，申请人必须经过严格的选拔过程，这不仅包括学术成绩的考核，还包括对申请者从事学前教育工作意愿和适应性的评估。美国、英国等国家通过设立高标准的入学条件，确保了进入学前教育专业的学生具有较高的学术水平和对学前教育职业的真诚兴趣[①]。在这些国家，入学选拔不仅仅是一

---

① 杨晓萍，何孔潮.美国幼儿教师职前培养的历史、现状与走向[J].比较教育研究，2013(2): 9–16.

第七章 学前教育专业人才培养模式的创新与构建

次考试或评估的过程，而是一个多维度、全方位的评价体系。申请者需要通过个人陈述、推荐信、面试等多重环节，全面展示其学术能力、职业素养和对幼儿教育的热情。这种严格的入学关口选拔机制，有效地保障了学前教育专业生源的质量，确保这些学生确实有志于从事学前教育工作，为培养高质量的学前教育师资打下了坚实的基础，有效地保障了学前教育师资培养的起点质量。第二，毕业关口的质量保障把关。在毕业关口，发达国家同样实行严格的把控。采用的方法不仅仅是传统的考试和评估，更多的是通过实习评估、专业标准的达成度，甚至是持续的职前培训和资格认证。以美国为例，美国幼儿教育协会制定的《幼儿教育专业准备标准》中详细规定了学前教育从业人员必须达到的职前标准，包括知识和能力的核心标准以及不同层次的附加标准[1]。这些标准不仅覆盖了学前教育的基本理论知识，还包括了实践技能、职业伦理和持续学习的能力等多方面要求，确保了毕业生能够胜任学前教育工作的各项要求[2]。此外，英国、法国等国家也采取了类似的措施，通过严格的毕业评估和认证程序，确保每一名毕业生都能满足高标准的职业要求。英国教师教育委员会对合格教师和实习教师设立明确的区分和标准，通过细致的教育要求和评估体系，保障教师教育的质量[3]。针对国外一些发达国家的成功做法，我国学前教育专业在人才培养端口把关方面也应采取更为严格和科学的策略。在入学关口，可以引入更多元化的评价标准，如面试、动机分析等，以全面评估学生的适应性和从业动机。在毕业关口，除了加强理论知识的考核外，更应强化实践能力的培养和评估，确保学生毕业时具备高水平的专业能力和良好的职业素养。从而进一步提升学

---

[1] 刘向军. 我国学前教师资格证制度的实施现状、问题及对策 [J]. 天津市教科院学报，2012(2): 84–86.

[2] 胡福贞. 当代英国高等院校学前教育专业实习的特点及其启示 [J]. 学前教育研究，2009(9): 44–51.

[3] 傅坤昆，杨颖. 英国学前教育督导的内容、特点及启示 [J]. 上海教育评估研究，2023, 12(6): 58–64.

前教育专业的培养质量，为社会培养出更多高素质的学前教育人才。

第五节　学前教育专业人才培养的模式创新

一、"驻园式"人才培养模式

随着学前教育领域的迅速发展和社会对高素质学前教育人才需求的不断增长，传统的师资培养模式已难以完全满足当前的教育需求。在这种背景下，"驻园式"人才培养模式应运而生，旨在通过高校与幼儿园的紧密合作，为学前教育专业学生提供一个长期、深入的实践学习平台，从而实现教学与实训的有效融合，加速学生专业综合素质和实践能力的提升。"驻园式"人才培养模式的核心在于将学前教育专业学生长期派驻至合作幼儿园，通过日常的实践活动和参与幼儿园的教学设计、课程实施、活动组织以及管理等，使学生在真实的教育环境中学习和成长。"驻园式"人才培养模式强调理论与实践的紧密结合，不仅仅是简单的实习体验，更是一个全方位、深层次的职前培训和职业技能的锻炼过程。"驻园式"人才培养模式最大的优势在于其深度融入实践的特点，可以极大地提升学生的专业能力和综合素质。通过长期驻园实践，学前教育专业学生能够深刻理解学前教育的理论与实际，学习如何解决实际工作中遇到的问题，培养良好的职业道德和责任感。

"驻园式"人才培养模式的实施要注意以下几点。第一，合作机制的建立与优化。高校与幼儿园之间建立稳定的合作关系，明确合作双方的权利、责任和义务，确保"驻园式"人才培养模式的顺利实施。第二，定制化培养计划。高校与幼儿园根据学生的学习进度和实践能力，以及合作幼儿园的实际需求，共同制定个性化、阶段性的培养计划，确保培养目标的实现。第三，师资队伍的双向融合。引导高校教师与幼儿园教师进行互访学习和经验交流，形成共同参与学生培养的教师团队，提升教育教学质量。第四，全程跟踪与反馈机制。建立学生实践学习的全程跟踪记录和定期反馈机制，及时调整教学策略和实践活动，确保学生能够获得持续的成长和发展。第五，评价与激励体系。构建科学的评价体系，对学生的实践表现和成长进程进行全面评估，同时建立奖学金、实习津贴等激励机制，鼓励学生积极参与实践学习。

二、"双线融合、四元协同"人才培养模式[①]

在当前教育改革的背景下，针对幼儿教师人才培养的需求日益增长，传统的教育模式已经难以满足现代社会的复杂需求。马锐提出了一种创新的人才培养模式——"双线融合、四元协同"人才培养模式。该模式旨在通过教育与职业两条线路的有效融合，以及政府、行业、学校、幼儿园四方的协同合作，建立高效、动态的幼儿教师人才培养机制，从而培养出适应时代需求的高素质专业人才。

具体而言，"双线融合"的核心在于将教育线和职业线紧密结合，形成一个统一的人才培养过程。在这一路径中，教育线主要聚焦于学前教育专业学生在学校阶段的知识获取和技能提高，这包括理论学习和实践学习、课堂教学方法学习与教学手段学习等；而职业线则侧重于学生在职业发展过程中的素质提升和技能培养，这涉及教育实践、岗位实习、幼儿园一日课堂与生活组织实践等。这两条线路不是孤立的，而是相互渗透、相互促进，共同构建起一个全面、系统的人才培养体系。"四元协同"则强调政府、行业协会、学校、幼儿园四方面的合作与协同，通过整合各自的资源和优势，共同参与到幼儿教师的人才培养过程中。政府主要负责政策引导和支持，提供专业办学经费，并搭建合作平台；行业协会负责提供专业建设指导，帮助构建学前教育联盟；学校则依据政府

---

① 马锐. 高职学前教育专业"双线融合、四元协同"人才培养模式研究 [J]. 产业与科技论坛, 2023, 22 (5): 168–169.

政策和行业指导，结合幼儿园的用人需求，制订人才培养方案；幼儿园作为实践基地，提供实习岗位，参与教学活动的组织和实施。这种四方协同合作，构建了"人才共育、课程共商、师资共组、基地共建、资源共享"的培养机制，有效提升了学前教育教学的质量和效率。

"双线融合、四元协同"人才培养模式具有多种优势（图7-1）。

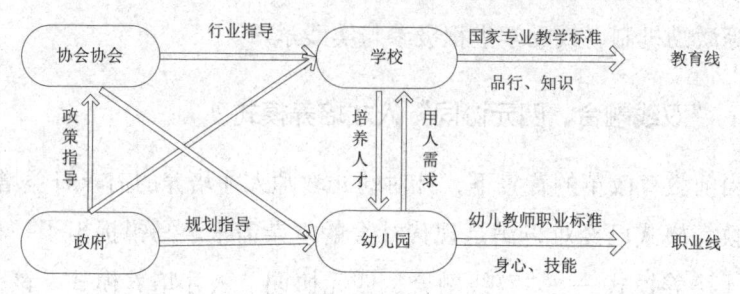

图7-1 "双线融合、四元协同"人才培养模式

第一，整合资源，提高效率。通过"四元协同"，整合政府、行业协会、学校、幼儿园的资源，实现资源共享，提高人才培养的效率和质量。第二，理论与实践相结合。"双线融合"确保了教育培养与职业发展的无缝对接，使学生能够在学习理论的同时获得丰富的实践经验，增强职业适应能力。第三，响应市场需求。该模式紧密结合市场需求和用人单位的具体要求，培养出更加职业化、专业化的幼儿教师人才。第四，动态调整与更新。根据教育改革和社会发展的需要，四方可以快速响应，及时调整和更新人才培养方案，保持培养质量的持续优化。

整体上来看，"双线融合、四元协同"人才培养模式可以有效地解决传统教育模式中存在的问题，如理论与实践脱节、资源分散低效等，为学前教育领域培养出更多高素质、专业化的教师，满足社会和时代的需求。

三、"全实践"人才培养模式

在当今的学前教育领域中，"全实践"人才培养模式，亦称为"田园耕作"人才培养模式[1]，已成为一种重要的教学模式，旨在提高学前教育专业学生的实践能力和专业素养。"全实践"人才培养模式的核心思想是将幼儿教师专业发展的各个实践环节系统地整合为一个连贯的整体，以实践为主线，通过连续且系统的实践活动，强化学生的职业技能和教学理念。"全实践"人才培养模式强调在学前教育专业人才培养的全过程，贯彻实践教学的理念[2]。通过名师的直接指导和实践中的学习，学前教育专业的学生能够在实际操作中学习，这不仅扩展了他们的"田园耕作经验"，而且显著地提高了他们的实际操作能力。该模式倡导在人才培养的各个阶段，如专业见习、专业实习以及顶岗带班等，根据不同的阶段安排不同层次和深度的实践活动，确保学生能够全面、深入地理解和掌握学前教育的专业知识和技能。此外，"全实践"人才培养模式在培养内容和理念上追求全面整合和全息渗透，意味着不仅仅是将实践活动作为课程的一部分，而是将其贯穿于教育过程的每一个环节，从理论学习到实际操作、从课堂教学到场外实践，形成一个互相支持、相互补充的教学体系。

四、"反思实践"人才培养模式

"反思实践"人才培养模式在学前教育的教学领域中代表了一种深刻的教育创新，旨在解决传统教育模式中理论与实践脱节的问题。该模式基于舍恩的"反思性实践者"理念，强调在培养学前教育专业人才时，不仅要注重理论学习的深度和广度，还要重视实践经验的积累及其与理论知识的有效融合。该模式的目标是培养能够自主反思、将理论与实践

---

[1] 黄俊官，杨超有. 田园耕作式人才培养模式理论与实践的思考[J]. 玉林师范学院学报(哲学社会科学版)，2009(6): 99–103.
[2] 秦金亮. "全实践"理念下高师学前教育专业实践整合课程探索[J]. 学前教育研究，2006(4): 47–51.

相结合的高级专业人才，以适应21世纪学前教育领域的发展需求[①]。在实施"反思实践"人才培养模式时，特别强调教育师资的全面发展。这包括不仅要有扎实的自然科学和人文知识基础，还要深入掌握学前教育的专业理论，更重要的是具备将这些知识应用于实践并进行深度反思的能力。因此，课程设计中既包含了高质量的通识教育课程，也充分考虑了实践课程的反思性学习任务，鼓励学生在实践活动中培养出反思意识和能力，实现理论学习、反思思考与实践操作的有机结合。该模式的实施，例如在常熟理工学院的应用，突出了学生在学习过程中"学、思、行"三者的重要性和相互关联。通过这种模式，学生不仅能够学到知识，更能在实践中学会思考、在思考中指导实践，最终达到高效学习和个人专业发展的目的。这种模式有助于学生形成批判性思维，提高解决问题和创新的能力，更好地适应未来教育工作中的各种挑战。

五、"五位一体"人才培养模式

"五位一体"人才培养模式，是一个全面而系统的教育体系，旨在通过不同维度的教学和实践活动，培养具备全面素质的教师。德州学院学前教育专业教学模式是该模式的一个典型代表[②]。

（一）课程育人：启迪心智

课程育人是"五位一体"人才培养模式的核心，注重学科知识和教育技能的有机结合。通过实施"三个标准、三育融合、三个支撑、三个挂钩"的策略，确保课程内容与教师职业要求紧密对接。其中，"三个标准"是指《幼儿园教师专业标准（试行）》《教师教育课程标准（试行）》《普通高等学校本科专业类教学质量国家标准》。"三个标准"共同构成

[①] 张斌. "反思实践型"应用型本科人才培养模初探——基于常熟理工学院学前教育专业的探索[J]. 职业技术教育, 2013(17): 5-8.

[②] 李双, 刘山陵. 学前教育专业"五位一体"人才培养模式研究[J]. 德州学院学报, 2023, 39(3): 91-96.

了学前教育的质量框架，确保教育内容和教育目标的科学性和先进性。"三育融合"是指通识教育课程、学科专业教育课程、教师教育课程这三种教育的融合，旨在全面提升师范生的素质和能力，确保他们能够在毕业后成为高素质的教育工作者。"三个支撑"是课程教学支撑课程目标、课程目标支撑毕业要求、课程体系支撑毕业要求，确保整个课程体系的设计和实施都旨在支持学生满足毕业要求。"三个挂钩"是课程目标与毕业要求指标点挂钩、课程考核内容及方式与课程目标挂钩、课程评价工具及标准与课程考核内容及方式的挂钩。这种系统的设计和实施机制，确保了师范教育质量的连贯性和系统性，通过精细化管理，达到提升教育质量的目的。

（二）实践育人：知行合一

实践育人的目标是实现理论与实践的融合，通过一种被称为"一四二二"的新型实践教学模式来达成。"一四二二"为"一素养""四习""两课堂""双导师"。"一素养"指的是学生的专业核心素养，即学生应该掌握的关键能力和知识。"四习"包括见习、演习、实习和研习，这四种活动让学生在不同阶段观察、尝试、实践和深入研究教学方法和策略。"两课堂"涵盖在学校校内和幼儿园进行的教学活动，让学生能在理论学习和实践教学中来回切换，加深理解。"双导师"为由大学教师和幼儿园教师共同指导，确保学生能从不同角度获得专业知识和实践经验。在这个模式下，学生会经历一个循环过程，从在大学观察教学、设计教学方案，到在幼儿园实施这些方案，然后回到大学进行反思，接着再次到幼儿园实践，并在大学完成最终的反思。这个循环过程不仅加深了学生对教学理论的理解，而且通过实践提升了他们的教学技能。该模式的特点是全面性、多样性和协同性。它结合了观察、模拟、体验和反思等多种学习方式，融合了理论学习与实践学习、个体学习与集体学习、校内学习与校外学习，有效提高了师范生的教学技能，真正实现了知识与行动的统一。

(三)文化育人:文化浸润

文化育人是指通过创建丰富的文化环境和活动,强调师德和情感的培养。楼宇文化、实践活动文化和文化交流平台的建设,让学生在日常生活和学习中不断接触和吸收专业文化,促进其师德的形成和人文素养的提升。这种文化的浸润作用有助于塑造学生的教育情感和价值观,使其为成为优秀的教育工作者打下坚实的基础。

(四)活动育人:情感体验

活动育人的核心在于通过"第二课堂"活动,深化学生的德育教育,让学生在理想信念、政治素养、道德品质和能力素质等方面得到实际的锻炼和提升。这一体系旨在使第二课堂的教育活动与传统课堂教学紧密相连,相互促进,共同向着培养全面发展的人才努力。为了克服"第二课堂"活动在实际运行中可能遇到的问题,如活动内容空泛、与专业教学脱节等,学前教育专业特别强调"第二课堂"活动设计的重要性。这要求教师不仅要清楚地知道活动的内容和目的,还要深刻理解这些活动在整个人才培养体系中的位置和价值,确保活动能够有效地支持学生的专业学习和个人发展。为了让"第二课堂"活动的成效更加明显和可衡量,可实施"第二课堂成绩单"制度。这个制度通过客观记录学生参与活动的过程和成效,不仅激发了学生的参与热情,而且为学生提供了除了传统课业成绩以外的另一种重要的成长和学习记录。这种做法不仅有助于学生自我成长和自我评价,也为高校和未来的用人单位提供了评估学生综合素质的重要依据。

(五)协同育人:三效合一

协同育人的目的是将教育局、高校和幼儿园三方的力量结合起来,形成一个有效的培养体系。这一体系被称为"三位一体"协同培养机制,它是为了应对当前教师教育的需求和挑战而设计的。简单来说,就是通过这三方的紧密合作,共同培养出符合现代教育需求的幼儿教师。在这个机制

第七章　学前教育专业人才培养模式的创新与构建

中，每个参与方都有自己明确的角色和任务。教育局负责整体的幼儿教师培养和培训的管理与政策制定，确保高校与幼儿园之间的合作顺畅进行。高校向幼儿园派遣教师，参与教研、管理和教学等工作，为地方教育发展提供支持。幼儿园则负责接收实习学生，提供实践教学的机会，让学生能够将理论知识应用到实践中去。通过这样的合作模式，不仅加强了理论与实践的结合，也促进了资源共享和经验交流。例如，通过"智慧型幼儿教师成长工作坊"，高校教师和幼儿园的教师可以共同讨论和学习，将教育理论与实践经验相结合，促进了教师的专业成长和发展。

六、"课岗证赛"人才培养模式

"课岗证赛"人才培养模式是高职学前教育专业为适应当前教育、岗位需求以及职业技能提升的需求而设计的一种创新教育模式。该模式主要通过课程与岗位需求的紧密结合、课程与职业资格证书的融合以及课程与职业技能大赛的双向激励，来实现学生能力的全面提升。这种模式旨在深化教育教学改革，优化人才培养结构，提高学生的实际工作能力和职业竞争力[1]。

（一）以岗定课，学岗对接

在"课岗证赛"人才培养模式中，首先要根据学前教育行业的实际需求来设计课程内容，确保学生学到的是他们将来工作中真正需要的技能和知识。这一过程涉及与幼儿园、早教中心等实际工作场所的深入合作。学校通过调研分析这些机构的具体需求，以及所需岗位的核心技能和素质，将这些要求转化为具体的课程设置和教学计划，从而实现教学内容与岗位需求的无缝对接。

（二）以证定标，课证互融

在"课岗证赛"人才培养模式下，职业资格证书的要求成了课程设

---

[1] 向黎立. 高职学前教育专业"课岗证赛"融合探究[J]. 教育科学论坛，2021(6): 29–32.

计的重要参考标准。考虑到教师资格证等职业资格证书对于学生未来的职业发展至关重要，课程内容会围绕这些证书的考核要求进行优化和调整。这不仅可以帮助学生准备好参加职业资格考试，还可以通过课程学习深化其专业领域的知识和技能，从而实现课程学习与获取职业资格证书的双重目标。

（三）以赛促学，课赛双赢

职业技能大赛在"课岗证赛"人才培养模式中扮演着至关重要的角色。通过参与各级别的职业技能竞赛，学生不仅能够将课堂上学到的知识和技能在实践中加以运用，还能够通过比赛激发自己的学习兴趣和提高自我挑战的能力。同时，这些比赛也为教师提供了反馈，帮助他们了解课程内容与实际技能需求之间的差距，进而调整教学策略，确保教学内容与行业标准、岗位需求以及职业技能大赛的要求保持一致。

整体上来看，"课岗证赛"人才培养模式通过课程教学、职业资格证书和职业技能大赛三者的紧密结合，形成了一个多元互动、深度融合的人才培养体系。"课岗证赛"人才培养模式不仅能够确保学生能够学习到最符合市场需求的知识和技能，还能够通过实践和竞赛等多种方式，全面提升学生的专业能力和职业素养，为他们未来的职业生涯奠定基础。

我国学前教育人才培养领域已经取得显著进展和成效，这体现在教育模式的创新、教学方法的改革以及人才培养质量的提升等多个方面。然而，面对不断变化的教育需求和日益增长的社会期待，当前的学前教育人才培养机制仍存在一些亟需优化和改进之处。为此，我国应深入分析国家教育政策和战略要求，结合各高等教育机构的具体条件和实际情况，紧密关注教育领域的最新趋势和动态，以此为基础，科学选择和创新教学模式，以更有效地培养出既具备扎实专业知识与技能，又能够适应未来教育挑战的高素质学前教育专业人才，为我国学前教育事业的发展贡献力量。

第八章　学前教育专业人才职业生涯培养体系

学前教育专业的人才职业生涯可分为职前和职后两个培养阶段。职前培养阶段，作为幼儿教师职业生涯的起始点，强调系统性学习的重要性。这一阶段主要发生在校园中，未来的幼儿教师不仅要深入学习专业的知识和技能，如儿童心理学、教育原理、课程设计与实施等，还要广泛掌握文化、社会、科技等领域的知识。这种跨学科的学习模式不仅丰富了他们的知识结构，还有助于激发他们的教育潜能，为他们的专业发展奠定基础。职后培养阶段，一些理论也称之为在职培养阶段，其着重在实践中深化理论知识，提升教育教学能力。在这一阶段，幼儿教师通过参与各种培训、研讨会、课堂观摩、高级研修班、学术交流、教育项目等活动，不断反思和优化自己的教学方法和策略。同时，这一阶段也鼓励幼儿教师进行教育研究，通过科研活动探索教育教学的新理念、新方法，以适应教育实践的不断变化和发展，以支持幼儿教师职业生涯的持续和深化发展。在这一阶段，同样重要的是帮助幼儿教师进行职业反思，评估自己的教学实践，识别成长的空间和需要改进的地方，持续更新自己的教育理念和教学技巧，为职业生涯的长久发展做好准备。

第一节 学前教育专业人才职前培养体系创新

学前教育专业人才职前培养体系创新放法有以下三个方面内容,如图 8-1 所示。

图 8-1 学前教育专业人才职前培养体系创新方法

一、人才培养模式层次化

随着高等教育的普及和高校招生规模的不断扩大,教育界面临着前所未有的挑战。学生群体的日益多元化,带来了学生间在基础知识、能力、兴趣和学习意愿等方面的明显差异。这种多样性不仅丰富了校园文化,也显著增加了教学的复杂性,给教学带来了挑战。尤其在专业教育领域(如学前教育),学生背景的差异性对教师的教学策略提出了更高要求。确保和提升教育质量成为各高等教育机构面临的紧迫任务。学生群体不仅包括传统的高中毕业生,还包括职业高中毕业生以及接受连续五年一贯制教育的学生,这些不同类型的生源在知识结构、专业基础技能以及对专业的认识度上存在显著差异,进一步加大了教学的难度。在这样的背景下,高等教育机构必须探索和实践新的人才培养模式,以适应生源的多样化和教育需求的个性化。在这种背景下,分层人才培养模式应运而生,以通过对不同学生群体实施差异化的教学计划和方法,优化教育资源的分配,提高教育的有效性和质量。人才培养模式层次化的方法和内容体现在以下三个方面,如图8-2所示。

教学计划层次化

课程设置层次化　　教学方式层次化

图8-2　人才培养模式层次化的方法和内容

(一)教学计划层次化

学前教育专业的职前教育体系创新是一个多维度、分层次的过程,旨在满足不同背景学生的特定需求,同时确保所有毕业生都能达到高质量的教育标准。这种创新体现在课程设计、教学方法、专业认知度提升等方面。第一,针对普通高中学生、职业高中学生和初中起点的五年制学生这三类不同的学生群体应该制订不同的教学计划。这有助于提高学生的学术表现和满足他们的职业发展需求。第二,分析学生水平,制订不同层次的教学计划。将教学计划划分为不同层次,如基础层次、中级层次和高级层次。每个层次的课程内容和难度都有所不同,以适应不同学生的学术水平。学生可以根据自己的表现和兴趣选择适合自己的层次。第三,个性化指导。每个学生都有自己的兴趣、才能和学习速度,层次化的教学计划可以根据学生的个性化需求进行调整,使每个学生都能够充分发展潜力。为每个学生提供个性化的指导和建议,帮助他们在学习过程中克服困难,发展潜力。教师可以根据学生的需求和兴趣为他们提供额外的资源和挑战性任务,以促进他们的学术成长。第四,跨学科整合。层次化的教学计划可以包括跨学科的课程,帮助学生将不同领域的知识和技能整合起来,提高综合素养。这有助于培养具备广泛知识背景的学前教育专业人才,能够更好地应对复杂的教育挑战。第五，职业发展支持。除了学术层面，层次化的教学计划还应关注学生的职业发展。提供职业规划和实习机会，帮助学生将理论知识与实际工作相结合，为他们的未来职业做好准备。第六，持续评估和反馈。教学计划的层次化需要不断评估和调整。学校和教师应定期收集学生的反馈和表现数据，以确保教学计划的有效性，并对其进行必要的改进。

（二）课程设置层次化

在学前教育专业的课程设置中，层次化设计是至关重要的。它有助于确保学生在其职业发展过程中获得全面的教育，从而更好地满足不同年龄段儿童的需求。课程设置层次化的核心目标是提供逐渐递进、有计划的学习经验，以帮助学生打下坚实的专业知识和技能基础。第一，层次化的课程设置可以根据学生的不同年级或学习阶段进行划分。例如，将课程分为初级阶段、中级阶段和高级阶段，每个阶段都有特定的教育目标和课程内容。初级阶段可以重点关注基本的教育原理和儿童发展知识；中级阶段可以引入更复杂的主题，如特殊教育或多元文化教育；高级阶段可以包括实习和研究项目，以培养学生的实践能力和独立思考能力。第二，课程设置的层次化可以以学前教育专业的不同领域为依据。学前教育领域包括幼儿教育、特殊教育、早期幼儿发展等多个方面。通过为每个领域设计专门的课程，使学生可以选择他们感兴趣的领域，深入研究，并在将来的职业生涯中成为专家。第三，课程设置的层次化应该考虑到跨学科的需求。学前教育专业需要融合多个学科的知识，如教育学、心理学、社会学等。因此，课程应该涵盖这些学科的基础知识，并在高级课程中引入跨学科研究项目，以培养学生的综合能力和跨学科思维。第四，课程设置的层次化应该考虑到时代的变化和教育趋势。随着科技的不断发展，学前教育也受到了数字化教育工具和在线学习平台的影响。因此，课程设置需要包括现代教育技术的内容，帮助学生掌握数字化教育的技能，以适应不断变化的教育环境。第五，课程设置的层

第八章 学前教育专业人才职业生涯培养体系

次化应该强调实践教育的重要性。学前教育是一个实践导向的领域，学生需要在真实的教育环境中实践所学知识和技能。因此，课程设置应该包括实习和实地教学经验，以培养学生的实践能力和专业素养。

整体来看，课程设置的层次化是学前教育专业职前培养体系中的重要组成部分。它有助于确保学生获得全面的教育，建立坚实的专业知识和技能基础，以适应不同年龄段儿童的需求和应对不断变化的教育环境。

课程设置层次化，要注重小型化、模块化的策略。这意味着所有学生群体都将共同学习一些基础课程模块，以确保他们能够掌握学前教育的核心知识和技能。然而，根据不同学生群体的具体需求，课程将进一步细分为特定的模块。例如，职业高中学生由于其文化基础和文字表达能力相对较弱，因此在其教学计划中加入特定的文化课程模块和文字训练课程。对于普通高中学生，由于他们在艺术类技能和表现力方面的不足，教学计划中增加了艺术技能课程。对于五年制学生，鉴于他们在艺术技能和文化基础方面的优势，以及教育教学技能的不足，课程设计重点增强了教育教学技能课程。

（三）教学方式层次化

教学方式在学前教育专业的职前培养体系中起着至关重要的作用。为了培养出优秀的学前教育专业人才，教学方式需要进行层次化的设计和创新。

第一，教学方式的层次化应以学生的学习阶段和能力水平为依据。在学前教育专业的职前培养中，学生可能处于不同的学年或学习阶段。因此，教学方式应该根据学生的发展阶段进行调整。对于初学者，可以采用更传统的教学方法，如讲座和直接传授，以帮助他们掌握基本的理论知识。随着学生的学习深入和能力提高，教学方式可以逐渐转向更具挑战性和互动性的方法，如小组讨论、实验、案例研究等，以培养他们的批判性思维和问题解决能力。

第二，教学方式的层次化应考虑到不同学科领域的特点。学前教育专业涉及多个学科，包括教育学、心理学、社会学等。不同学科可能需要不同的教学方法。例如，在教育学课程中，可以采用反思性实践和教学观察，以培养学生的教育技能。在心理学课程中，可以使用实验和研究项目来帮助学生理解儿童的心理发展。因此，教学方式的层次化需要根据不同学科的需求进行调整，以确保学生能够获得全面的教育。

第三，教学方式的层次化应考虑到学前教育的多样性和跨文化特点。学前教育涉及不同年龄段和文化背景的儿童。因此，教学方式需要具有灵活性，以适应不同儿童群体的需求。在教学中，教师可以引入跨文化教育元素，帮助学生理解不同文化背景的儿童的需求，并培养跨文化沟通和教育能力。

第四，教学方式的层次化应包括现代教育技术的应用。随着科技的不断发展，数字化教育工具和在线学习平台已经成为学前教育的一部分。因此，教学需要包括使用这些技术工具的培训，以帮助学生掌握数字化教育技能，并为未来的教育工作做好准备。

第五，教学方式的层次化应该强调实践教育的重要性。学前教育是一个实践导向的领域，学生需要在实际的教育环境中应用所学知识和技能。因此，教学方式应该包括实习和实地教学经验，以培养学生的实践能力和专业素养。

整体来看，教学方式的层次化是学前教育专业职前培养体系中的关键组成部分。它有助于确保学前教育专业学生获得多样化的教育经验，逐步提高他们的能力，以应对不同年龄段儿童的需求和不断变化的教育环境。通过灵活的教学方式设计，可以为学前教育专业学生提供更丰富的学习经历，培养出色的学前教育专业人才。

二、教学过程个性化

教学方法的多样性在教育中具有关键地位，而教育的有效性往往取决于教学方法的选择。然而，传统上，一些高校教师倾向于采用相对刻板的教学方式，忽视了学生个性化需求。这种做法不仅限制了教师与学生之间的互动，还阻碍了学生自主学习和创新思维的培养。学前教育专业通常以女性学生为主体，她们常具备较强的形象思维能力，但逻辑思维能力较弱。为了更好地满足学前教育专业学生的需求，提高教育效果，一些学校积极探索了"教学过程个性化"的方法。这种方法强调将学前教育专业学生置于学习的核心位置，关注他们的进步和需求，通过多样化的教学活动激发学生的学习兴趣，激发他们积极参与学习，丰富他们的生活经验，并提高他们的创造性思维、问题解决能力和适应社会变化的能力。教学过程个性化的教育方法意味着将学前教育专业学生视为学习活动的主体，采用不同的教学策略，让他们更积极主动地参与学习。这种方法打破了传统的教师主导课堂、学生被动地接受知识的教师中心模式。教师可以采用各种方式（如示范教学法、问题解决法、小组讨论法、合作学习法等）来吸引学生积极参与，激发他们的学习热情，让他们在教学过程中发挥主动性。教学过程个性化的教育方法旨在培养学前教育专业学生的学习兴趣，激发他们的创造性思维和问题解决能力，同时增强他们的互助合作能力。它强调教育过程应该根据学生的个性化需求和潜力进行调整，从而更好地满足不同学生的学习需求。这种教育方法有助于培养更具创新能力的专业人才，更好地应对不断变化的社会和职业要求。因此，教学过程个性化对于提高学前教育专业的教育质量和培养有能力的学前教育专业人才至关重要。教学过程个性化的方法包括以下三个方面，如图 8-3 所示。

```
┌─────────────────────────────────────────────────┐
│  读书计划个性化：拓宽学前教育专业学生的知识面   │
└─────────────────────────────────────────────────┘

┌─────────────────────────────────────────────────┐
│  合作方式个性化：激发学前教育专业学生的多样潜能 │
└─────────────────────────────────────────────────┘

┌─────────────────────────────────────────────────┐
│      实训课程个性化：激发创新思维               │
│             和实际操作能力                      │
└─────────────────────────────────────────────────┘
```

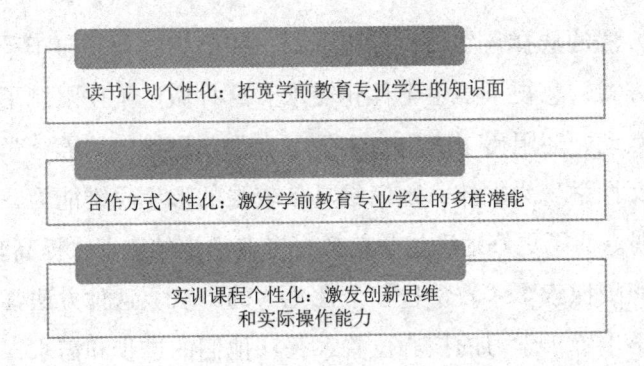

图 8-3　教学过程个性化方法

（一）读书计划个性化：拓宽学前教育专业学生的知识面

学前教育专业的师资需求特殊，要求教师具备广泛的知识结构，以更好地促进儿童的全面发展。这些知识涵盖了语言、社会、科学、艺术、健康等多个领域，然而，在学前教育专业的实际教学中，学生普遍存在一系列问题，如缺乏主动学习意识、知识面狭窄、专业书籍阅读水平参差不齐，以及缺乏主动阅读的动力等。这些问题严重影响了课堂教学质量。为了培养出合格的学前教育专业人才，应在专业课程中积极推行读书计划活动，将课外书籍的阅读与专业教学有机结合，拓宽学生的专业知识面，提高学生的理论和实践水平，全面提升学生的教师素养。

第一，拟定个性化读书目录。在读书计划中，每学期要求学生自主从教师提供的书目中，根据自己喜好选择至少 4 本书进行深入阅读。这个书目是由学院的教师共同讨论制定的，包括专业知识和普通知识领域的书籍。这些书籍可以是儿童教育、心理学、教育哲学等专业领域的，也可以是中国的四大名著和外国文学作品等课外领域的。通过这些多样化的书籍阅读计划，学生可以接触到不同领域的知识，拓宽自己的视野。

第二，个性化读书实施形式。学生可以以自己喜欢的方式实施读书计划，如记读书笔记、制作多媒体读后感、读后情景重现等。读书计划强调自主学习，但也鼓励学生定期组织小组或寝室的读书心得交流和经验分享活动。这种形式有助于学生相互启发,激发他们的阅读兴趣,促进交流与分享。

第三,个性化的读书学习档案袋。为了更好地追踪学生的学习过程,每名学生都会有一个属于个人的读书学习档案袋。学生可以将阅读过程中的感悟、随笔、批注以及书中的经典语句或者电子课件主要内容和日期编号记录在小卡片上,然后按照时间或阅读书籍的顺序将小卡片装订成小册子。这样的档案袋不仅有助于学生反思自己的学习过程,还可以成为他们宝贵的精神财富。通过这样以学生为中心的读书计划,不仅能够提高学生兴趣,调动学生积极性,鼓励他们扩宽知识视野,从而更好地满足学前教育教师的专业要求,还能够提高职前教育的教学质量,培养出优秀、出色的学前教育专业人才。

(二)合作方式个性化:激发学前教育专业学生的多样潜能

传统的教育过程往往采用一刀切的教学方式,通常忽视了学生个性的差异,无法满足不同学生群体的需求。然而,学前教育专业学生具有多样化的潜能和学习风格,需要以更加灵活的教育方法来激发他们的潜力。小组合作教学策略能够很好地应对这一挑战。这一教学策略是在教学过程中将学生进行分组,进行教学和自学,更多地关注每名学生的个性和需求,突出和尊重学生个性的特点,注重在教学过程中为他们提供了更加多元化和个性化的学习机会,相对于传统教学模式是一种着重个性化教育的创新性、针对性的教学策略。第一,它强调了学生的多样性和个性化需求。在小组合作中,学生可以根据自己的兴趣、能力和学习风格选择合适的角色和任务,这有助于他们更好地发挥自己的优势和潜能。例如,一些学生可能擅长组织和领导,可以担任小组长;一些学生可能更善于研究和分析,可以担任资料搜集者。这种个性化的分工可以激发学生的学习兴趣,提高他们的学习积极性,更有利于教学过程的开展和实施。第二,小组合作教学策略的个性化实施有助于培养学生的自主学习能力。学生在小组合作中需要自己负责一部分教学内容的准备和教授，这要求他们具备自主学习的能力，包括信息搜索、整理和表达的能力。这种自主学习的过程不仅提高了学生的学术能力，还增强了他们的自信心和独立思考能力。第三，小组合作教学策略的个性化实施有助于促进学生之间的互动和合作。学生在小组中需要与他人合作完成任务，这培养了他们的团队合作和沟通能力。同时，学生之间的互动也有助于他们互相学习和分享知识，丰富学习的内容和体验。第四，个性化的小组合作教学策略为教师提供更多的机会观察和了解学生的个性和潜能。通过观察和了解学生在小组中的表现，教师可以更好地调整教学方法和课程设计，满足不同学生的不同需求，提高教学的针对性和个性化，更利于培养全面发展的学前教育专业人才和职前教师，从而为他们更好地应对未来的教育挑战奠定基础。

（三）实训课程个性化：激发创新思维和实际操作能力

在学前教育专业，实训课程个性化具有重要的教育价值，因为它们为学生提供了将理论知识转化为实际操作能力的机会。然而，传统的实训课程往往采用一种标准化的教学模式，将学生放到幼儿园或让学生自主联系幼儿园进行实习，忽视了学生理论到实践的过渡，以及学生的个性差异和创新潜力。因此，实训课程个性化的重要性不言而喻。例如，儿童实验剧是一种创新的实训课程，可以帮助学前教育专业学生更好地理解幼儿的生理、心理行为特点。第一，在实施个性化的儿童实验剧课程时，学生可以根据自己的兴趣和特长，选择感兴趣的主题素材。通过个性化的儿童实验剧课程，学前教育专业的学生可以更好地发挥自己的创新潜力，理解幼儿的多样性和需求，提高实际操作能力和综合素养。这种个性化的选择可以激发学生的创意和热情，使他们更好地投入课程的策划和准备阶段。第二，个性化的剧本创作。学生可以以小组为单位，也可以自行创作剧本，根据自己的理解和观察，选择反映幼儿生活和行为特点的场景。这种个性化的创作过程可以帮助学生更深入地理解幼儿的需求和心理发展，同时提高他们的创作能力和表达能力。第三，个性化的角色分配。鼓励学生自主选择剧中角色进行表演，但教师可以提供建议和指导，根据学生自身的表演能力和表达能力进行建议。这有助于学生选择适合自己的角色，提高他们的表演质量和自信心。第四，个性化的剧情表演。学生可以根据自己的创意和理解，对于剧中角色表现出不同的特点和个性。这种个性化的表演可以让学生更好地理解幼儿的多样性和需求，同时提高他们的共情能力和沟通能力。第五，个性化的分享和反思。在演出结束后，学生可以分享和反思他们的经验和感悟。这个过程可以帮助学生更好地理解自己的成长和发展，也可以促使他们思考如何应对类似的问题和挑战。

三、教学评价和反馈多元化

在学前教育专业职前教师体系的构建中，教学评价与反馈体系是一个重要的方面。在传统的教学评价中，评价具有一定的片面性和主观性，因此在创新体系的构建中，教学评价和反馈应该改善这一局面，评价主体应向多元化的方向发展，即不论是评价者还是被评价者，无论是教师还是学生，都应参与评价和反馈的过程。第一，多元化的评价主体能够提供更全面的信息。传统的教学评价往往由教师单独进行，而多元化的评价主体包括教师、学生、同行教师、家长等多方。这样，可以获得不同角度和层面的反馈，有助于更全面地了解课程教学的质量和效果。第二，多元化的评价主体有助于促进教师和学生之间的互动和对话。在传统的教学评价中，教师往往扮演评价者的角色，学生则被动接受评价。而在多元化的评价主体下，学生可以参与到评价过程中，与教师进行平等的对话和讨论。这有助于教师更好地理解学生的需求和反馈，从而进行更有针对性的教学改进。第三，多元化的评价主体可以促进教学质量的提高。通过不同主体的参与，可以及时发现和解决教学中的问题，从而不断改进课程内容和教学方法。这有助于提高教学质量，提升学生的学习体验和成绩。第四，多元化的评价主体有助于培养学生的自主学习和评价能力。当学生参与到教学评价和反馈过程中时，他们需要思考和分析课程内容和教学效果，这有助于培养他们的自主学习和评价能力，提高他们的综合素养。

从上述论述可以看到，构建多元化的课程教学评价与反馈体系，强调评价主体的多元化，对于提高教学质量、促进师生互动、培养学生自主学习和评价能力都具有重要的意义和价值。这一创新能够更好地满足学前教育专业的教育需求，培养出更具综合素养的职前教师。教学评价和反馈多元化的内容有以下三个方面，如图8-4所示。

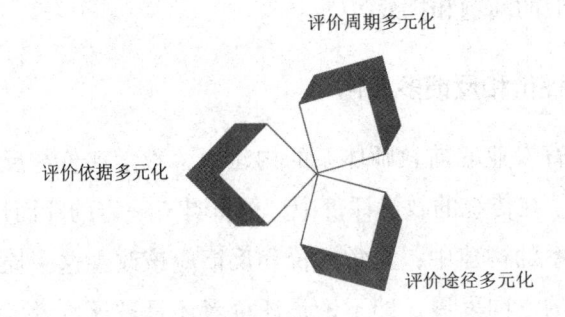

图8-4 教学评价和反馈多元化的内容

（一）评价依据多元化

在学前教育专业的职前课程教学中，传统的教学评价方式通常以一张试卷来测试学生的学习能力和学习效果。这种单一的终结性评价模式存在一些问题。例如，教师"满堂灌"的现象比较普遍，学生的主动学习积极性不高，综合能力培养不够充分。为了改变这一状况，促进学生自主学习，培养学生的综合能力，评价依据要进行多元化的调整。例如，采用"笔试＋小组合作学习＋读书报告"的综合性、多元化评价模式时，评价依据可以根据各院校教学情况的开展情况进行多元化设置。例如，可以加入实训情景剧这一项内容作为评价依据，并且评价依据的比例也可以根据教学情况的不同进行设置。以上述评价依据为例，设置每门课程的最终考核成绩由三部分构成，分别是笔试成绩、小组合作学习成绩和读书报告成绩。其中，笔试成绩占总成绩的50%，小组合作学习成绩占25%，读书报告成绩占25%。这种多元化的评价方式有着重要的意义和价值。第一，通过笔试考核，学生可以掌握课程的基本概念和原理等基础知识，这是学前教育专业的重要基础。第二，通过小组合作学习，学生能够培养主动学习的意识，提高信息搜集和运用能力，加强语言表达、倾听、沟通和团队合作等综合能力。第三，通过读书报告，学生扩大了专业知识面，也提高了文字运用能力，这对于他们未来的教育工作非常重要。这种多元化的评价方式能够更全面地反映学生的综合能力和学习成果。传统的笔试考核主要侧重于知识的掌握，而小组合作学习和读书报告则更注重学生的综合素养和多方面的能力。因此，综合性评价模式能够更准确地评估学生在不同方面的表现。最重要的是，多元化的评价方式有助于培养学生的自主学习能力。当学生以高涨的热情，花费很多时间和精力完成不同形式的学习，会增大学生对自己专业的投入，增强专业认同和专业承诺，这对于他们将来的教育工作和职业发展具有重要意义。

（二）评价途径多元化

长期以来，学前教育专业课程的考试通常由任课教师根据自己的教学实践经验和学生情况进行命题，学生会根据教师提供的考试重点进行有针对性的准备，并不会全面认真地学习和复习。这种方式虽然灵活便捷，但存在主观随意性和不公平的问题，也导致了教学评价的不公平和不准确。如果一门课程由多位教师教授，那么每位教师的命题标准可能不同，导致同一门课程的学生会面临不同的教学目标和考试评价标准。"教考分离"是一种有效的课程教学方法改革手段，也是提高教学质量的关键因素之一。而要实现教考分离，必须建立健全专业课程的试题库，并将其作为多元化评价的基础，以确保考试评价更加科学、公正、客观。试题库的建设要以课程的教学目标、教学大纲和学前教育专业学生的实践应用能力为核心，体现"考知识和能力，理解和综合运用"的原则。每门课程可以编制一定数量的试卷，如每门课程编制20套标准试卷，试卷需包括单项选择题、名词解释、简答题、辨析题、案例分析题和实践操作题等不同题型。此外，对于实训课程内容的考核，可以每个模块提供小组协作学习的任务单和阅读的参考书目，以促进学生的全面发展和评价。通过建立试题库和多元化的评价方式，能够更公正客观地评价学生的学习效果，推动教学质量的提高，为学前教育专业的教育改革和创新打下坚实的基础。这一创新不仅有助于提高评价的科学性和准确性，还有助于培养学生的综合素质和实践能力，使他们更好地适应未来的职业发展。

（三）评价周期多元化

教学评价是教育质量提升的关键环节，它不仅需要短周期的评价，如每学期，还需要长周期的评价来全面衡量教育的效果。短周期评价可以帮助教育机构及时发现和解决教学中的问题，确保学生在每个学期都能够获得最佳的学习体验。然而，教育的目标不仅仅是短周期的知识传授，更重要的是培养学生的综合素养，促进学生的长期发展，长周期评价能够更全面地评估教育的持续影响。我国学前教育专业目前短周期评价体系已经比较完备，这里提出一种创新的长期评价方式——毕业生质量跟踪调查评价。这是一个长期的过程，可以设置每三年进行一次。调查方式可以通过《学前教育专业毕业生就业满意调查表》和《学前教育专业毕业生用人单位满意度调查表》等问卷进行，或者学校自行编制问卷，定期发送到学生邮箱，并回收问卷进行数据分析和统计，可以利用本书第三章提到的数据分析法。调查问卷要不仅包括多个方面的内容，如单位性质、工作变动情况、薪资待遇、工作满意度、工作条件、可持续发展能力、职业稳定性、对专业课程设置和教学满意度等，还要包括思想品质、工作态度、身心素质、专业知识技能、职业素质、实际操作能力、团队协作、沟通交往、创新能力和发展潜力等方面。通过长期的质量跟踪调查的信息和反馈，能够给人才评价、人才培养质量提供科学的依据，从而合理地调整专业建设目标，优化人才培养模式，改进专业课程设置，提升职前教育水平。这样的数据分析结果也有助于学生的职业生涯规划和择业观，可谓一举多得。

第二节　学前教育专业人才职后培训体系优化

学前教育专业人才职后培训方法有以下三个方面，如图 8-5 所示。

现场教研互动

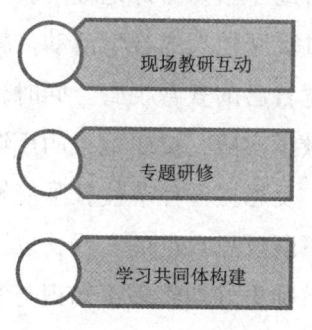

专题研修

学习共同体构建

图 8-5　学前教育专业人才职后培训方法

一、现场教研互动

学前教育专业人才职后培训体系尤其需要注重实用性与实效性。对于职后教师来说，能够在实际教学环境中观察、学习并立即实践所获知识是非常宝贵的。而现场教研互动机制恰恰能够满足这一需求。现场教研互动机制是一项职后培训的创新方法，可以在一定程度上提高职后教师的教育质量和教学水平。这一机制的独特之处在于其包括多个环节，每个环节都起到关键作用，为教师提供了全方位的发展机会，不仅提供了理论与实践相结合的学习模式，还强调了持续性的职业成长和即时的反馈应用，使得教师能够在工作中不断地学习和成长。第一，自主学习和前期分析阶段要求教师在教学活动开始前进行独立学习和分析。这个阶段的关键在于激发教师的主动性和求知欲望。教师通过自主学习，可以更深入地了解学前教育领域的最新趋势和研究成果。同时，他们也会对即将进行的教学活动进行仔细分析，制订出更具前瞻性和实用性的教学计划。这个环节的重要性是为后续的观摩交流打下了坚实的理论基础，让教师更有信心地参与到教学实践中。第二，现场观摩与评议环节是互动机制的核心。在这一阶段，教师有机会相互观摩和评价彼此的教学活动。这不仅为教师创造了一个互相交流和学习的空间，还提供了反馈和建议的机会。这种互动有助于教师更好地理解教学实践，从中汲取经验和教益，共同提高。通过观摩他人的教学活动，教师可以看到不同的教学方法和策略，从而拓宽自己的教育视野。同时，评议环节也有助于教师更客观地看待自己的教学实践，接受他人的反馈和建议，进一步优化自己的教学方法。第三，反思提升环节使教师能够将学习的经验应用到实际的教学活动中，并不断反思自己的实践，以进一步提高自身的教学能力。这一阶段有助于教师更好地将理论知识与实际教学相结合，不断改进和完善自己的教学方法。通过反思，教师可以深入思考自己的教育实践，找到问题的根本原因，提出更有效的解决方案。这个环节也鼓励教师不断追求教学的卓越，不满足于现状，持续提升自己的教学水平。整体上来看，现场教研互动机制为职后学前教育专业教师提供了一个全面的教学发展途径。通过自主学习、现场观摩与评议以及反思提升这三个关键环节，教师能够不断提高自己的教学水平，提供更高质量的教学服务，从而更好地满足学前教育的需求。这一创新方法的持续发展和应用，将有助于培养更多优秀的职后教师，推动学前教育专业的进步和发展。

二、专题研修

职后教育体系中的教育创新还可以采用专题研修,这是另外一种教育教学创新方法,其目的在于深入研究和解决实际教学实践中的问题,符合职后教育和培训的特征。进行专题研修时需要确定一个特定的教育主题或问题,这个主题是在实习或者教学中出现的实际问题,然后围绕这个主题进行准备工作。专题研修体验包括三个主要环节:专题培训、课题探索和行动研究。这些环节有助于教师更深入地理解和探讨所选定的主题。通过交流和讨论,教师能够阐述他们的认识和见解,不断提升教师的教学能力。在研修过程中可以邀请专家进行专题培训,教师能够共同进行课题探索和教学实践中的行动研究,实现这三个环节之间的相互促进,有效构建专题研修体验的机制。这一机制始终秉承"以学促教"的核心宗旨,通过培训、课题研究和行动研究来提高教师的教学技能。

(一)专题培训

专题培训是促进教师职业成长与教育质量提升的重要途径,可以有针对性地满足职后幼儿教师的教育和成长需要。专题培训侧重于根据教师成长需求及教育改革动向,引进院校专家、外部杰出教师以及高级教师等,进行定制化的培训活动。这类活动包括专题演讲、学术研讨、实际操作指导等形式,以实现"针对性补缺"的教育策略,确保教师群体能够集中力量,及时吸收和掌握教学改革的最新动态、先进理论及实践方法,从而在自我更新和专业提升上迈出坚定步伐。这种培训不仅蕴含丰富的信息,而且紧密结合教师的实际工作需求和个人发展目标。通过邀请经验丰富的教育专家传达新兴的教育观念、创新思维与方法论,为教师的职业路径注入新的活力与灵感,极大地促进了教师的职业成熟。专题的选择多种多样,内容广泛且深入,职后教师需要进行何种专题培训,就可以有针对性地开展何种专题培训,专题不仅涉及教学理念和方法的更新,还包括实用技巧与策略的传授,使得培训既有理论深度,又具实践价值，有助于有针对性地提高职后教师的实践教学技能，并促进其在实际教学中更好地运用所学知识，从而有效推动他们向高水平专业发展方向迈进。

（二）课题探索

课题探索是一种创新的职后教师专业发展策略，它以研究课题为载体，核心在于将课题的理论与实践紧密结合，通过实地研究和探索，让教师在实践中学习，在学习中实践，从而促进教师在教学实践中的主动参与和专业成长，推动教师从理论学习型教师向实践型教师再向研究型教师转变。

课题探索的过程可分为四个阶段：第一个阶段是专业培训阶段，这一阶段强调对教师进行系统的理论培训，包括研究方法、数据分析等关键科研技能的学习，旨在为教师后续的课题研究打下坚实的理论基础。第二个阶段是课题选择阶段，这个阶段注重课题与教师个人兴趣、学校实际需要以及教学实践的紧密结合，以确保研究课题的实用性和可行性。第三个阶段是课题实施阶段。此阶段是课题探索的核心，要求教师在具体操作中，综合应用所学理论知识和研究方法，解决实际教育问题。这一过程中，教师不仅需要独立思考和实践，还需要与同行进行深入交流和合作，通过共同探讨和反思，不断优化教学方法和研究方向。第四个阶段是课题研究的总结阶段，要求教师对研究过程和结果进行深刻反思和总结，以期为未来的教育教学和研究工作提供有价值的参考和指导。例如，某幼儿园选取"环保意识与可持续发展"作为其园级总课题，并推动这一课题在园内广泛而深入地开展，师生共同参与，并且根据不同年龄段幼儿的发展特点和能力及班级特色，启动了一系列相关的子课题。再如，低年级班级聚焦于"初探环保：小手拉大手，共守绿色家园"的主题；中年级班级参与"废物利用：创意再生艺术"的探索；高年级班级则深入研究"节能减排：小小科学家的实验探索"等。在这样的课题引导下，每个班级根据自身的特色和幼儿的兴趣，开展了各式各样的小课题。通过这一系列的课题研究和活动实施,幼儿园师生不仅增强了对环保和可持续发展的认识,而且通过实践活动深化了这一理念。教师在指导和参与课题研究的过程中,不仅找到了理论与教育教学活动紧密结合的方向,而且显著提升了自己的科研素养、专业技能和实践能力。这样的课题探索法不仅会促进幼儿园教育内容的更新,也为幼儿的全面发展提供了有力支撑。

(三)行动研究

幼儿教育的质量直接关联到教师的专业素质和实践能力,而近年来幼儿园课程的改革和教育建设对教师提出了更高的专业成长要求。尽管专家讲座和集中式培训可以快速提升教师的教育观念,促进教学反思,提高教育教学的整体质量,但据研究发现,其对教师长期专业发展的实际推动作用有限。尤其一些教师反映,尽管受益于专家的先进理念,但由于能力限制或外部条件制约,将这些理念应用到实际教学中时往往遇到困难,或者忙于日常工作,没有意识在日常教学中验证和使用先进理念。鉴于此,我国教育界提倡采取"行动研究"作为一种新型的园本培训及教研模式,这种模式更侧重于学前教育专业人才职后培训与实践的紧密结合,有问题就付诸行动进行研究,这对于解决实际教学问题具有显著效果。行动研究遵循"教师即研究者"的理念,要求教师围绕实际教学中遇到的问题,遵循"问题发现—计划行动—观察反思—再问题"的循环递进过程,通过行动和实践加深对问题的研究,从而提出解决方案,在实践中获得新的认识,实现自我发展和实践改进。例如,某幼儿园的A老师注意到幼儿普遍缺乏提问的积极性,决定采用行动研究方法探究原因并寻找解决策略。通过收集和分析相关文献,与同事讨论,A老师认为幼儿不提问的根本原因在于"不敢问"和"不会问"。接着,通过访谈和课堂观察,进一步了解到不热情的教师态度、不理想的学习氛围、单调封闭的幼儿日常生活是主要障碍。据此,A老师实施了一系列行动,如创造鼓励提问的环境、丰富幼儿的生活体验、指导幼儿清晰表达疑问等。行动实施后,通过再次调查评估活动效果,根据结果调整和优化行动方案,以期实现更好的教育成果。这一过程不仅促进了教师的专业成长,也改善了幼儿的学习环境,提高了幼儿提问的积极性,展现了行动研究在幼儿园教育实践中的应用价值。

三、学习共同体构建

幼儿园职后教师的专业发展水平存在差异,发展需求多样化。为了有针对性地满足职后教师的各种发展需求,提升教学质量,寻找并挖掘每位教师的个人最佳发展需求,成为职后教师能力提升的关键。为此,基于对教师能力层次的综合评估,幼儿园职后教师职业发展被分为四个阶段:适应期、胜任期、骨干期及研究期。在此框架下,通过构建一个由同伴互助、骨干协作和专家引领三个层次组成的学习网络和学习共同体,可以有效地促进每一位教师的个体和集体发展。学习共同体的核心是实现知识和经验的共享与传播。其中,同伴互助强调教师之间的日常交流和支持,骨干协同侧重于培养教师的领导力,促进专业知识的传递,而专家引领则提供了深入的理论指导和实践经验分享。这种结构旨在通过以点到面的方式拓展其影响力,从而实现个体与集体的同步发展。在这个过程中,双向促进的概念至关重要。这意味着学习推动不仅仅来自专家和骨干教师对普通教师的指导,教师间的相互学习和支持也能促进专家和骨干教师自身的发展。这种互动确保了学习共同体内部的每个成员都能在互帮互助中实现自我提升,最终促进教师从适应期向研究期转变。学习共同体不仅能有效地促进教师的个人发展,也使教师通过帮助他人巩固和扩展自己的学习成果,从而激发整个教育团队的活力和创新能力,实现教育教学质量的整体提升。

(一)同伴互助

同伴互助是学习共同体构建中的一个基础核心环节,建立在教师之间的互相学习、共同成长的基础之上。这一过程可以比作在广阔的知识海洋中航行，每位教师既是航行者也是引航员，通过相互交流和合作，共同探索教育教学的最佳实践。在这个过程中，教师们通过分享各自的教学经验、策略和创新方法，不仅能够相互启发，而且能够共同解决教育教学过程中遇到的问题，实现个人和团队的成长。在具体实践中，同伴互助表现为各种形式的专业交流和合作活动。例如，通过集体备课会议，教研组集中讨论某一教学主题或难题，共同探讨解决方案。这种方式不仅促进了教师之间的知识共享，也加深了教师对教学内容的理解和掌握。在集体备课的过程中，教师之间相互提供反馈，通过批判性思维的碰撞，促进教学策略的创新和优化。假设一个幼儿园教研组围绕"环保意识的培养"这一主题开展集体备课。在讨论过程中，一位教师提出通过实践活动让幼儿直接参与回收和利用废弃物制作手工艺品，以此来深化幼儿对环保概念的理解。其他教师则分享自己的观察和经验，提出如何有效地组织此类活动，确保幼儿的安全和活动的教育意义。通过这样的讨论，教研组不仅确定了具体的教学方案，还就如何评估活动效果、如何进一步提升幼儿的环保意识等问题达成了共识。

另外，同伴互助还可以通过教师间的观摩和反馈活动实现。教师之间相互访问课堂，观摩同伴的教学实践，之后进行反思和讨论。这种互动不仅增强了教师的自我反思能力，也为教师提供了从同伴那里学习的机会，从而不断提升自己的教学技能和专业素养。

（二）骨干协同

骨干协同机制在学习共同体中扮演着桥梁和纽带的角色，它本质上是一种深层次的职业发展和知识传递方式，通过建立经验丰富的教师与新入职或较少经验的教师之间的对接，实现教师能力的快速提升和团队协作能力的增强。这种方式不仅促进了新老教师之间的沟通和交流，而且加深了团队成员之间的相互理解和尊重，为幼儿园创造了一个充满活力和创新精神的教育环境。

在骨干协同的过程中，骨干教师不仅传授专业知识和教学技巧，而且通过示范课、共同备课、教学观摩和反馈等多种形式，引导年轻教师进行实践操作和反思。这种实践和反思的过程有助于年轻教师在实际教学中迅速成长，提升自己的教育教学能力，同时为骨干教师提供了重新审视和升华自己教学理念和方法的机会。例如，通过组织一系列的教学研讨会，骨干教师和年轻教师可以围绕某一教学主题进行深入探讨。在这样的研讨会中，骨干教师可以分享自己的教学经验和策略，指导年轻教师如何设计和实施教学活动，如何进行有效的课堂管理，以及如何进行教学反思。同时，年轻教师也可以提出自己在教学过程中遇到的问题和挑战，寻求骨干教师的指导和建议。

另外，骨干协同还应注重评价和反馈的环节。定期的教学评价和反馈可以帮助年轻教师了解自己在教学实践中的优点和不足，从而更有针对性地进行改进和提升。同时，骨干教师在这一过程中也能够通过观察和指导年轻教师的教学实践，进一步提升自己的指导能力和教学水平。

整体上来看，骨干协同不仅是一种培养新教师、提升教师专业技能的有效方法，更是促进教育团队内部合作、提升团队整体教育教学质量的重要策略。通过这种方式，可以建立起一个相互支持、共同成长的教师群体，为幼儿提供更高质量的教育服务。

（三）专家引领

专家引领在学习共同体中也扮演着至关重要的角色。为了有效地实施专家引领，第一需要建立与领域内的经验丰富的专家、名师的紧密合作关系，这里建议邀请那些能够将理论与实践紧密结合的一线教师和学科专家，因为这样的专家能够提供最接地气的指导和建议。与专家的合作关系应当基于平等、民主和建设性的原则，确保双方都能在交流中获益。举例来说，假设某幼儿园在进行学习共同体活动时，邀请了一位在幼儿教育领域具有深厚理论知识和丰富实践经验的专家，探讨"如何在项目学习中融合 STEAM 教育元素"。在这一过程中，教师有机会直接与专家交流，提出自己在实践中遇到的难题和困惑。专家不仅分享了理论知识，还提供了关于如何设计和实施符合幼儿发展需要的STEAM教育活动的针对性的建议和策略。在讨论和交流的过程中，教师能够深入理解STEAM教育的核心理念，学习如何将科学、技术、工程、艺术和数学等领域知识有机整合到幼儿园的教育活动中。通过这种方式，专家引领不仅促进了教师的专业成长，而且为幼儿提供了更加丰富和多元的学习体验。

另外，专家引领的过程中还包含着对教师实践活动的观摩、反思和评价，通过这些活动，教师能够在实践中测试和验证理论知识，进一步提升自己的教育教学能力。整个引领过程其实是以教师的自主学习为核心的，专家通过引导、建议和反馈，帮助教师构建起理论与实践相结合的知识体系，从而实现教师的持续发展和教学质量的提升。专家引领不仅是一种单向的知识传递，而是一种双向的互动过程，专家和教师共同参与到知识的探索、实践的试验和经验的交流中来；同时，也有利于专家理论储备的增长。

参考文献

[1] 伊翠娟.学前教育专业人才核心素养研究[M].长春:吉林人民出版社,2020.

[2] 吕一中.新时代背景下学前教育发展研究[M].北京:北京理工大学出版社,2019.

[3] 张晓伟.全实践理念下学前教育专业活动设计类课程教学研究[M].长春:吉林人民出版社,2021.

[4] 蔡迎旗,吴航.高校学前教育中外合作办学研究[M].武汉:武汉大学出版社,2017.

[5] 叶逢福,赖勇强,吕伟,等.学前教育的理论探索与创新实践[M].北京:北京航空航天大学出版社,2019.

[6] 陈思睿,蒋尊容,赵俊.学前教育活动设计与实施[M].成都:西南交通大学出版社,2015.

[7] 徐红.学前教育本科专业人才培养模式研究[M].武汉:华中科技大学出版社,2016.

[8] 郑薏苡.儿童戏剧与学前教育[M].杭州:浙江工商大学出版社,2012.

[9] 苏卫涛.高职学前教育专业学生职业核心能力培养研究[M].长春:东北师范大学出版社,2017.

[10] 郑朝卿.拔尖创新人才选拔培养新论[M].北京:清华大学出版社,2017.

[11] 李卓.改革与发展:学前教育若干热点问题研究[M].沈阳:辽宁人民出版社,2018.

[12] 申利丽,申健强.简笔画教程[M].成都:西南交通大学出版社,2016.

[13] 夏冰.高校学前教育专业建设与人才培养研究[M].北京:中国纺织出版社,2023.

[14] 黄俊.卓越教师背景下学前教育专业人才培养研究[M].天津：天津科学技术出版社,2023.

[15] 牟利民.学前教育的理论与实践问题研究[M].武汉：华中师范大学出版社,2013.

[16] 段向琼.高校学前教育专业教学与人才培养模式探索与实践[M].北京：北京工业大学出版社,2020.

[17] 李娟.高校学前教育专业教学与人才培养模式探索与实践[M].北京：北京工业大学出版社,2021.

[18] 杨璞.学前教育理论与实践教学研究[M].沈阳：辽宁大学出版社,2023.

[19] 李晓艳.学前教育专业人才培养的理论与实践[M].北京：中国书籍出版社,2020.

[20] 索丽珍,林晖,高妍苑.学前儿童艺术教育[M].重庆：重庆大学出版社,2020.

[21] 成都师范学院教育科学学院.教师教育改革与应用型教育人才培养[M].成都：西南交通大学出版社,2015.

[22] 北京市教育委员会高教处.专业型院校人才培养模式的改革与创新[M].北京：北京体育大学出版社,2010.

[23] 蔡迎旗.学前教育原理[M].武汉：华中师范大学出版社,2017.

[24] 姜华.高职高专学前教育专业职业应用能力学习指南[M].武汉：武汉出版社,2014.

[25] 何晓夏.简明中国学前教育史[M].3版.北京：北京师范大学出版社,2015.

[26] 刘天娥.学前教师教育课程设置研究[M].武汉：武汉大学出版社,2017.

[27] 娄小韵.产教融合背景下学前教育专业人才培养模式研究[M].长春：吉林人民出版社,2020.

[28] 胡建,谭伟平.优化知识 强化能力 内化素质：新建地方本科院校应用型人才培养模式研究[M].广州：世界图书出版广东有限公司,2013.

[29] 周青云,何仕平.学前教育专业学生实习指导手册[M].北京：首都师范大学出版社,2018.

[30] 赵鹏大, 吕新彪, 欧阳建平, 等. 地学类创新人才培养方法和途径[M]. 武汉: 中国地质大学出版社, 2006.

[31] 高佳佳. 粤港澳大湾区校园传统体育再生产及其促进青少年文化认同机制研究[D]. 上海: 上海体育学院, 2024.

[32] ONWUBUYA G C. 中尼教师合作研究[D]. 上海: 上海师范大学, 2024.

[33] 张善富. 话语视角下乡村青年教师身份认同建构研究[D]. 昆明: 云南师范大学, 2024.

[34] 马玮岐. 乡村振兴背景下乡村教师的身份重构[D]. 桂林: 广西师范大学, 2024.

[35] 侯莹莹. 音乐喜爱的群体身份认同效应及其人际神经基础[D]. 上海: 华东师范大学, 2024.

[36] 莫丹华. 高校辅导员思想政治教育话语发展研究[D]. 湘潭: 湘潭大学, 2024.

[37] 夏巍. 自我与他者: 幼儿教师身份自我理解研究[D]. 成都: 四川师范大学, 2023.

[38] 张华敏. 高职院校"多元联动"班级共同体构建研究[D]. 重庆: 西南大学, 2023.

[39] 吴敏. 供需耦合下师范生教师胜任力研究[D]. 乌鲁木齐: 新疆师范大学, 2022.

[40] 蒋璜. 来华留学博士生学术身份认同发展研究——解释现象学分析[D]. 上海: 上海外国语大学, 2022.

[41] 吴知映. 一位韩国高中汉语教师身份认同发展的叙事研究——教师能动性的中介作用[D]. 上海: 上海外国语大学, 2022.

[42] 郝广龙. 当代中国大学教师学术身份的异化与回归研究——基于学术资本主义视角[D]. 成都: 四川师范大学, 2023.

[43] 黄晓茜. 从懵懂抉择到能动嵌入: 社会变迁中乡村教师自我认同研究[D]. 乌鲁木齐: 新疆师范大学, 2023.

[44] 徐祖胜. 我国高校教师教育者专业素养研究[D]. 长春: 东北师范大学, 2022.

[45] 郑砚. 语言经历与国家通用语认同建构研究 [D]. 西安：陕西师范大学，2023.

[46] 谢阳薇. 制度、组织与文化：高校法治机构的运作机理研究 [D]. 上海：华东师范大学，2023.

[47] 张荣. 学前教育专业幼儿体育教育课程建构研究 [D]. 长春：东北师范大学，2023.

[48] 唐淑艳. 学前儿童优质受教育权研究 [D]. 南京：东南大学，2024.

[49] 其格乐. 促进我国学前教育高质量发展的财政投入研究——基于人力资本积累视角 [D]. 北京：首都经济贸易大学，2024.

[50] 杨书波. 我国学前教育财政投入充足性研究 [D]. 武汉：中南财经政法大学，2022.

[51] 朱春雨. 我国职业技术师范教育发展困境与策略选择研究——基于全国12所独立设置院校的调查 [D]. 秦皇岛：河北科技师范学院，2024.

[52] 何楠. 旅游管理类专业中职生专业认同对就业意向的影响研究 [D]. 广州：广州大学，2023.

[53] 王胜男. 社会工作实习过程中的专业认同分化与职业选择——基于H大学20名WSW学生的访谈 [D]. 上海：华东理工大学，2024.

[54] 伊振芳. 教师支持对中职生学习投入的影响研究——学业自我效能感的中介作用 [D]. 广州：广东技术师范大学，2023.

[55] 房静茹. 基于扎根理论的跨学科教育学硕士研究生专业认同研究 [D]. 济南：山东师范大学，2024.

[56] 陈琳. 跨专业教育学硕士专业适应性研究 [D]. 长春：吉林外国语大学，2023.

[57] 李琳. 教育技术学专业实习生的教师职业认同促进策略设计 [D]. 沈阳：沈阳师范大学，2023.

[58] 汪文静. 卓越教师培养背景下S大学小学教育专业本科人才培养现状及优化路径研究 [D]. 沈阳：沈阳师范大学，2023.

[59] 刘帅莉. 幼儿园组织气氛对幼儿园教师学习力的影响研究——以教师能动性为中介 [D]. 沈阳：沈阳师范大学，2023.

[60] 李琦. 幼儿园教师专业素质与其职业认同的关系研究 [D]. 天津：天津师范大学, 2023.

[61] 王为洋. 教育学硕士研究生核心素养的评价体系构建及培养策略——以 S 师范大学为例 [D]. 沈阳：沈阳师范大学, 2023.

[62] 蔡可可. 中职生主动性人格、专业认同与学习投入的关系及干预研究 [D]. 合肥：合肥师范学院, 2023.

[63] 陆娟. 公共服务类专业高职学生专业认同现状及影响因素研究 [D]. 重庆：西南大学, 2023.

[64] 张圆圆. 未来的幼儿教师 [J]. 成才与就业, 2024 (Z1): 48-49.

[65] 孟欣. 高职学前师范生专业认同感影响因素研究 [J]. 衡水学院学报, 2024, 26(1): 119-124.

[66] 赵银琴, 高宇. 中高职一体化的幼儿教师培养研究 [J]. 福建轻纺, 2024 (1): 83-86.

[67] 袁秋红, 黄英. 新形势下高校学前教育专业课程思政任务、元素与模式 [J]. 黑龙江教育 (理论与实践), 2024(2): 86-89.

[68] 乔东亮. 加强托育人才培养 [J]. 北京观察, 2024(1): 34.

[69] 玉丽. 人口出生率下降对学前教育格局的影响 [J]. 北京教育学院学报, 2024, 38(1): 26-32.

[70] 郑丽君. 首都文化资源融入高职院校学前教育专业课程思政建设研究——以北京财贸职业学院幼儿游戏课程为例 [J]. 北京财贸职业学院学报, 2024, 40(1): 42-46.

[71] 梅林晨, 崔洁. 基于年度对比的学前教育财政投入效率研究——以西安市为例 [J]. 中国集体经济, 2024(5): 107-110.

[72] 张思敏. 课程思政视域下高职学前教育学生顶岗实习探索研究 [J]. 陕西教育 (高教), 2024(2): 16-18.

[73] 程莉娜. 多元主义理论视域下西安市学前教育供给优化路径思考 [J]. 陕西教育 (高教), 2024(2): 54-56.

[74] 杨小亚. 学前教育研究方法课程思政的融入现状分析 [J]. 黑龙江科学, 2024, 15(1): 126-128.

[75] 蔡联华, 蒋高洁, 林眉, 等. 课程思政的探索与实践——以儿童家庭教育指导课程为例 [J]. 科教文汇, 2024(2): 140-143.

[76] 郭书窈, 彭茜, 刘媛. 论游戏在我国学前教育课程中的地位演进及其启示 [J]. 广东第二师范学院学报, 2024, 44(1): 70-84.

[77] 桂还官尚, 李创斌. 中外合办学前教育机构的实践特征及高质量发展路径探赜 [J]. 教育探索, 2024(1): 32-38.

[78] 解雨婷. 高职学前教育专业美术课程教学现状及改革策略研究——以宿州职业技术学院为例 [J]. 美术教育研究, 2024(2): 135-137.

[79] 罗建伟, 吴玉萍. 科学配备教育装备呵护幼儿健康成长——云南省《幼儿园教育装备规范》编制说明 [J]. 中国现代教育装备, 2024(2): 1-3, 14.

附录

附录一：学前教育专业受访者背景资料信息调查问卷

Part I. Profile of the Respondents（第一部分：个人简介）

A. Sex:

  _____ Male（男性）

  _____ Female（女性）

B. Year level: _____ first/freshman（大一）

  _____ second/sophomore（大二）

  _____ third/junior（大三）

  _____ junior（大四）

C. Record of formal schooling（学历）：

  _____ College degree（专科）

  _____ Bachelor degree（本科）

D. Type of School（学校性质）：

  _____ Public（公立）

  _____ Private（私立）

附录二：学前教育专业学生专业认同调查问卷

Part II. Professional Identity（专业认同）

Directions. Check the column that corresponds to your agreement.

4-Strongly Agree（非常同意）

3-Agree （同意）

2-Disagree（不同意）

1-Strongly Disagree（非常不同意）

Cognition/Cognitive（认知）	4	3	2	1
1. I know the requirements of my major on the quality of learners 我了解我所学专业的要求				
2. I understand the employment situation of my major 我了解我所学专业的就业情况				
3. I know the place of my major in this school 我了解我所学专业在本校的地位				
4. I know what the outside world thinks of my major 我了解外界对我所学专业的评价				
5. Generally speaking, I know my major 总体上来说，我了解我的专业				
Emotion/Affective（情感）	4	3	2	1
6. I am interested in a job that is related to my major 我乐意从事和所学专业有关的工作				
7. I have internalized my major 我在内心里已经接受了我这个专业				
8. I haven't thought of changing my major 我没有想过要换专业学习				
9. I have a positive comment on my major 我对所学专业有比较正面的评价				

续 表

Emotion/Affective（情感）	4	3	2	1
10. I have great confidence in the future of my major 我对所学专业的发展前景很有信心				
11. I developed positive feelings for my major 我对所学专业产生了积极的感情				
12. I am satisfied with the general situation of my school-based major 我对本校本专业的总体情况感到满意				
13. In general, I like my major 总体上我喜欢所学的这个专业				
Behavior/behavioral（行为）	4	3	2	1
14. I often read books related to my major 我经常阅读和所学专业有关的书籍				
15. I will finish the professional course assignments in time and seriously 我会及时认真地完成专业课程作业				
16. I can listen carefully in major courses 专业课我能认真听讲				
17. I spend a lot of time on my major 我把很多时间用在所学专业上				
18. I am persistent in the study of this major 我对该专业的学习坚持不懈				
19. I take an active part in practical activities related to my major 我积极参加和专业有关的实践活动				
Appropriateness（适切）	4	3	2	1
20. I have a good professional thinking 我具备较好的专业思维				
21. My personality matches this major 我的性格和该专业匹配				
22. My major can reflect my strengths 所学专业能够体现我的特长				
23. I feel at ease studying this major 我学习该专业感到很轻松				

附录三：学前教育专业学生专业承诺调查问卷

Part III. Professional Commitment（专业承诺）

Directions. Check the column that corresponds to your agreement.

4-Strongly Agree（非常同意）

3-Agree　（同意）

2-Disagree（不同意）

1-Strongly Disagree（非常不同意）

Affective/emotional （情感承诺）	4	3	2	1
1. I am passionate about my major 我对所学专业充满热情				
2. I am willing to do anything to improve my professional study 为提高专业学习，我愿意做任何事情				
3. I am willing to make all efforts to learn my major well 我愿意付出全部的努力学好自己的专业				
4 .Major, boring, let me feel depressed mood 所学专业，没意思，让我觉得心情压抑				
5. I love the challenges and difficulties in my major, and the joy and sense of accomplishment that comes from overcoming them 我喜欢专业中的挑战和困难，以及战胜它们后的快乐和成就感				
6. I am willing to participate in any practice related to my major 与专业相关的任何实践，我都乐意参加				
7. I would love to tell people what my major is now 我非常愿意告诉别人我现在学习的是什么专业				
8. I am always at my peak of excitement in my major classes 上专业课，我都能保持最佳兴奋状态				
9. In my spare time, I often read books related to my major or discuss professional problems with my classmates 课外时间，我常看与专业有关的书籍或与同学讨论专业问题				

续表

Ideal（理想承诺）	4	3	2	1
10. My major can give full play to my strengths 所学专业能充分发挥我的特长				
11. My major is conducive to my postgraduate entrance examination (upgrading to a bachelor's degree). 所学专业有利于我考研（升本）				
12. A job related to my major offers me more opportunities for promotion 与我所学专业相关的工作，晋升的机会多				
13. My major is conducive to realizing my dream 所学专业有利于实现我的理想				
14. There are many opportunities for further study in a job related to my current major 与我目前所学专业相关的工作，进修的机会多				
15. My major provides me with enough space for self-development and self-value realization 所学专业给我提供了足够的自我发展空间，能实现自我价值				
16. My current major can really stimulate my potential and achieve the best results 在所学专业能真正激发我的潜能，取得最佳成绩				
normative（规范承诺）	4	3	2	1
17. As far as I am concerned, if young people want to be skilled, they should learn their major well 我认为，青年人要有一技之长，就该学好所学专业				
18. The country needs talents of all kinds and professions, and young people have the obligation to learn their majors well 国家需要各类各专业人才，青年人有义务学好自己的专业				
19. As far as I'm concerned, it's "work, learn, love." 我认为，应该"进一行，学一行，爱一行"				
20. My major plays an important role in the construction of our country. I should learn it well for the future of our country 所学专业在国家建设中有重要作用，为了国家的明天，我该学好它				

normative（规范承诺）	4	3	2	1
21. University is a place to cultivate professional talents. Every college student should learn his or her major well and become qualified and excellent professional talents 大学是培养专业人才的地方，每个大学生应该学好自己的专业，成为合格、优秀的专业人才				

Continued（继续承诺）	4	3	2	1
22. I wouldn't change my major under any circumstances 任何情况下，我都不会转专业				
23. I can have better prospects if I transfer to another major 如果转到其他专业，我可以有更好的发展前途				
24. I've spent a lot of time on my major, but I still don't get good grades, so I want to change my major 在专业学习上花了很多功夫，可成绩仍不好，所以我想转专业				
25. I have paid a lot to get into my current major, so I will not change my major 为进入现在所学专业我付出了很多，所以我不会转专业				
26. I did not change my major, mainly because the employment situation of my major is good 我不转专业，主要是因为所学专业的就业形势好				
27. After graduation, I will engage in a job related to my major 毕业后，我会从事"专业对口"的工作				

附录四：学前教育专业学生主观幸福感调查问卷

Part IV. Subjective Well-Being（主观幸福感）

Directions. Check the column that corresponds to your agreement.

4-Strongly Agree（非常同意）

3-Agree （同意）

2-Disagree（不同意）

1-Strongly Disagree（非常不同意）

Joy of Learning（快乐的学习）	4	3	2	1
1. I get excited about learning new things in class 我对在课堂上学习新东西感到兴奋				
2. I am really interested in the things I am doing 我对我正在做的事情真的很感兴趣				
3. I enjoy working on class projects and assignments 我喜欢做课堂项目和作业				
4. I feel happy when I am working and learning 当我工作和学习时，我感到快乐				
School Connectedness（学校联系）	4	3	2	1
5. I feel like I belong at my school 我觉得我属于我的学校				
6. I can really be myself at school 我在学校可以真正做我自己				
7. I feel like people at my school care about me 我觉得学校里的人都很关心我				
8. I am treated with respect at my school 我在学校受到尊重				
Educational Purpose（教育目的）	4	3	2	1
9. I feel like the things I do at school are important 我觉得我在学校做的事情很重要				

续 表

Educational Purpose（教育目的）	4	3	2	1
10. I think school matters and should be taken seriously 我认为学校很重要，应该认真对待				
11. I feel it is important to do well in my classes 我觉得学好我的课很重要				
12. I believe the things I learn at school will help me in my life 我相信我在学校学到的东西会在我的生活中帮助我				
Academic Efficacy（学习效能）	4	3	2	1
13. I am a successful student 我是一个成功的学生				
14. I do good work at school 我在学校工作很好				
15. I do well on my class assignments 我的课堂作业做得很好				
16. I get good grades in my classes 我在班上取得好成绩				